# 怎样修炼成期货操盘高手

（第二版）

杨 剑 著

地震出版社
Seismological Press

**图书在版编目（CIP）数据**

怎样修炼成期货操盘高手/杨剑著．—2版．—北京：地震出版社，2019.4

ISBN 978-7-5028-5007-4

Ⅰ.①怎…　Ⅱ.①杨…　Ⅲ.①期货交易—基本知识
Ⅳ.①F830.93

中国版本图书馆CIP数据核字（2018）第272938号

**地震版　XM4304**

**怎样修炼成期货操盘高手（第二版）**

杨　剑　著

**责任编辑：刘素剑　吴桂洪**
**责任校对：孔景宽**

---

出版发行：地震出版社
北京市海淀区民族大学南路9号　邮编：100081
发行部：68423031　68467993　传真：88421706
门市部：68467991　传真：68467991
总编室：68462709　68423029　传真：68455221
证券图书事业部：68426052　68470332
http：//www.seismologicalpress.com
E-mail：zqbj68426052@163.com
经销：全国各地新华书店
印刷：廊坊市华北石油华星印务有限公司

---

版（印）次：2019年4月第二版　2019年4月第四次印刷
开本：787×1092　1/16
字数：332千字
印张：16
书号：ISBN 978-7-5028-5007-4/F（5712）
定价：48.00元

# 推荐序

## 健全心智　理性交易

随着我国期货市场的迅速发展，参与这个市场的机构和个人投资者也越来越多。对于直接参与交易的投资者来说，他们常常面临着技术和个人情绪因素的困扰。对于成功者来说，他们不仅要解决和探索适合自身的交易之道的问题，还要从各个方面学习借鉴，其中一点就是交易心理的问题。只有健全心智，才能理性交易。

期货交易有道有术，道为主干，术为末节。一个成功的交易者，都是在无数的成功与失败中认识到正确的投资理念和交易原则，在无数的失败与成功中总结出正确的投资理念方法，交易理念决定了交易者的交易策略和方法，也代表了交易者的思维模式和行为方式，以及交易经验。

如果没有正确的交易理念，就很容易受到来自市场、自我情绪等外部的各种干扰因素影响，这样即使精通投资策略的期货交易者，也难以在市场上实现成功。

交易理念如何转化为实际的交易行为，这就涉及到具体的交易原则，也就是说交易理念必须转化为符合交易者行为的具体规则，而不是宽泛抽象的理论。在执行交易原则的过程中，必然会遇到自身性格特点形成的情绪性因素，交易原则是否能够坚定的执行下去，对自我的情绪控制能力，则成了投资成功必不可少的因素。

也就是说心理素质成了期货交易中赢家和输家的决定性因素。交易是在强压力环境下的行为，人的内心会变得脆弱。在这个环境下，你的行为方式怎样，快速决断能力如何，心理承受强度如何都将决定你在期货交易过程中的得失成败。

一个成功交易者的历程，大致经历了以技识道，以道识己的过程。瓶颈常常是如何控制自己的行为和情绪。地震出版社送来《怎样修炼成期货操盘高手》的书稿，我很欣喜地发现终于有职业交易者，除了介绍简单实用交易理念和技术之外，开始关注交易者精神层面的东西，并提出了一些有益的，值得尝试的训练手段。

本书从简单的供求规律着手，同时又与“市场行为反应一切”的市场假设相结合，从心理学的角度阐述价格运行规律，并提出了相应的投资理念及策略和交易规则。作者的思路很清晰：市场是有规律的，技术是从不同的角度表达规律，把规律总结成简单的交易规则，并严格按照规则进行交易。这里面已经包含了顺势而为的交易理念。

更为可贵的是作者在交易细节中，对投资者普遍感到难以处理的技术性细节问题，提出了应对之策。同时又通过从心理学的角度剖析交易者的困境，对于如何正确地学习期货，更多地获取市场认识和盘面直觉，提供了系统的解决方案和途径。这些训练手段，来源于人类对自身潜能的认识，也是本书最有价值的地方。

本书作者显然有过大量的实盘交易经历，在交易心理学和哲学方面有一定的研究，这导致他在自己的交易成长经历中，能够从认识自己着手，通过进入决定人的行为的潜意识层面来研究改变交易者的交易行为，并致力于交易行为的训练，取得了一定的成果。这无疑给交易者面临的困境提示了一个努力的方向，也是本书最有价值的地方。

方法虽然简单，但并非易行。一切贵在探索和坚持，这是我对于有志于以交易为生的职业投资者的诚恳忠告。

成功者的成功是一样的，失败者的失败是各种各样的。健全心智，理性交易是成功者一个必备的条件。

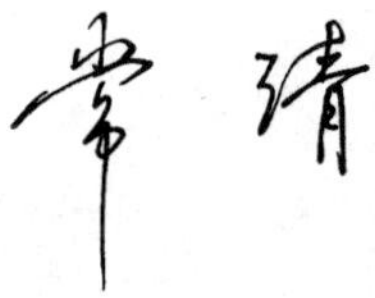

2012 年 9 月 12 日

# 目　　录

## 第三章　交易和交易者



## 第四章　策略与计划



## 第五章　操盘手训练

# 前　言

我是偶然的机会接触到期货市场的，当时让我最感兴趣的是期货市场双向交易和T+0交易机制，它们让我感到公平而自由，且很符合我的自由主义观念，至少在这个市场可以享有不受管制的自由。

除此之外，我喜欢期货市场的简洁，只需要有一个交易账户并注入足够交易的保证金，便可以直接在网上交易，交易的结果可以立刻兑现。只要具备了相当稳定的盈利能力，从此不必朝九晚五，生活也可变得简单而自由。这听起来是多么美好的生活。但看似简单或美好的事物，背后总是有意想不到的复杂与假象，只有亲历后才能真正明白其中的艰险和难以逾越的障碍。

交易行为只有两个动作：买进开仓，卖出平仓；或卖出开仓，买进平仓。除非你亲自参与了交易，否则你无法理解简单交易行为背后复杂情绪及其行为反应模式。如同围棋一样，执黑白二子占地盘，简单的是规则和形式，复杂的是变化与组合。

天地玄黄，宇宙洪荒，日月盈昃，辰宿列张。古人仰观天文，俯察地理，对事物的认识无非是从直观抽象出规律，以便顺应规律。对市场规律的认识也一样，任何事物都有多个角度和层面，而我们对市场的认识，正如盲人摸象。这不是个人的困境，而是人类整体的困境。就像我们对事物的认知一样，至少会存在三个层面的事实：一是你眼中的事物；二是他人眼中的事物；三是事物的本来面目。这意味着我们只能尽可能地接近真理，却不能穷尽。

所有的技术都不过是对规律不同角度的诠释，并无其他玄奥之处。先从技术或者直接从市场价格运行的规律中归纳出交易规则，然后严格按照交易规则交易。

但认识市场规律，只解决了交易问题的其中一个环节。实际情况却是我们管不住自己，我们经常在情绪支配下交易，而不是严格执行了交易规则。

老子说："天之道损有余而补不足；人之道则不然，损不足以奉有余。"对人性中反自然、反规律的一面可见一斑。所以，顺应市场规律并不是件容易做到的事情。这个不幸的事实也是让人近乎绝望的真相。交易者们因此常常陷入痛悔或自责中，甚至恨不能把自己变成一台机器，只要能够执行简单指令。知易行难也成为难以摆脱的宿命。奇怪的是，众多金融交易类的书中大都只是在大谈理论、技术或心态，未曾有人针对交易者面临的最后障碍，制订出全面而系统的训练方法。

在笔者的交易经历中，就曾多次出现主观臆断和报复性的情绪化交易行为。在痛定思痛后，也强行约束自己，出现过一些成功的交易，但是却始终不能把这种交易状态变成一种常态。就像初学坐禅的人，偶尔会体验到空灵的境界，但却不能让这种境界长久地持续下去。

痛苦会产生思想，而人在癫狂的时候多会纵欲而为。挫折让我回顾自己所有的交易，最终归结出致命弱点——缺乏专注。具体表现为缺乏规则约束，技出多门，频繁交易，率性而为。

外在的原因在于没有对技术进行简单处理。因为简单才能使人专注，复杂总是容易让人多受困扰。

在完成对交易规则的简单化处理后，我的主要精力放在探究自己交易行为的根本原因上。我始终相信，狗不是天生就吃屎的，那只是被人驯化的结果。交易行为也必然可以通过某种方式的训练得到纠正。

随后我开始研究道家思想、古老的瑜珈术、现代催眠术、人脑科学及潜能开发理念。我相信可以通过精神修炼来达到控制情绪行为的目的。通过对自己交易和学习经历中成败得失的总结，建立出了三套独特的训练方案：一是如何训练自己在较短的时间获得更多的市场经验和直觉；二是如何训练自己建立正确的交易理念和交易规则；三是如何训练自己严格执行交易规则。我相信只有通过科学而严格的训练，才能获得交易的稳定性。

从某种程度来说，我对改变自己行为习惯的动机要远强于在期货市场赚钱的动机。2006 年以后我开始对自己进行针对性的训练。期间并不间断交易，只是改变了一些生活方式。曾经有过几次懈怠，但终于还是坚持下来了。我无法用语言表述训练带给我的体验，除非你自己也坚持训练到那个境界。一年后，我确信自己达到了预期的目标，我的自我训练成果也让我确信这个训练方法的有效性。出于谨慎，我必须确定这套训练方法具有普遍适用性，而不只是我的个案，因此必须用更多的实证来检验。随后尝试用来训练我周围的朋友，反馈回来的信息主要有两点：一是交易绩效很快得到了提高；二是他们能够迅速认识到自己哪方面出了问题，并能够迅速调整。也就是说他们在训练中意外地学到了调整身心的方法。

在随后的几年，受期货公司委托，我先后在一些大型企业、客户群体中举办了6次职业操盘手短训班，成效显著，客户整体效益得到了稳定增长，其中一位学员曾获得公司组织的年度实盘交易大赛第一名。这期间有不少接受过培训的学员建议我把培训内容整理成书，以便可以随时参照学习。思虑再三后，终于集结成此书。

从我个人角度来说，我更希望有志于成为职业操盘手或以交易为生的朋友能读一读本书。这本书的目的，不是为了让你学会分析或成为专家，而是让你学会交易；不是让你成为投资家，而是为了让你成为稳定盈利的操盘手。

本书中提供的方法和训练手段，对交易新手来说，让你能够迅速从最简洁的角度认识市场，并在最短的时间获得最多市场经验和正确的交易习惯，少走弯路；对于交易老手来说，或许能引起你心理上的共鸣，能让你重新认识自己，发现自己的陈年固疾，并知道如何去改变自己。

对有缘交易的人来说，我相信，只要你不折不扣地按照我提供的方法去严格训练自己，一定能获得最有效、最快捷的方法提升你自己的交易能力，获得内心的自由与和谐。

需要特别说明的是，事实上相当一部分人并不适合做交易，即使他们赚钱的欲望很强，但其悟性与行为能力确实存在些差距。按照佛家的说法，有的人习性太重，业障太深，而人生苦短。若本书能够让一部分读者认识到自身的局限性，迷途知返，笔者将甚感欣慰。

# 第一章

# 认识市场：市场是由供求关系衍生出来的多面体

**核心思想：**

对事物的认识，往往源于我们的感觉和过去的经验，或逻辑推理。但无论哪一种，都不能穷尽对事物的全貌。

不管你是否承认，人类对事物探索仍如盲人摸象。这一点从人类社会科学发展史中就可以得出结论。

据说牛津大学的校长在开学典礼上说过一句话：“你们在本校学习的知识，将来会被证明大部分是错误的，你们的任务就是找出这些错误。”西方人的理性和对权威的蔑视，往往会让习惯集权体制的人们惊叹不解。有一点我相信大家并不会反对，那就是权威意识会阻碍自我成长和进步。事实上权威往往最终是用来被否定的。

我们对市场的认识也是如此，先是局部的认知，然后会扩展，不断否定，虽尽可能地接近事物的真相，却永远达不到。这也意味着我们不可能一劳永逸，必须永远处于不断求索、适应、成长的状态。

认识市场的角度有多个层面，不同的层面其观感和体验会不一样。但每个层面都会有自己特有的个性魅力，都有其最重要的一面可供提取。从影响市场的因素来解读市场这是一个层面，从影响市场价格运行的资金力量来解读市场这又是一个层面。纯粹从心理学角度来解读市场运行规律和特点也是一个层面。能够精微地认识事物，抽象东方思维模式是有缺陷的，而西方解剖式的思维方法，则更容易让人接受。因此，在第一章我将用解剖式的分析方法展示市场的各个层面。

# 第一节
## 供求规律下的市场

物以稀为贵，以足为贱。供求因素是影响市场的最重要的因素。

供求规律指商品的供求关系与价格变动之间的相互制约的必然性，即商品的供给和需求之间存在着一定的比例关系。这是经济学常识，虽容易理解，却并不容易运用。

### 物以稀为贵

**物以稀为贵，以足为贱。供求因素显然是影响市场的最重要的因素。**其他因素均附加于这个因素上或衍生出来的。说到供求因素，自然必须提到供求规律。

供求关系就是供给和需求的对立统一。

供求规律就是供求关系变化的基本法则。

以下我们用图例（图1—1至图1—3）来解读商品的供求状况对价格变动的影响：

商品的供给一定，需求增加会引起商品价格的升高；反之则会引起商品价格的下降。

商品的需求一定，供给增加会导致商品价格的下降；反之则会导致商品价格的升高。

商品的供给与需求同时增加，商品的需求增加快于供给增加会引起商品价格的升高；反之则会引起商品价格的下降，而二者同步增加则不会影响价格的变动。

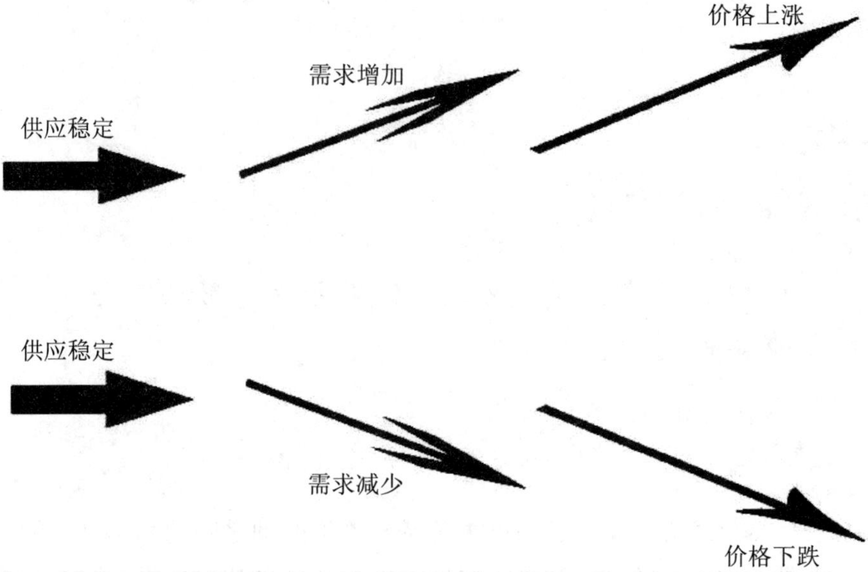


图 1—1　商品供应稳定与价格变动

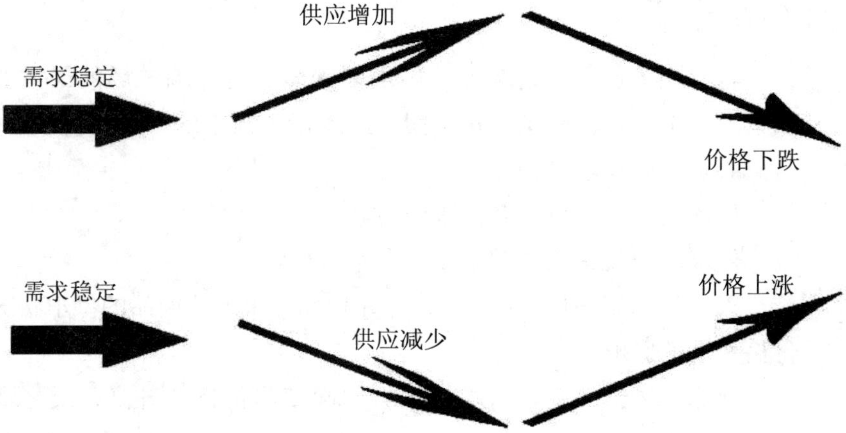


图 1—2　商品需求稳定与价格变动

同理，商品的供给与需求同时减少，而商品的需求减少快于供给减少会导致商品价格的下降；反之则会导致商品价格的升高，二者同步减少则不会影响价格的变动。

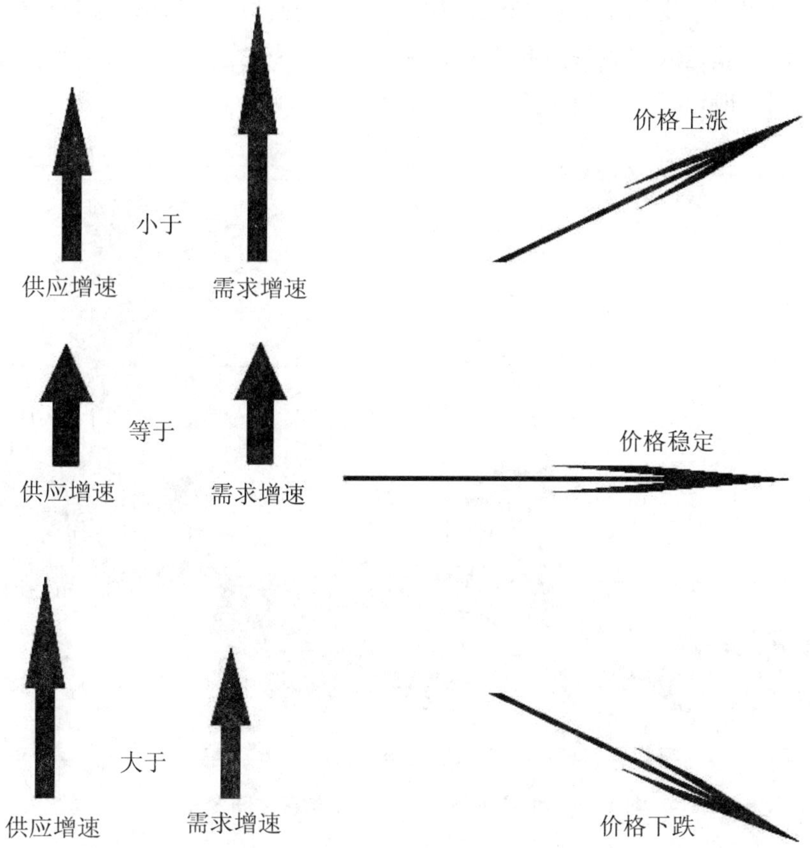


图 1—3　商品供应增加与价格变动

天下熙熙皆为利来，天下攘攘皆为利往，趋利的动机使得商品价格或供求关系永远都处于一种动态或不均衡状态。于是价值规律产生了。

1. 商品价格的升高会引起供给的增加和需求的减少。

2. 商品价格的下降会导致需求的增加和供给的减少。

在价值规律的作用下，价格自发地围绕价值上下波动，为市场提供不断变动的价格信号，使市场总量和结构状况得到调整，从而形成均衡与不均衡两种市场供求状态。

这一点我们可以从市场行情的 K 线图上直接观察到。你可以看到，有时候价格在一个狭小的空间里反复震荡；有时候你可以看到价格似乎受到了某种刺激，如“打了鸡血”一般暴涨，甚至持续暴涨，超越人们想象或预期；而有时候又一夜之间，风云突变，如雪崩一般，行情一泻千里，人挡杀人佛挡杀佛。

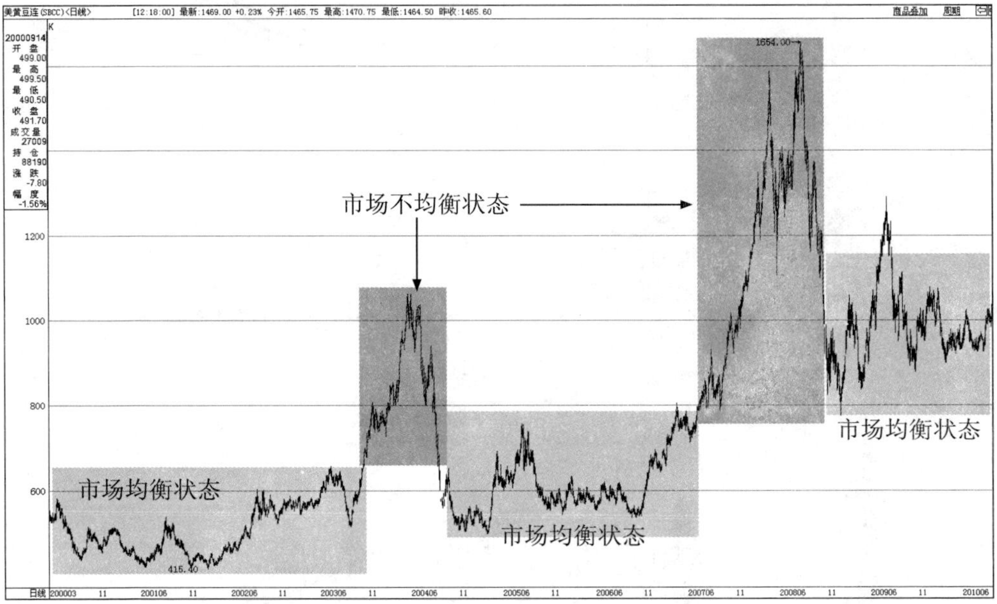


图 1—4　市场价格在均衡与不均衡之间变化

如图 1—4 所示，这是美盘大豆的走势图。从图中大致可以看到市场均衡与不均衡状态的交替现象。

事实上，行情的均衡与不均衡状态，不仅针对长期的行情。对于一天单位的行情也是如此。如图 1—5 所示。

不均衡状态：市场供求的不均衡状态具体可分为买方市场和卖方市场两种。

买方市场：指供应持续超过需求，使买者在与卖者的讨价还价中处于特别有利地位的市场。

卖方市场：指需求持续超过供应，使卖者在与买者的讨价还价中形成最有利的要价条件的市场。

均衡市场：均衡市场也有两种表现形式，即供大于求的市场和求大于供的市场。

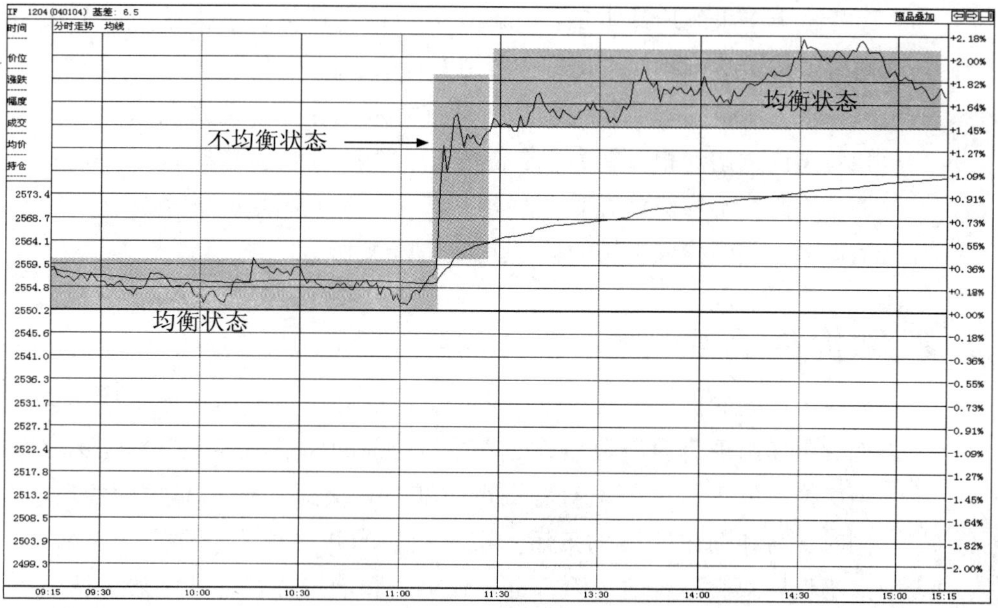


图1—5　一日行情中的由均衡到不均衡变化

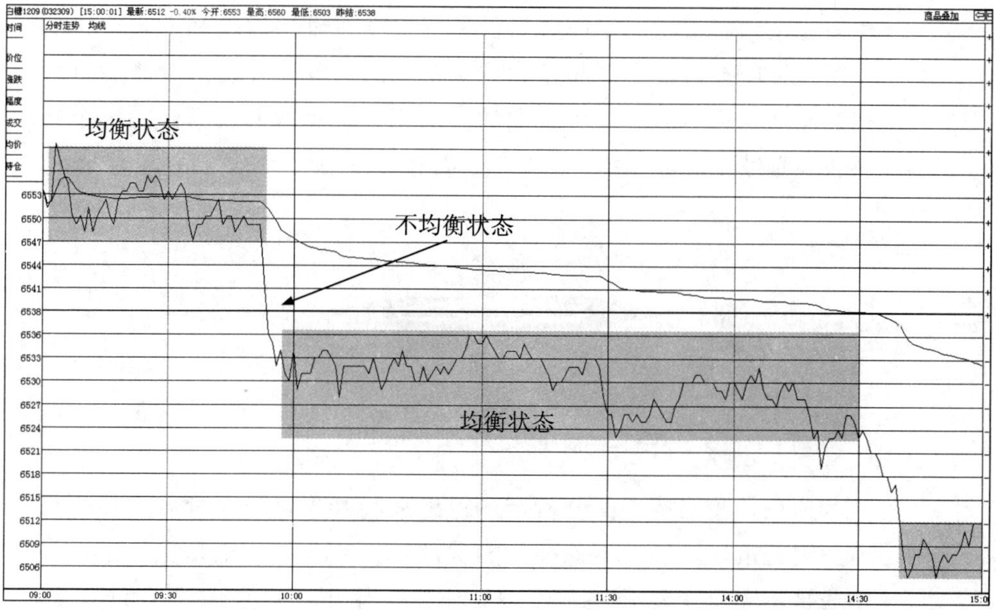


图1—6　均衡到不均衡的转化

供大于求的均衡市场：是在卖方力量主导下，价格跌至一个相对的低位，达到相对平衡。在行情上一般表现为低位震荡。

求大于供的均衡市场：是在买方力量主导下，价格上涨于一个相对高位，达到相对平衡。在行情上一般表现为高位震荡。

均衡和不均衡状态是一种相互转化、互为因果的关系。它们此消彼涨，共同构成市场的动态。如图 1—6 所示。

## 期现价格互动

由市场的供求关系衍生出来资金对商品价格的追捧或打压，自期货市场出现后愈演愈烈。期货产生之前的商品交换，显然是不完全交换。由于信息的不对称或严重滞后，交通运输和储藏的落后，同时交易和通讯手段的落后，市场交易的状况很难反映市场全貌，这不仅导致交易者的风险，也导致生产和消费终端都面临着无所适从的风险。由此应运而生的期货市场在解决这些风险问题的同时，也带来了自身的顽疾——过度投机。特别是在互联网出现后，信息手段完全超越了时间空间障碍，期货市场在发挥避险和发现价格的同时，过度投机也完全超越了现货市场的想象，并反馈刺激现货价格，与期货价格形成一个正向的循环刺激，反馈助长模式。这个模式自我延续、验证，一直到崩溃。如图 1—7 所示。

图 1—7　期现价格的互相影响

这只是我们从表面分析市场得出来的结果，而在背后则往往另有原因。市场经济并不像我们想象的那样完美，无论是完全市场经济或是不完全市场经济。供求规律发生作用，只是理论上的假设，真正的供求平衡是有赖于供求竞争关系、供求数量关系、供求反应关系和供求时间关系的平衡，供求规律的调节作用只有在这四种关系不太失衡时才能发挥出来，否则其作用递减，以至无效。

供求竞争关系：指供求双方竞争力量对比关系。在当今社会，垄断常常是最典型的破坏供求竞争关系平衡的势力。

供求数量关系：指供给量与需求量之间的关系。如果供给量与需求量严重失衡，供求规律的作用剧减，以至无效。如粮食严重欠缺时其价格的波动也将不服从供求规律的描述。这种情况是末世或乱世境象，不予讨论。但有一点我们要注意的是，供求数量必须有一个合理的比例时，供求规律才会起作用。

供求反应关系：指供求双方对市场价格的反应关系。如果一方反应特敏感，而一方反应特迟钝，则供求规律的作用剧减，以至无效。

供求时间关系：指供求双方在时间上的关系。供求时间均衡是指供与求（或消）在时间上同步，如果不同步，卖时没人消，消时没人卖，供求规律的作用剧减，甚至无效。

以上对于供求规律的论述，来源于经济学方面的资料，并不是我们真正要说明的东西。只是有助于你从逻辑上理解市场，并发现这种逻辑上的错误。

除了商品本身供求原因引起价格的变化之外，还有一个重要的因素，那就是整体社会货币投放量。相信最近几年大家都体验到了这一点。无论是美国宽松的货币政策，还是国内适度从宽的财政货币政策，无一例外地造成了一个事实，那就是造成了整个社会的通胀。货币和商品之间，本身存在着供求关系，当然也会遵循一定的供求规律。

从理论上来说，整个社会的商品供应肯定是有限的，而货币的投放量则是可以无限的。有相对无限的货币追逐有限的商品，必然导致价格的上涨。当投资大众对通胀有一定体验和感受时，会导致大众对价格上涨的强烈预期，价格将进一步助涨或自我验证。而当货币紧缩，或贫富严重分化，整体社会终端消费急剧萎缩时，又会导致价格的暴跌。

因此，就供求关系来说，影响商品价格的一是商品本身的供求；二是整体社会货币的供求。

这两重供求关系是决定价格趋势的主要因素。其他的因素，如不可抗力、国家政策因素、战争因素等，不在我们讨论范围之列。并不是说这些东西没有用，它只是对我们的交易没用，交易主要作为一种行为方式，并不需要了解太多的东西。而且离市场本身越远的东西，越容易魅惑人的思维，从而丧失行为能力。

# 第二节

## 情绪或欲望下的市场

行情的暴涨暴跌告诉我们市场的非理性和荒唐。它们发生着，自有其理由，但并不代表合理。

所有供求关系的背后只有两个字——欲望。如果要说的更精确一些，那就是逐利的欲望。商品价格的暴涨或暴跌，虽有本身的供求因素，但反映到期货市场行情上，一定是利益集团的参与，参与的目的只有一个，那就是获取暴利。这常常是驱使人们创造财富的源动力，人类社会所有的进步和罪恶都源于欲望本身。而欲望本质上是很难被控制的东西，放纵欲望总是很容易，而节制欲望则变得艰难。

孔圣人曾叹息：吾未见好德如好色者也。从而圣人又得出结论：食色，性也。这两个欲望，都代表着生存的本能欲望，是基因决定的，也是人类的宿命，不可改变。原始的欲望虽然在现实生活中会从不同层面体现，但是无一例外都蕴藏着极大的能量。人类所有的进步，无不与合理地运用欲望有关；而人类的灾难，也无不与欲望的泛滥失控相关。所以圣人提出修身养性，中庸之道，无非是把这种欲望控制在适度的范围内。

人们对缓慢变化的事物总是很迟钝，而对变化明显的则非常敏感。期货市场价格的变化，常常让风险与利润在短期内成为现实。这对交易者欲望的搅动是显而易见的。你可以看到赌场里赌客们的狂热，如出一辙。

无论你是因为什么原因进入交易市场，或者无论你依据什么理由交易，只要进入交易，都不可避免地或多或少地情绪化起来，最初交易者往往是理性的，甚至也是冷静的，而一旦参与交易，事情便改变了。

一方面，在市场波动带来的盈亏的刺激下，欲望或情绪被进一步放大。这种情况类似被挑逗的情欲，在不断的刺激下，理性逐渐丧失，欲望和情绪逐步放大。在市场中，最常见的情绪为贪婪和恐惧。贪婪与恐惧又直接与盈亏相关。而当人处于情绪状态的时候，对事物的看法和态度便会远离真相，其行为在情绪的支配下，便丧失理性常态。

而另一方面，我们都知道，群体的影响是非常容易造成个体独立性的丧失。也就是说，人一旦加入到交易中，交易群体的氛围就会刺激到他，从而容易丧失自我控制力。

1969 年，美国心理学家金巴尔多曾做过一系列的实验，结果显示：群体的“暴力”与“去个性化”有着密切的关系。“去个性化”是指当一个人在群体中时，他不以一个具体的个体存在，而是以群体的成员形式存在。此时的个人融化于群体之中，个人隐藏其个性，把自己的行为看成是群体的行为，从而减少以至丧失了对其行为后果的责任感，失去一定的理性，不再约束自己，使违反和破坏社会准则的过激行为大大增加。而当个人单独行事时，则自我意识强，因而更能保持从理性的、伦理的角度去看待问题，清楚自己该做和不该做的事情。

金巴尔多认为去个性化产生的环境具有两个特点：

一是匿名性。即个体意识到自己的所作所为是匿名的，没有人认识自己，所以个体毫无顾忌地违反社会规范与道德习俗，甚至法律。

二是责任模糊。当一个人成为某个集体的成员时，他就会发现，对于集体行动的责任是模糊或分散的。参加者人人有份，任何一个个体都不必为集体行为而承担罪责，由于感到压力减少，觉得没有受惩罚的可能，没有内疚感，从而使行为更粗野、放肆。

因此一旦去个性化开始并聚集力量，就难以逆转或是停止。这个现象在市场中一样存在。从市场的角度来看，市场完全具备了产生去个性化的环境氛围。

我们可以回顾一下期货交易的历史，最早的交易如集市一般，人们聚集交易大厅吆喝报价，热闹非凡，形成一个群体氛围。而互联网普及后，每个人都坐在一台电脑前交易，这种相对的独立性，导致了某种程度的匿名性。而人在面对电脑盘面走势的时候，是极容易被盘面波动暗示或催眠，也就是说目前的报价方式，本身能够产生群体性的影响力，只不过这种影响力是以一种心理暗示或催眠的方式。这正是金巴尔多认为的所谓去个性化的过程。

前文已讲过，交易者并不是一开始便失去理性思考的，或者说就失去了个性化的。他们只是在加入到市场交易中以后，在价格波动引起的盈亏变化形成的情绪中，逐渐丧失客观思考和理性的。群体汇集的市场信息鼓舞着交易者的情绪。这也是为什么群体事件中常常会发生不可控制的暴虐，即使一个平时温文尔雅的人，都会在环境的激荡下暴露出凶残嘴脸。

如果你熟知历史，你可以想想人类在战争中犯下的罪行。那也就容易理解为什么在期货市场每隔一段时间都会有或大或小的极端行情出现了。

**行情的暴涨暴跌告诉我们市场的非理性和荒唐。它们发生着，自有其理由，但并不代表合理。**市场的公平，在于它具有自我修复功能，能够自己恢复到合理的框架范围内。这种现象，在金融大鳄索罗斯的理念中也得到了印证。

# 第三节

## 资金主导下的市场——市场是否被操控了

期货市场从来不会自己产生额外的财富，它不是零和博弈，而是负和博弈。

所有的市场因素和交易参与者们的欲望，最终都会直接表现为资金的博弈。无论交易者是以何种理由和身份入市，无一例外他们入市的方式是以资金的形式，不过是大小差别而已。也就是说市场直接体现为资金主导下的市场。无论市场之外产生了什么样的影响因素：供求的、政策的、可抗或不可抗力的因素，甚至是被刺激的交易者的情绪因素，最终都会通过资金投入的总量和结构来体现在市场上。

### 炒作与雄厚资本相连

近几年的行情，一些品种明显由于资金借机追捧，才会产生惊涛骇浪般的行情。而一旦资金退出，行情立即变为僵死长虫。如2010～2011年的棉花行情。资金对于期货市场而言，是有直接的决定意义的。即使市场有再多的看涨理由，没有资金参与追捧，也是无源之水。资金的追捧一方面代表着该品种的供求关系对价格的敏感度；另一方面也代表了人们对该品种的态度和市场情绪。

“炒作”这个词不仅在娱乐市场成为最主要的手段，在交易市场也是如此。资金与炒作向来是如影相随，炒作这个词，往往带上了某种人为的痕迹，市场资金的炒作，基本都是借题发挥。炒作的理由是否真的就是确定性的市场影响因素，这个往往并不重要。重要的是市场交易大众或整个社会相信这个影响因素很重要。

想一想 2010 年日本福岛核电事故后，中国的抢盐风波，这个始作俑者是谁倒并不重要。重要的是群体性的恐慌，并慌不择路地相信碘盐能防辐射。这个事件的开始，先有资金囤积食盐，然后借核事故这个事实本身，散布真实的辐射谣言并派出大量闲杂人员去抢购碘盐，造成一时短缺。一犬吠形，百犬吠声，群体性的恐慌开始了。这是中国人的闹剧和悲剧。社会群体常常是缺乏常识的，这导致炒作变得容易，而某些专业领域权威的噤声，甚至对大众的误导愚弄，更会推波助澜。虽然这件事很快就平息了，但是说明了一个事实：炒作确实能在某一时间周期内激起轩然大波。

期货市场的炒作，历来是人们津津乐道的话题，无论以什么题材进行炒作，最终都直接体现为资金炒作，炒作的理由常常并不新鲜，要么利用群体的常识，要么利用群体在某方面的缺乏常识。

炒作的周期或大或小。有的借政策炒作，有的借天气炒作，有的借报告炒作，有的借技术炒作。无论哪一种炒作，都离不开雄厚的资本。特别是在期货交易市场信息化程度越来越高的今天。资本的直接力量，成为炒作的最有力武器，只有实际的价格涨跌，才能最直接地刺激交易者的跟风情绪。

我们常常可以看到一天、几天，甚至一个月的暴涨暴跌行情。事实上，相当数量的类似行情都是资金短期炒作的结果。

资金的力量分为两种，一种是上涨的力量；一种是下跌的力量。而这两种力量又是一体两面，互为因果的。这一点并不难理解。正如黑暗之所以存在，是因为光明已经存在了。没有光明，黑暗将无所依存。涨跌亦是如此，买进的力量推动着价格上涨，而在不断的买进出现时，却在积累着下跌的力量。因为一次完整的交易，是由买进开仓和卖出平仓完成的。整体市场由于买进力量大于卖出力量的推动，形成上涨。但是行情发展到一定阶段，多头平仓的欲望逐渐增强，累积的多头部位要了结获利，必须卖出合约。而卖出的力量，则是下跌的力量。也就是说，多头的上涨力量最终将转化为下跌的力量。

正如我们的出生就意味着死亡。价格的上涨，同时也意味着未来下跌的终结。

同样的道理，推动价格下跌的力量，是由于卖出的力量大于买进的力量形成，而最终下跌到一定程度，空头平仓的欲望逐渐增强，合约了结时候买进力量将推动价格上涨。也就是说，空头下跌的力量最终将转化为上涨的力量。

要深入了解资金的力量，就必须对资金进行结构性的分析。资金力量的大小，可以简单地理解为数量上的多寡。1000万元资金的买进力量，显然大于800万元的卖出力量。这两笔资金力量在某一品种上的均衡操作，显然会导致价格上涨。但这只是逻辑上的完美推论。事实上还存在一个排列组合的问题，我们都知道历史上著名的田忌赛马的故事。整体实力并不如对方的比赛，只是因为排列组合上的变化，便改变了结果。

事实上，资金的数量是不均衡地分布在众多交易者中。按照一般的规律：二八法则，即20％的交易者占有80％的资金。这是一个概数，也是一个事实。资金的不均衡分布使得在操纵或炒作市场成为可能。

我们经常可以看到短期的市场极端行情，有时甚至是一个较长周期的极端行情。特别是一些没有充足理由的突发行情，或者明显背离整体的市场，或者是完全脱离技术规律，稍纵即逝，反复无常。如市场通常所说的洗盘行为。在良好的上涨势头中，在没有任何征兆的情况下，价格突然暴跌，是为秒杀。其势猛，其跌速，甚至一天吃尽一个月的上涨幅度。这样的穿越行情，常使跟随的多头们瞬间魂飞魄散，进而变得风声鹤唳，闻风丧胆。我记忆中比较深刻的是2004年的伦铜：2004年5月，伦铜在当时高位震荡达三个月之久，然后突破震荡平台，持续上涨近一个月；在10月13日，预期的技术性回调突然演变成一场巨大的多头灾难，一下子跌破近三个月的所有技术性支撑位。如图1—8所示。

而随后的行情却并没有持续下跌，在震荡半月之后，重拾涨势。当事情出乎人们意料之外时，通常认为市场被操纵了，而市场传言总是有很多理由来说明这是一个意外，甚至只是一个错误的操作。

图 1—8 超越常规的技术走势——大资金的操纵

操纵行为历来是有的。我们可以很容易理解那些大资金持有者的思想。**期货市场从来不会自己产生额外的财富，它不是零和博弈，而是负和博弈。**我们大约都能计算出交易所和期货公司每年从这个市场吞掉了多少资金。这绝对是一个巨额的数字。2010 年统计数据表明，中国三大期货交易所该年度手续费收入为 240.69 亿元。相当于每年消灭 2400 多个千万级大户。市场交易者在市场赚取的利润，只能取之于市场。有人赚就必有人亏。大资金交易者想要在这个市场上获利，目标要么是散户群体，通过操纵局部行情挤兑散户止损认赔获得利润；要么盯住某一笔大资金，利用资金或现货优势吃掉对手。

整体来说市场交易是遵循丛林法则的，但并不意味着这个市场只有简单的力量对比而没有智慧。市场操纵者若想成功操作行情，也是必须成功地利用挑逗散户，遵循一定技术规则，合理炒作信息诸多方面权衡统筹来达到目标的。我们可以想象一个有号召力的将军是如何鼓动成千上万士兵追随他去奔赴死亡的。一个优秀的操盘手，也像一个将军一样，当他能撩拨起大量散户追随他的操作节奏的时候，就意味着他控制的资金力量增长了。

## 美国亨特兄弟白银操纵案例

对市场中的操纵行为我们要定性分析，可以分为完全操纵或有限操纵。完全操纵是指该品种全程被控制，这种情况不多见，因为需要强大的资金和现货背景。美国亨特兄弟白银操纵案就是一个完全操纵的失败案例。

案例资料如下：20 世纪 70 年代初，白银价格在 2 美元/盎司附近小幅震荡。由于白银是电子工业和光学工业的重要原料，而涉银产业的发展，让邦克·亨特和赫伯特·亨特兄弟俩看到牟取暴利的机会。于是图谋从操纵白银的期货价格中获利。当时白银价格从 1973 年 12 月的 2.90 美元/盎司开始启动和攀升。此时，亨特兄弟已经持有 3500 万盎司的白银合约。不到两个月，价格涨到 6.70 美元/盎司。但当时墨西哥政府囤积了 5000 万盎司的白银，购入成本均在 2 美元/盎司以下，墨政府决定立即以每盎司 6.70 美元的价格获利。墨西哥人冲垮了市场，银价跌回 4 美元/盎司左右。此后的四年间，亨特兄弟积极地买入白银，到 1979 年，亨特兄弟通过不同公司，伙同沙特阿拉伯皇室以及一些大的白银经纪商，拥有和控制着数亿盎司的白银。当他们开始行动时，白银价格正停留在 6 美元/盎司附近。之后，他们在纽约商业交易所（NYMEX）和芝加哥期货交易所（CBOT）以每盎司 6～7 美元的价格大量收购白银。年底，他们已控制了纽约商业交易所 53%的存银和芝加哥期货交易所 69%的存银，拥有 1.2 亿盎司的现货和 0.5 亿盎司的期货。在他们的控制下，白银价格不断上升，到 1980 年 1 月 17 日，银价已涨至每盎司 48.7 美元。1 月 21 日，银价已涨至有史以来的最高价，每盎司 50.35 美元，比一年前上涨了 8 倍多。这种疯狂的投机活动，造成白银的市场供求状况与生产和消费实际脱节，市场价格严重地偏离其价值。

然而当 NYMEX 在美国商品期货贸易委员会 CFTC 督促下采取了包括提高保证金、实施持仓限制、只允许平仓交易等措施后，亨特兄弟因持仓成本大幅提高无法追加巨额保证金，又因接盘失败银价下跌而无力偿还贷款，不得不抛售作为贷款抵押的白银现货，随即导致银市大跌。此案殃及美国多家投资机构和法国、英国、加拿大、瑞士、德国等许多国家，尤其秘鲁政府因不断追加保证金，最终现汇不足被迫平仓，亏损极为惨重。法庭判处亨特兄弟支付数千亿美元的损害赔偿金额。但为了防止银市彻底崩溃，避免美国涉案大银行和全美国最大的经纪公司破产，联邦政府权衡利弊，最终破天荒拨出 10 亿美元长期贷款来拯救亨特家族及整个市场。

从这个案例中可以看到，白银上涨是有基本面支持的。亨特兄弟选择白银作为炒作操控对象绝对是正确的，而且他们在现货和期货市场同时操控，做得也是相当的完美。他们唯一的错误就在于过于贪婪，超越了整个社会承受的极限。所以，圣经上说：上帝欲使人灭亡，必先使其癫狂。可见完全操纵者，一般是那些极度贪婪，又有强大资金或政治背景的产物。但是当他们的欲望使得自己成为全民公敌时，他们的灾难也就来了。

对期货市场而言，完全操纵，难度显然是极大的，一方面因为期货市场同时存在买家和卖家，他们的利益存在对立关系。或许你会说多空一家，这并不是没有道理，只是可能性极少，他们本身的立场对立性注定了合作也不过是暂时的。另一方面现在的交易手段和信息过于便捷，以及交易者的成熟，加大了操纵的难度。同时也要看这个社会的垄断发展到什么程度。不过对于越来越全球化的今天，操纵显然只能是在有限的时间和空间的行为。因水太深，不予讨论。

有限操纵是指在某一时间段内，借用资金实力，配合技术或消息等因素，在一定范围内操纵市场价格。这种情况在国内期货市场比较多见。这种操纵有如游击战，不断寻找可乘之机，小胜即退，不贪全功，不恋战，颇得游击之精髓。如郑州白糖，经常在日内行情中制造大幅度上下波动的行情。股指也时有这样的操作手法。从逻辑上本不该跌，却偏偏暴跌，而当交易者心存疑惑，以为行情要发生转向的时候，价格却又突兀恢复了原来的强势。这种盘面短期被操控的行情都是资金行为，目的就是制造波动空间以求获利空间。

日内行情的走势，基本是在这种操控使技术失真和正常技术状态这两种情况中交替运行。从近年来国内一些品种的行情走势图上可以很容易看到这种操作痕迹。

操纵行为或事件引发的极端行情，常常会破坏传统技术，虽事后往往会修复或重新回到原来的轨道，但对交易者来说，短期内造成的伤害，破坏了交易者对技术规则的信念。而这种经验会变成一种执著，这才是致命的东西。

普通交易者是完全不可能左右市场的，要想能够在市场中如鱼得水，全在乎对环境的认知深度，从而知道自己如何去适应环境；而不是对抗环境，怨恨环境。

总而言之，市场是资金市场，资金对商品的走势起直接决定作用。既有符合技术原则的，也有人为操纵的。正是这些特点造成期货市场的不确定性，并使得交易者对技术的信念难以建立起来，对市场始终处于一种阴谋论的疑惧中，内心矛盾，行为自然也就缺乏一致性了。

# 第四节 哲学意义上的市场——简洁处理

涨跌共生，相互依存对立；涨跌相互转化，久涨必跌，久跌必涨，物极必反；涨中有跌，跌中有涨。

前三节我们分别从市场供求关系、人性欲望、资金三个方面阐述了对市场的理解。这三个方面，只是观察事物的不同角度，事实上它们本身有着密不可分的关系，无论哪一个角度，若要深入探讨下去，最终都会联系到其他方面，使得本来可以抽丝剥茧直达真相的过程变得复杂缠绕。

哲学是对诸般万物抽象出来的研究，它通过切入最本质的东西，从而使复杂的事物变得简单，也能使看似简单的事物变得复杂。

前文已讲过，市场的所有因素最终都会转化为资金力量的博弈。从这个角度来说，只需要研究资金在市场角力中形成的价格曲线的规律即可。

我们知道，市场行情直观地表现为上涨或下跌，这一点是显而易见的。或者说波动是市场的本质。而推动价格上涨或下跌的力量，显然就是资金的力量，资金的力量分为两种，推动上涨的力量和推动下跌的力量。这是两种对立的力量。在期货术语里，称为多头和空头力量。不管市场背后发生了什么事，最终一切都会转化为这两种力量在市场上表现出来。

多头力量是市场买进力量，当多头力量大于空头力量的时候，必须以更高的价格才有可能买进，于是价格上涨。

空头力量是市场卖出力量，当空头力量大于多头力量时，必须以更低的价格才可能卖出，于是价格下跌。

市场的多头力量又可分为两种：主动性多头和被动性多头。主动性多头为买进开新仓的多头力量；被动性多头是空头买进平仓。这也意味着空头力量本身包含着多头力量。

市场的空头力量同样也分两种：主动性空头和被动性空头。主动性空头为卖出开新仓的空头力量；被动性空头为多头买进平仓力量，即空头力量中包含的多头力量。

市场的极端行情，有时候表现为多杀多，或空杀空的行情。即被动性的力量占据主动，自相践踏，恐慌一片。这不仅意味着多空力量的转换，也意味着多空力量本为一体两面，互为根本。

市场的非涨即跌的特征和规律，显然是一个常识。但常识中包含的真理并非那样显而易见。我们对事物的认知，常常会不求甚解，特别是对熟知的东西，我们通常会认为它理当如此，进而忽略。若要深究常识背后的秘密，很容易被周围的人视为神经。例如苹果落地这个简单的事实。通常我们都会习以为常，根本不会思考它为什么会落到地上，而不是飞到天上。因为苹果一直就是落到地上的。这是不用思考的问题。谁会想到常识中会蕴藏着天体物理学巨大的奥秘呢?

常识中常常蕴藏着不可思议的秘密。而当我们解开这背后的秘密后，会觉得豁然开朗。思维清晰力度会明显加强。市场的秘密一样如此。我们总是容易被太多复杂的因素所影响，这诸多因素中，虽然都或多或少包含着价格的信息，但是它离市场往往太过遥远，超越了我们的耐性，我们不可能准确地预知这个节奏，而节奏则常常是交易最重要的部分。

为了更好地理解市场涨跌或多空力量之间的变化规律，我们可以用传统的太极图来展示。如图 1—9 所示。

对太极图的理解和论述，正所谓前人之述备矣。从古至今，无论是喜欢科学，还是喜欢玄学的人，都无一例外地喜欢太极图这种直观而简洁的表现方式。喜欢玄学的人们，往往用太极图演变出几何级数的复杂变化。但这不是我们要做的事，复杂的是研究，简单的是行动。我们作为交易者，尽可能只抽取最有价值，或者说最有

图 1—9　太极图形

用的东西。

阴阳太极图主要说明三点：

1. 阴阳共生，相互依存对立。

2. 阴阳相互转化，阴极阳生，阳极阴生，物极必反。

3. 阴中有阳，阳中有阴。

至于更深的玄而又玄的演变内容，不在我们讨论之列。对交易而言，只需要理解这几点就足够了，没有必要让自己的思想陷入研究的陷阱中。

如果用市场的术语来表述太极图的含义：

**1. 涨跌共生，相互依存对立。**

**2. 涨跌相互转化，久涨必跌，久跌必涨，物极必反。**

**3. 涨中有跌，跌中有涨。**

理解这一点并不难。经验性的理解更容易让我们接受。尽管我们从哲学的角度来理解这些非常容易，但对于强调实际运用的操作行为来说，联系实际理解显然更有效一些。

一个完整的交易包括对多头而言是买进开仓，卖出平仓；对空头而言是卖出开仓，买进平仓。这说明了交易行为正是体现了阴阳一体两面，互相依存的道理。

涨至一定程度必跌，跌至一定程度必涨，又体现了阴阳相互转换的规律。而买进开仓中蕴含的卖出平仓或卖出开仓蕴含的买进平仓，则正好说明了阳中有阴，阴中有阳的道理。

这一点，即使从行情运行的规律上我们也可以看出来。一段上涨行情，无论是一天的行情，还是一周、一月或一年的行情，并不是直线上涨，而是跌中有涨，涨中有跌，涨跌相间的波浪式运行。下跌行情亦复如是。

市场上涨或下跌的力量，正因为它们彼此互为根本，相互转化，所以才造成市场的循环运动。老子曰：反者，道之动也。即说循环是运动的规律。这种循环，不仅存在于大周期，也存在于小周期。也就是说，循环运动是价格波动的一种常态，其差别只在于时间或结构不同而已。理解这一点，建立价格在某一空间循环波动的概念，是有助于交易的。

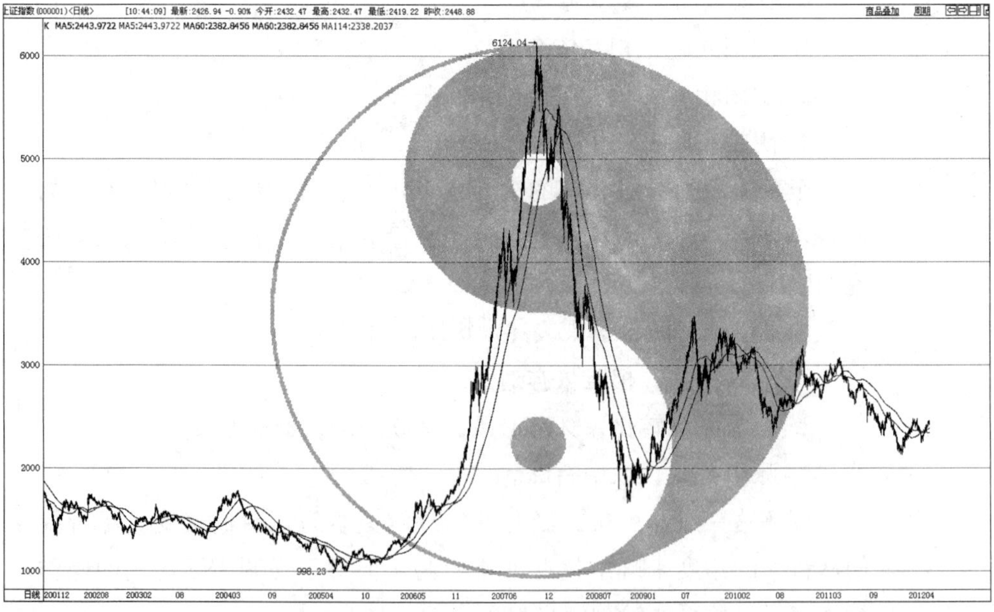


图 1—10　太极图形与上证指数走势

我们用太极图和实际价格走势图，做一个相对印证的对比。如图1—10所示，这是上证指数走势图与太极图的对比。

用阴阳太极图来理解印证行情波动规律，并不是为了追求时尚或玄奥，只是因为理解起来直观形象。人的思维对形象的事物更容易留下深刻的印象，这远不是单纯的语言逻辑可以比拟的。

在此需要提醒一点的是，用太极阴阳图来理解市场，建立一种理解市场的正确理念是可以的，但实际交易却是很具体的，不要企图用太极八卦演绎之类的东西在市场上预测价格涨跌。

它只是一种理解市场的方法和理念，而实际的交易则要具体到细微之处。这既需要经验，更需要训练，而不是研究。记住，这不是研究！

# 第二章
## 认识技术和交易规则

**核心思想：**

学习并非根源不同，依据不同，而结局却大相径庭。只有归于相同，返回到统一的本质上，才可不迷失方向。而交易者大都如学习泅渡之人，本为求利，结果反而陷入财务困境。

因此交易者在学习期货交易技术的过程中，必须透过技术形式认识技术背后的思维方式及行情本质，而不是停留在技术表面。否则必将陷入歧路寻羊的困境。

杨子的邻居丢了一只羊，于是带着乡里人，又请杨子的童仆一起去追赶羊。杨子说："唉，不过是丢了一只羊罢了，为什么要这么多人去找寻呢？"邻居说："有许多分岔的道路。"不久，他们回来了。杨子问："找到羊了吗？"邻居回答道："跑丢了，没找到。"杨子说："怎么会找不到呢？"邻居回答道："岔路上又有分岔路，不知道羊逃到哪一条路上去了。所以只好回来了。"杨子的脸色变得很忧郁，有很长时间不说话，一整天都没有笑容。他的学生觉得奇怪，请教杨子道："羊，不过是下贱的畜生，而且还不是老师您的，却使您失去笑颜，这是为什么？"杨子没有回答，他的学生最终没有得到他的答案。

杨子的学生孟孙阳从杨子那里出来，把这个情况告诉了心都子。心都子和孟孙阳一同去谒见杨子，心都子问杨子说："从前有兄弟三人，在齐国和鲁国一带求学，向同一位老师学习，把关于仁义的道理都学通了才回家。他们的父亲问他们说：'仁义的道理是怎样的呢？'老大说：'仁义使我爱惜自己的生命，而把名声放在生命之后'。老二说：'仁义使我为了名声不惜牺牲自己的生命。'老三说：'仁义使我的生命和名声都能够保全。'这三兄弟的回答各不相同甚至是相反的，而同出自儒家，您认为他们三兄弟到底谁是正确谁是错误的呢？"

杨子回答说："有一个人住在河边上，他熟知水性，敢于泅渡，以划船摆渡为生，摆渡的盈利可供一百口人生活。自带粮食向他学泅渡的人成群结队，这些人中溺水而死的几乎达到半数，他们本来是学泅水的，而不是来学溺死的，而获利与受害这样截然相反，你认为谁是正确谁是错误的呢？"心都子听了杨子的话，默默地同孟孙阳一起走了出来。

出来后，孟孙阳责备心都子说："为什么你向老师提问这样迂回，老师又回答得这样怪僻呢，我越听越糊了。"

心都子说："大道因为岔路太多而丢失了羊，求学的人因为方法太多而丧失了生命。学的东西不是从根本上不相同，从根本上不一致，但结果却有这样大的差异。只有归到相同的根本上，回到一致的本质上，才会没有得失的感觉，而不迷失方向。你长期在老师的门下，是老师的大弟子，学习老师的思想学说，却不懂得老师的寓意，可悲呀！"

# 第一节
## 期货技术分析现状概述

技术需要的是适时适地的灵活运用；智慧常常并不是拥有多少知识，而是懂得如何取舍。

正如其他任何事物的产生一样，期货技术不是一开始就有的，它也是期货交易发展到一定程度的必然产物。人们最初发明技术的动因，无非是想用简单直观的方式来判断行情运行的趋势或规律。

期货技术最先表现在记录价格运行的方式上，较为典型的是日本的阴阳烛线图和美国的竹节图。

阴阳蜡烛图完美地记录了交易的大致情况，已经具备了技术的实质。然后在此基础上，由日本交易之神本间宗久发扬光大，这便是久负盛名的酒田战法。日本人既承接了中国文化的精华，又有西方人思维上的精微之处，他们尊重传统技道，做事谨慎又细密，所以酒田战法能产生于日本，也是顺理成章的事。

和美国的竹节图相比，显然竹节图显得单薄，传达的信息量也不够形象全面。不过，西方人的理性和逻辑及科学精神，竟然也能够产生玄妙的波浪理论、道氏理论、江恩理论等，令人惊叹。

但较为经典而实用的技术，则是由约翰·墨菲所著的《期货市场技术分析》，无论是从理论还是从技术实践，都具备了相当的实战性。而现今借助于电脑强大数据处理能力产生的指标技术，通过对价格的平均或加权平均，也揭示了价格的实际运动方向。但在剔除价格极端行情带来的困扰的同时，其滞后与应用环境的局限性，也给交易者带来了诸多困扰。

作者不建议交易者独创什么新的技术或指标，事实上有很多所谓独创，不过是对前人成果的粉饰包装打扮罢了。从某种程度来说，合理的组合技术，使之与交易过程达到契合即是不错的创造了。

正如我们对事物的认识一样，任何一种技术，都只是某一个角度的产物，没有哪一种技术能够在指示你趋势方向的同时，又告诉你正确的进出场时机。也就是说任何一种技术都有自身的局限性，交易上的问题，并不是技术能全部解决的。

技术产生后，随后又引起了技术指标的泛滥，各种指标五花八门。而这些技术指标产生之后，又产生了关于这些技术指标的种种理解或用法的论述。这让刚从纷繁芜杂的信息和数据中解放出来的交易大众，又陷入了技术的纠纷，进一步远离了市场的本源。

最真实的发生和最真实的影响是盘面实际走势，技术指标对实际发表的滞后体现，在交易上常使交易者陷入困境。也就是说技术产生后，又衍生出太多的技术分支，使事情变得复杂起来，我常常见到迷于技术的交易者，困于技术本身，而忘记了价格的真实。

正如某一项法律或规则产生的最初原因，通常是为了维护人或事的利益，而最终法律或规则常常超越了人或事。这样的事情，即使在现实生活中也并不鲜见。

技术的局限性是必然的，不完美是事物的共性。从某种程度来说，技术本意是要寻找一个确定性，对于交易者来说，确定性意味着安全感和成就感。而事实上确定性常常意味着陷阱，我们常常是在深信不疑的时候上当受骗的。

期货交易技术的不确定性，是由期货价格波动本身的特点所决定的。这种不确定性，并不是说期货价格走势完全是随机的，无规律可循，而是因为事物庞杂的影响因素及本身的关联性造成的局部现象。从交易者的角度来说，不确定性只是一种个人的认识或感觉，逻辑是有局限性的，这一点在投资交易领域表现得更明显。逻辑上完美的东西并不存在，只能假设。

承认技术不完美具有重要意义，这意味着你对事物的态度脱离了执著，同时也看到了事物的正反两面，进而形成你在交易上是以策略主导，而不是以预测为主导。

目前市场流行的交易技术可以从不同的角度进行分类。注意我这里所说的技术分析，不包括基本面技术分析。之所以暂不讨论基本面分析技术，并不是因为我对基本面分析有偏见，而是基于对期货交易者或操盘手而言，基本面信息处理难度将影响到交易者对节奏的把握。

1. 从数据处理特点分类：可以分为图形技术和指标技术。

图形技术指保持原始数据，仅通过其外在的形态而对其进行定性判断的分类；指标技术是指对原始数据进行平均处理后的结果，表现为线形。

这样的分类从学术的角度来说，可能缺乏严谨。不过对于交易者而言，简洁处理，使之清晰而适用更为重要。

2. 从行情的性质来分类：可以分为趋势行情交易技术和震荡行情交易技术。

趋势行情交易技术是针对明显上涨或下跌趋势行情而言，主要是指趋势线技术及在趋势线基础之上衍生出来的其他技术，包括均线技术；震荡行情交易技术产生的要晚一些，主要是基于计算机强大功能的数据处理技术之后。这一点，应该有历史的原因，早期的技术比较质朴粗放，没有对数据的处理，线性趋势观念很强，没有把行情进一步细分出震荡趋势。

把行情仅分为上涨趋势和下跌趋势，显然容易陷入二元思维的困境，从而因缺乏弹性而面临交易上的巨大风险。事实上，在趋势终结过渡阶段或趋势持续的中途，常常会有占据交易时间一半以上周期，行情在某一个区间来回拉锯式的震荡。因此把震荡行情剥离出来定性为一种趋势，虽然不严谨，但是对交易来说，无疑提高了适应性。这才是最重要的。

图形技术和指标技术，各有其优劣。从时间上来说，图形技术产生的应该早于指标技术，对事物直观的分析，是显而易见的事情。图形技术主要指形态分析，主要是反转形态和持续形态。

反转形态是一个趋势的起点和另一个趋势的终点，而持续形态则是一个趋势在该趋势延伸上的图形分析，也就是一个趋势的过程分析。这基本上涵盖了价格运行的始终。

指标技术大都是通过对价格和成交量，运用计算机数据处理功能形成的。主要针对震荡趋势产生的。对震荡趋势而言，价格高低的意义大于方向的意义；而对于上涨或下跌趋势而言，方向的意义则大于价格高低的意义。也就是说，趋势行情具有方向把握的优势，而震荡行情具有价格把握的优势。

因此针对涨跌趋势和震荡趋势有一个简单的策略：趋势行情重势不重价，震荡行情重价不重势。事实上，对于强烈的涨跌趋势而言，目测即可知道，根本无需借用计算机来处理数据。

对于交易而言，最重要的是区别出行情本身所处的环境，这样才可确定选择哪一种技术、采取不同的策略进行交易。

按照逻辑上的完美推理，假使我们把趋势技术和震荡指标技术结合起来交易，就能解决交易依据上的所有问题。即利用趋势技术的方向确定优势，再配合以震荡指标技术的价格确定优势来解决交易上的问题。这一点要做到并不难，因为趋势行情通过把时间周期缩小后，都可以分解成若干震荡行情，依据该震荡行情选择价格时机，是比较容易的事情。

但在实际的交易中，如何对行情进行定性判断和取舍交易技术，仍然是交易者最大的问题。一是因为无论趋势技术还是指标技术，并不存在确定性的，只是概率大小的问题；二是因为趋势行情和震荡行情本身存在衔接和交叉，这就使得交易者对技术的选择存在不确定性；三是交易者本身的偏好或局限性又会强化这种不确定性。

也就是说，给行情进行定性判断，并不是技术能够解决的问题，而是你的思维方式的问题。所谓灵活运用，不过就是适应环境变化而已。

给行情定性判断，类似于西医的解剖学，需要把行情分解为部分，然后再产生关联。正如科学家对物质的认识，通过细分到最基本的粒子，才能真正了解物质世界的本质。否则惑于行情乱相，就会陷入不确定性的困境中。事实上不确定性并不是技术分析缺陷，而是如实反映市场。对于交易者而言，必须认识并接受这一点：行情不过是在不同的时间周期里以同一模式变化而已。

总之，**技术需要的是适时适地的灵活运用；智慧常常并不是拥有多少知识，而是懂得如何取舍。**

# 第二节
## 发现最适合自己的技术

我们学习和认识技术的目的，是为了从中抽取最适合自己性格和思维特点的技术，并熟练到极致。

任何一种交易技术背后都隐藏着某种思维方式或交易思想和理念，如果我们不对这个背后的思想进行研究剖析，就不能真正建立起对交易技术的信念。你不要指望自己能够像被编程的电脑一样严格地执行既定的程序。人的优胜之处就在于可以复杂地思维，而不是简单地条件反射。

**我们学习和认识技术的目的，是为了从中抽取最适合自己性格和思维特点的技术，并熟练到极致。**

据说佛教修行的法门有八万四千之多，因其广大精微，而众生根性深浅不一，生命有限，所以择取最适合自己的法门修行通达。孔子也讲因材施教。圣人的智慧告诉我们，最适合自己的才是最好的，中庸之道的精髓即在于此。不过我们常人的困境常在于对自身的认知有限，并不能真正了解自己所需为何，或贪多求全，以至于不得其所。

每个人都具有个体的特殊性，对事物的认知方式和接受程度显然并不一样。对技术手段的选择，常常能证明其对自己的认识程度。而技术手段，也分三六九等，有的简洁，有的复杂，有的偏重于技术，有的偏重于理论。比如我自己对波浪理论就非常头痛，对技术指标也常有微词。这只是我个人的障碍，并不说明这些东西的优劣。

而对于偏重于图形的技术，则让我感到轻松而快乐。有的交易者则极度偏爱波浪理论，沉迷于数浪而乐此不疲。还有的交易者引进易经八卦，或江恩神秘预测术。作为分析之术尚可，但是对于交易者来说，过度分析则易导致行为能力的丧失。所以必须想清楚，你是把自己定位于交易者，还是分析师呢。

玄妙的东西固然能引起人们的虚荣和敬畏，但并不一定有利于行动。而行动能力往往和人们对事物的熟悉程度有关。人在突然进入一个陌生的环境中，是很容易局促，行动也会自然受到自我的限制。而在熟悉的环境则轻松自如。这是其一。另一方面，人只有在自己擅长的领域做事，才能做好。世界上最伟大的科学家——牛顿，当年在股票投机风潮中，不也是输得快倾家荡产了吗?

至于你适合哪一种技术，答案在你自己身上，别人是无法给你的，因为没有任何人能够代替你体验。但有一些大的原则可以提供给大家参考。

我们大都知道自己是属于左脑思维或是右脑思维。左脑思维偏重于逻辑思维，数据处理或复杂的理论应是其擅长的。因此选择复杂的指标可能更适合一些。右脑思维偏重于形象思维或直觉思维，对图形技术的感知和把握应更有优势。

一般来说，能让你感觉轻松自如的方法往往是最适合你的方法，也是最好的方法。如果该技术总是让你感觉别扭和吃力，如隔靴搔痒，说明你选择了不当的方法。

个人的偏好，即使从交易者的交易方法中都能够看出来。比如有的人只看 K 线图交易；有的人只看日分时走势图交易；有的人则看着行情报价价格就可以交易；而有的人则同时看好多图表进行交易。显然，这些交易者的思维特点都是不一样的。不论他们交易业绩如何，他们关注哪些东西进行交易，基本可以反映他们的思维方式。

当然也有的交易者经历了一个去繁就简的过程，最初他们会看很多指标和图表，力图通过各种技术手段得出一个确定性的交易方向出来，而后逐步精减到只剩下最有价值的简洁手段。从繁到简，是一个历练，常常并不能一步到位。这个过程本身也是一个你认识自己，发现自己的过程。我不太相信一个交易者一开始就能用简洁的手段交易，没有经历就能超越，除非他能前世带来因果。

总而言之，找到适合你自己的技术手段，并不是一步到位的事情，你需要不断地磨合和发现，在经历和体验中去芜存精，留下你最有启发，让你感觉到最顺手、最轻松的技术。这才是最适合你，属于你的方法。

# 第三节 技术—规则—计划

即使不恰当的进场，通过出场时的恰当处理，也能达到致胜的结果。

交易分析技术是一个大的框架和原则，是针对某段行情的方向和进出场时机的判断。

规则是从分析技术中简洁处理后的结果，是为了适应行为本身的特点而设计。交易作为一种行为，必须剔除复杂，以利于行动能力。

计划则是以策略贯穿交易规则，完成交易规则的系统化，从而达到交易行为的连续性和完整。

整体来说，交易技术上升为交易规则，交易规则再系统化成为交易计划，是一个理性思维流程。初学交易者往往只能见其一面，或者说往往只关注到其中他想要看到的那个片断，而不能将它系统化为完整的交易流程。往往只知开始，难知结局。也就是说，他们在开始以后，常常很难清晰地知道该怎么结束。这是不是有些类似我们日常生活中的很多事情呢?

从交易行为本身来具体分析：

1. 开仓是交易的起点：包括方向的选择和进场的价格选择。

2. 平仓是交易的结束：盈利和亏损。事实上平仓也是方向的选择和价格的选择，区别在于平仓是一种被动的选择。

## 交易技术

从交易技术中抽取出规则并不是太难的事，除了波浪理论等一些预测性极强的技术。不过在本书中，不涉及这些理论性太强的技术。基本都是指传统的期货交易技术，来源于地震出版社翻译出版约翰·墨菲的《期货市场技术分析》一书。但不是每一种技术都同时具备方向和价位的确定优势。比如趋势线，能确定价格较大周期的方向，但对于短期方向以及确定进场和出场位置，明显粗旷而不够精致，而均线理论则可以弥补这一缺陷。因此抽取交易规则时，用均线理论则更符合交易实际一些。

也就是说，你在选择技术归纳出交易规则的时候，必须选择更具备交易实战性的技术，这样有利于把交易规则进一步细化，从而更能有利于行为。若交易规则存在太多的前提条件或转折，则会给交易行为留下太多无可适从的空间，这会导致在实际交易中，因判断行情需要太多的时间或犹豫的空间，而导致节奏被破坏。也就是说，如果一个人在实际交易过程中，还需要对行情进行分析判断，必然影响其行为。行为应该成为一种习惯性的反应，而行为的依据必须简洁明了才可能不成为阻碍。这就像战场上的命令，清晰简洁明确，才能有利于执行。交易者常常乐于嘲笑分析师们的文章，往往只是因为如此繁琐的分析过程，却没有一个明确的交易结论。所谓当断不断，反受其乱，就是这个道理。

## 交易规则

交易规则的系统化，源于交易过程的完整性。交易规则至少包括三点：

1. 确定交易方向的规则。

2. 确定进场价格或价格区间的规则。

3. 确定出场规则。

交易规则系统化后，实际上已经形成一个相对完整的计划。这是一种理想状态。而期货是一个博弈市场，或者说是一个多样化的市场，正如生物的多样性一样，只有多样性才能维持这个市场的长久存在。我们可以看到在不同的时间周期内，涨跌相间，节奏变幻，以至于在同一时间周期内，做多头可以赚钱，做空头也能够赚钱，或者甚至多空都亏，或者此亏彼赚。多样化的市场，或者说不确定性的市场，策略的效果显然大于预测的效果。因为预测失败的后果处理不当，将导致交易者被淘汰出局。交易者应该明白这一点，我们永远都是在有限的资本和时间内交易。

策略是指为了实现某一个目标，预先根据可能出现的问题制定的若干对应的方案，在实现目标的过程中，根据形势的发展和变化来制定出应变方案，或者根据形势的发展和变化来选择相应的方案，最终实现目标。

交易策略的目的，是为了适应市场的多样性或不确定性，以交易规则为核心，实现盈利和风险控制的目标。形成交易计划，既是为了保持交易的连续性，也是为了保持节奏和弹性。

比如，我们在某一震荡区间交易。那么在震荡区间没被突破之前，对行情的多样性或不确定性进行归类：

1. 在震荡区间内，行情最大的可能为区间震荡。

2. 未来行情的突破方向可上可下，因震荡区间所处环境，可以确定突破的最大可能方向。

3. 存在假突破的可能性。

面对多种可能性，如果只有一个确定的计划，一旦行情并不如你所料，将面临重大损失。把赌注完全押在一次确定性上，常常是赌徒们绝望的做法。精明的赌徒都会留有余地。影响市场的因素是多元化的，你永远也不可能预料到突发或不可抗力因素，所以，你永远都要考虑到最坏的情况发生，你是否能承受，是否有合理的应变计划。

通过策略完成交易规则的优化组合，这样形成的计划才能适应市场环境的多样性。

## 交易计划

交易计划的完成，一方面为交易行为提供了依据，另一方面由于交易计划的完成是在空仓状态下，这样也使得交易计划理性的成分居多。事实上，很多经验可以证明，计划常常是完美的，而我们一旦进入实际的交易之后，却常常违反了计划。

又有交易者抱怨说，计划没有变化快。这种说法很可笑。只能说明他的计划不完整，根本没有理解市场的多样性，仅仅针对一种可能性制订，而不是依据策略制订出来的。缺乏策略的计划，显然无法应对多样性的市场。

在计划的制订中，确定出场是比较复杂的，交易者常常投入更大的精力于进场时机的把握上，而事实上出场的重要性要大于进场。因为出场作为最后一个结束动作，才是具备决定意义的。进场得恰当，只能说为结果提供了一定优势。我们经常可以见到一些交易者津津乐道于自己某时曾卖在最高点或买在最低点，而当被追问最终盈利多少时，却只剩下叹息或顾左右而言他了。

**即使不恰当的进场，通过出场时的恰当处理，也能达到致胜的结果。**我并不是在说进场不重要，进场的重要性是显而易见的。厚此并非一定薄彼，交易的每一个环节都必须认真对待。

# 第四节
# 交易技术的选择之最小语言单位——K 线

交易不需要懂太多的东西，但是你必须懂最根本的东西。只有最根本的东西才能让你尽可能地接近真实客观。

系统论认为，任何个体都具备了整体的所有特征，正如组成我们身体的粒子，都携带着全部的遗传信息。我们自己的存在，纯粹从我们自身的物质构成来说，不过是地球上存在的一百多种元素而已，而这些元素，早就存在于宇宙中，在宇宙的历史长河中，这些元素通过物质循环和食物链曾经在无数先人们的身体上存在过，甚至可能在圣人孔子、老子，或者秦皇汉武身上存在过。而这些元素物质，追根溯源，最终都可以回到宇宙爆炸前的起点。

想一想这些我们从来没有细致入微地思考触及的地方，是不是很奇妙？我们每一个体，因某个整体系统而存在并有意义。市场行情也是一样，任何一个价格都是基于市场这个整体产生的，并具备了整体市场的特征。而事实上就是，我们通过最细微和最简洁的方式，去探寻整个世界的奥妙往往是最容易的。科学的发展不也是这个路径吗？

这也是学习的一种方式，很多人好高骛远，总想大处着手，多处着手，结果志大才疏，路越走越窄，最终进了死胡同。所以耶稣基督说："你们要进窄门。因为引到灭亡，那门是宽的，路是大的，进去的人也多；引到永生，那门是窄的，路是小的，找着的人也少。"

**交易不需要懂太多的东西，但是你必须懂最根本的东西。只有最根本的东西才能让你尽可能地接近真实客观。**所以我们选择了市场的基本单位——一根 K 线着手来认识市场。

市场以价格的波动为运行特征，表达方式则是用概括性强，而且非常形象的蜡烛图表示，也叫 K 线。众所周知，蜡烛图是由日本人最早发明使用的。对 K 线使用的传奇人物为本间宗久。我无意在这里叙说蜡烛图的历史背景及其使用方法，这类的书实在太多了。我想要做的是剥离出 K 线最重要和最简洁的内容，即回到价格的本源。

我曾经发现一个奇怪的现象，很多老股民们，甚至有的是做了好多年股票的人，并不知道 K 线的构造实质。他们只是从直观上知道，红涨绿跌。这让我奇怪而又觉得不可思议。不过细想也比较符合许多人对事情望文生义，不求甚解的毛病。

想象一下每天早晨开盘时的情景：先是出现第一个成交价格，然后经过一整天的多空争夺，必然会有一个最高点和最低点产生，一直到最后一个成交价格收盘。这一天交易的大致状态，如何用一个符号来简洁而准确地记录或表示。这是个问题。以日本人的思维，他们既传承了东方的抽象思维，又具备精细认真到极致的特点。能够发明这个表达符号，也是顺理成章的事。

K 线，首先选取了开盘价、收盘价、最高价、最低价这四个价格要素来描述一天的行情。

开盘价：在期货市场是指早盘集合竞价 5 分钟产生的价格。市场的参与者在盘前通过对隔夜外盘和其他影响市场因素的分析，大致对当日交易会有基本的判断。而后经过短暂的集合竞价交易之后，形成开盘价。也就是说开盘价的形成，是通过对当天交易的预期，并经过极短暂的实际交易时间形成的。交易价格和时间，这是期货最重要的两个因素，且时间和价格具备相互转化的特征。因此，实际交易时间的长短，对于交易价格的重要性来说更有意义，其未来的行情发展影响力更深远。从这个角度来说，开盘价主要是由人们的心理预期形成的。

收盘价：则是经过持续一天的交易至结束时形成的最终价格。

从交易时间的角度来说，收盘价是多空双方争夺一天的结果，既具备实际交易时间的长度，和开盘价相比，它也并非是心理预期形成的价格，而是实际交易形成的价格。从这个角度来说收盘价的意义要大于开盘价。

最高价：即一天交易中形成的最高价格。对最高价格的理解有两个层面：一是产生的原因。价格上涨是因为多头力量大于空头力量，而当多空力量达到平衡点的时候，最高价便产生了。同时也意味着多头再没有力量将价格推向更高，即为多头能量衰竭的地方。行情在此力量对比发生变化，震荡或反转。二是造成的结果。则意味着在形成最高价瞬间，所有在最高价以下买进的多头都处于盈利状态，最高价以下空头都处于亏损状态。

最低价：即一天交易中形成的最低价价格。最低价也有两个层面的理解。一是产生的原因。价格下跌是空头力量大于多头力量的结果，当多空力量达到平衡点时，即产生最低价。同时也意味着空头再也没有力量把价格打到更低，也即指空头能量衰竭的地方。多空力量达到均衡，力量对比发生变化，行情便会发生均衡点震荡或是反转。二是造成的结果。则意味着在形成最低价的瞬间，所有最低价以上的空头都处于盈利状态，最低价以上的多头都处于亏损状态。

但这四个价格并不能形成一根完整的K线，还缺一样重要的元素——色彩。显然，K线在涂抹上色彩后，则变得生动起来。

红色代表低开高收，上涨。红色从心理学的角度来说，代表激情，是能量充沛的色彩。

绿色或蓝色代表高开低走，下跌。绿色或蓝色代表沉静，也隐含着隐藏与被动，是一种冷色调。

色彩的意义在于给我们直接的视觉刺激，或者直接的上涨或下跌的信息。人的右脑代表形象思维，也有说右脑为原始脑，代表着我们的情绪、潜意识。色彩则正是刺激我们右脑的，而右脑对人的行为几乎是起决定作用的。K线在涂沫上色彩后，才变得生动而准确。它带给人的直觉或视觉上的冲击，对行为或情绪都有着深刻的影响。

一根已知的K线，我们首先可以直观地看出今天的行情是涨还是跌，然后可以知道涨跌的幅度大小。同时也知道开盘时的心理预期和收盘的实际结果之间的差距。但这对于我们真实的了解市场的涨跌规律，显然是不够的，我们必须透过K线去探求形成这根K线背后隐藏的实际走势或真相。

如图2—1所示，分别为一根上涨阳线和下跌阴线，但是同样一根K线，其内部构造则可以变化多端，细微之处不能穷尽。也就是说，虽然外表看起来同样大小的K线，但是由于其内部构造不一样，且其所处的位置不一样，影响因素也就不一样。

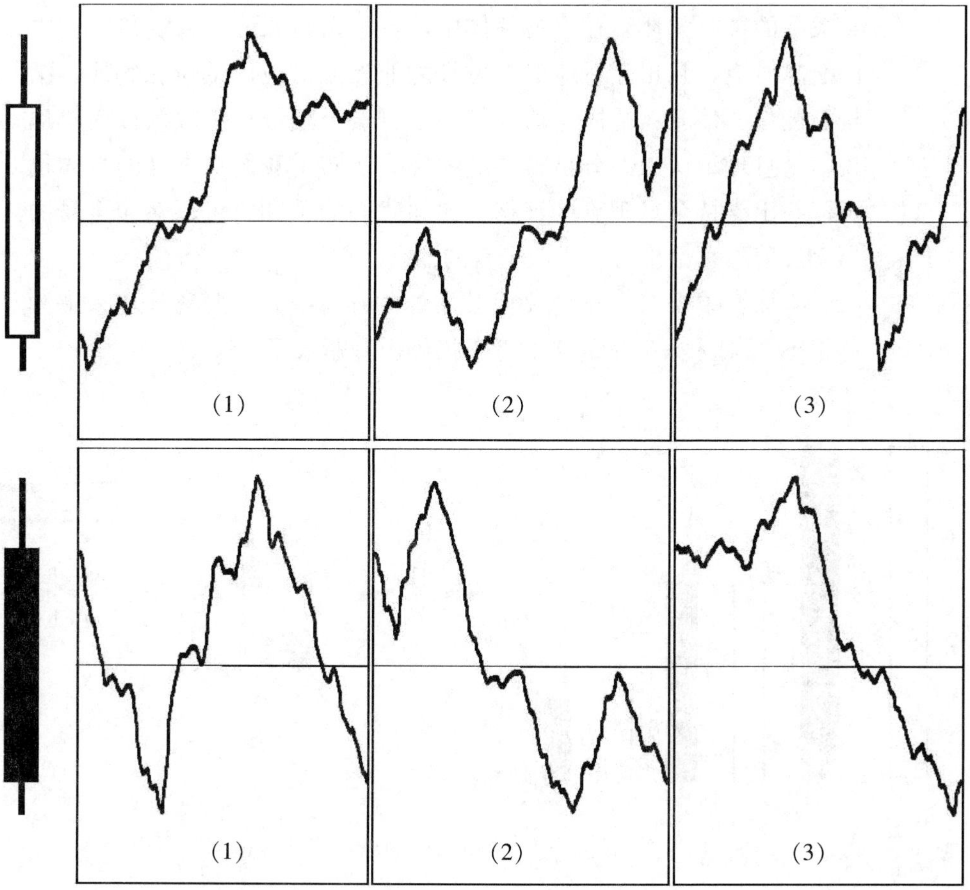


图2—1　单根阴阳K线内部走势图

我专门把单根K线的形成细节剥离出来，是想传达一些思维方式和观念。

1. 表面上看起来一样的东西，其内部结构未必一样；内部结构不一样的东西，会以某种方式殊途同归。

2. K线并不是行情的最小单位，它是单个价格运行曲线在一定时间内结论性的描述。

3. 要真正认识K线，必须回归到更小的价格单位来认识行情。

单根K线一样蕴藏着整个市场的奥秘。华严经有一句话：于一微尘中，悉见诸世界。正如全息理论认为宇宙是一个各部分之间全息关联的统一整体。在宇宙整体中，各子系与系统、系统与宇宙之间全息对应，凡相互对应的部位较之非相互对应的部位在物质、结构、能量、信息、精神与功能等宇宙要素上相似程度较大。简单地说，全息理论认为部分是整体的缩影。事实上我们从自己的身体也可以找出支持全息理论的证据，比如我们的手和脚可以对应全身的器官反射，耳朵也可以对应全身的器官反射。

当然，单根K线的意义由其所处的环境决定，脱离环境来解读一根K线对未来行情的影响近乎扔硬币和赌骰子。

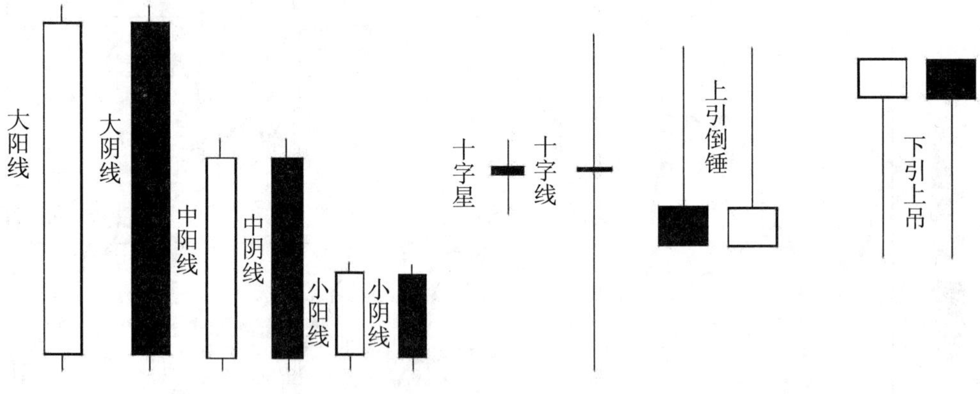


图2—2　典型K线图示

从形成一根K线的一天的实际价格曲线，我们可以观察到单边上涨牛市，单边下跌熊市，全天震荡行情，甚至还有一天之内涨跌互换，完成一波牛市到熊市的转换。因此从这个角度来说，价格在时间轴上的波动规律，并不会因为时间框架的改变而变化，从而使期货行情或交易最终将成为时间上的博弈。

单根 K 线的分类很简单，也容易理解，基本有如下几类。如图 2—2 所示。

## 大阳线和大阴线

大阳线的特点：低开高走，拓展的区间大，并能在终盘时仍然维持强势高位，即多头能够保持一天交易大部分甚至全部的交易成果。大阳线出现的环境，既可以在底部出现，也可以在趋势中途强势拉升时出现，甚至常常出现在行情顶部，形成盛极而衰的现象。相对于前一交易日，既可能低开高走强势收盘，也可能直接高开高走强势收盘。也就是说大阳的出现，并没有确定性的规律，它可以在任何行情的任何位置出现。交易者不要误以为大阳线就一定代表涨势，有时它恰好是跌势的起点。如图 2—3 所示。

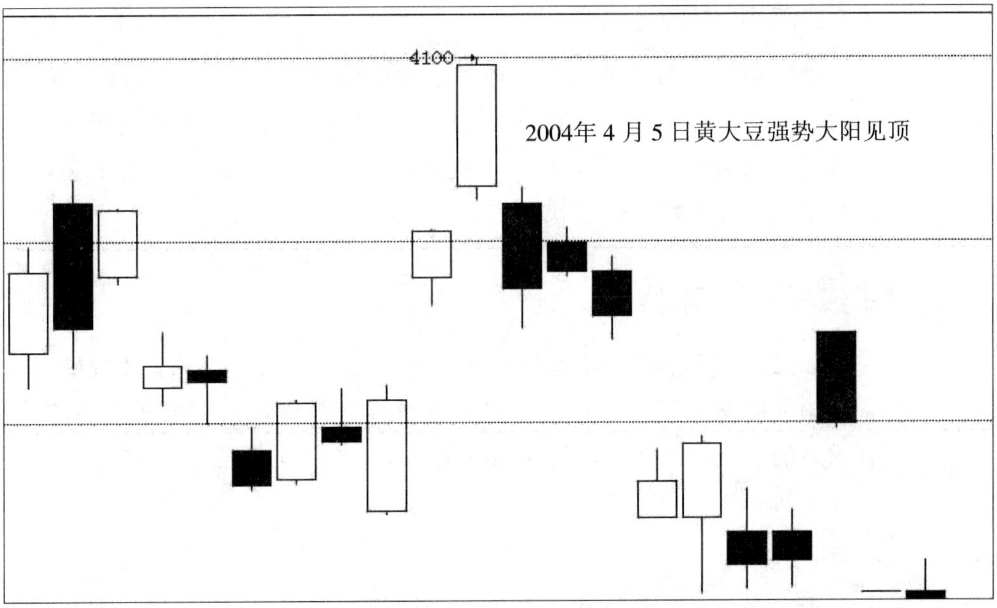


图 2—3　大阳线仅代表当日的多头大胜

大阴线：大阴线是大阳线相对的一面，任何事物都有相对的一面，再好的事情也会有坏的一面，再坏的事情，也会有好的一面。正所谓长短相形，高下相倾。大阴线的意义刚好和大阳线相反。它代表着空头力量，高开低走低收。和大阳线一样，它出现的环境，并无特定位置。唯一能够确定的是，当日交易空头占绝对优势，随后的交易日继续下跌的可能性更大一些。

大阳大阴，代表着市场的极端情绪，不过激情这东西，常常并不具备持久性。正如花开有时，青春无期，最终绚烂至极而归于平淡。千家诗上有一首无名氏的诗，写的很有意思：

一团茅草乱蓬蓬，
蓦地烧天蓦地空。
怎似满炉煨榾柮，
漫腾腾地暖烘烘。

过分地透支了激情，其持久性必然大打折扣。高负荷运动员的运动生涯甚至生存寿命常常也短。

## 中阳线和中阴线

显然中阳线和中阴线只是相对于大阳线而言，其拓展的区间要相对小一些，一般会达到大阴阳线的一半左右。市场大多数情况下，都维持着这种状态。激情是不可能持久，而不温不火的中阴中阳，则会是市场大多数时候的状态。

## 小阳线和小阴线

如果在一个活跃的市场里出现，则代表一种相对的平衡和犹豫，它们拓展的交易区间极小，说明多空双方都很谨慎，对未来都不敢有明显的预期，出于小阴线小阳线的时候，成交量都会比较清淡。

## 十字星

十字星是指开盘价和收盘价处于同价位，当然也有相差一两个点位，若不斤斤计较，也是可以归于十字星之类。十字星可以分为两类，一种是上下引线很长的十字星，一种是上下引线极短的十字星。十字星是很明显的震荡行情的表现，即其内部走势是因震荡行情形成。短十字星是小震荡形成，常常在多空双方争夺的平衡点处出现，这也是为什么短十字星成为转势的标志，就是因为平衡点被打破。所以，短十字星既意味着平衡点多空双方如履薄冰的心态，也表现着这个平衡被打破，常会造成剧烈的价格运动。长十字星则是由宽幅震荡行情形成，说明市场多空双方分歧很大，互不相让，势均力敌。

## 上引锤子线和下引上吊线

这也可以视为相对存在的两种形态。这种形态很有特点，若出现在顶部或底部，常常给人转势的猜想。而事实上也大都如此。

上引线形成的锤子线，必须是锤形极小，甚至为一线。至于是阴是阳并不重要。出现在顶部的锤子线，给人以一种想象，似有天外雷霆之力下压，而出现在顶部的上吊线，则像一个人形无助地自吊于高枝上，这种死亡的预警，留给市场参与者们对未来市场的恐惧与担忧；而出现在底部的时候，上引锤子线则更像在夯实基础，而上吊线则像想要腾空而起的气球。

K 线图的形象固然可以给人直观上的盘面感觉，但是也难免让人产生执著，甚至脱离环境，一叶障目。

以上所归纳的单根 K 线形态，虽非绝对精确，但也大致反映了市场行情基础单位的现状。一根 K 线的产生，必有其因果，也必有其未来的影响。也就是说，一根 K 线，无论它处于行情的哪一个位置，至少会有两个关联。

一是关联前一交易日。因为对当日交易影响最大的，就是离当日最近的前一日的交易，这叫时间最近原则，就像我们常常只会忌妒或羡慕我们的邻居，或者跟我们出身地位年龄差不多的人。在实际的盘面中，这种影响表现为当日的交易的区间和前一交易日交易区间的位置关系。即今日的交易是否脱离了前一交易日的区间。因为这意味着前一交易日的平衡被打破，对当日交易有着重要影响。

二是关联下一交易日。当日交易形成的区间意味着当天所有未平仓交易者的盈亏状态，这个盈亏状态，由当日交易形成的最高点和最低点决定。它将对下一交易日产生影响。

也就是说，任何一根 K 线，都基于这两个关联，前因后果，承前启后。那么我们下一步则要进入两根 K 线的阐述。

两根 K 线，可以理解互为因果关系。而这种关系也相互转换。后一根 K 线又将成为下一根 K 线的因。我们可以从两根 K 线的位置关系来分析行情的状态。

## 两根 K 线的位置关系可分为三类

1. 相离状态：即两根 K 线完全没有交叉部分，表现为一种突破状态。相离又分上相离和下相离两种。如图 2—4 所示。

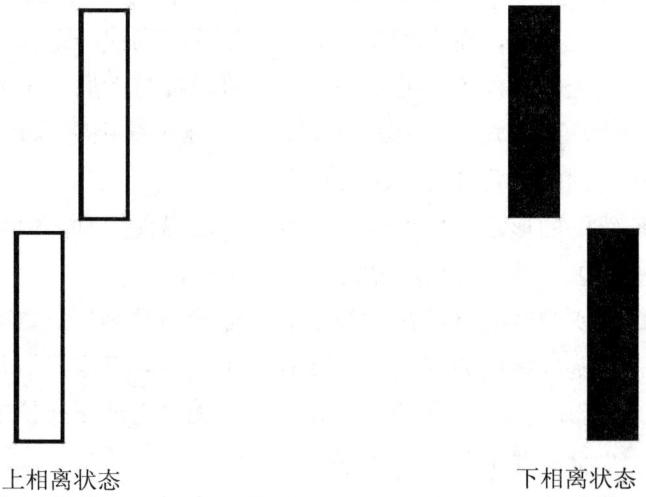


图 2—4　两根 K 线相离

2. 相交状态：即两根 K 线部分交叉，同样也分为两种情况。如图 2—5 所示。

图 2—5　两根 K 线相交

3. 相含状态：相含状态有如孕线，分为左相含和右相含状态。如图 2—6 所示。

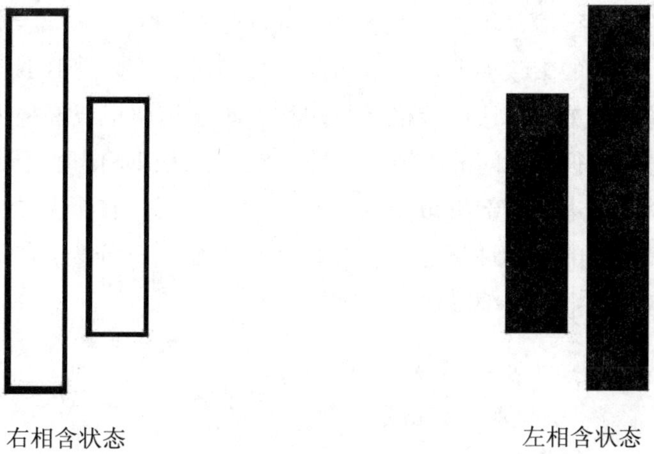


图 2—6　两根 K 线相含

还有一种比较特殊的相含状态，即两根 K 线实体区间相等或大致相等，俗称阴阳同体线。如图 2—7 所示。

这种线形通常为中阴阳线，虽然比较特殊，却并不少见。如果在行情低位出现的前阴后阳的同体线，常常预示着底部。如果在行

阴阳同体线

图 2—7　两根阴阳 K 线同体

情的高位出现的前阳后阴的同体线，常常预示着顶部。有兴趣的朋友可以自己在历史行情图中去统计。

相离状态通常预示着强烈的突破行情；相交状态是相对温和状态的突破行情，相含状态通常表现为震荡行情。

K 线的大致种类，基本如此，我们研究个体的 K 线，是为了从最基本的单位来认识价格运行规律，扩展至两根或多根 K 线，则是通过它们彼此之间的因果联系进一步拓展认识不同时间周期的市场。

为了进一步剖析市场的运动规律及动因，在下节中，我们将引入最重要的技术性概念：支撑位和压力位、三分法、均线理论和数字规律等，做详细阐述。

# 第五节
# 支撑位和压力位的成因及特性

我们的操作，始终都是围绕着最高价、最低价、中分位在寻找进出场时机。

支撑位和压力位，在一些专业的期货技术分析书上被称之为支撑位和阻力位。我个人觉得容易引起分歧，不具备直观上的理解。阻力位，这个词最早翻译过来大约是因为认为上涨遇到了阻力，就翻译成了阻力位。但若是以汉语的用法，下跌一样会遇到阻力，却不会说下跌会遇到压力。对压力通常意义的理解，是自上而下的。因此，使用支撑位和压力位，比用支撑位和阻力位要更贴切。

支撑位是指价格下跌到某个位置即止跌上涨，支撑位意味着价格在此买方的力量和卖方力量对比，在此处达到平衡并逆转。

压力位是指价格上涨到某个位置即止涨下跌。压力位意味着价格在此卖方力量和买方力量对比，在此处达到平衡并逆转。

显然，支撑位即某一时间周期内的最低点；压力位即某一时间周期内的最高点。需要说明的是，支撑位并不是指一个价格点，而是指一个相对的区间；压力位也不是指一个价格点，而是指一个相对的区间。这个区间的大小，根据不同的合约可做修正。

那么我们对于支撑位和压力位可以总结出如下特点：

支撑位的特点：

1. 支撑位代表买方力量。
2. 支撑位为多空力量平衡点和转换点。
3. 支撑位表现为最低点附近区间。

压力位的特点：

1. 压力位代表卖方力量。

2. 压力位为多空力量平衡点和转换点。

3. 压力位表现为最高点附近区间。

显然支撑位和压力位共同构成一个交易区间，但价格不可能总是运行于这个交易区间内，因此区间便面临着突破的问题。这样针对支撑位和压力位，顺理成章地引入突破概念。

突破，都是针对支撑位和压力位而言的，我们知道，支撑位和压力位具备平衡点的性质，也和价格的高低点相关。那么突破就意味平衡的打破，意味着行情将发生剧烈的价格变动，意味着趋势的反转或延续。

对于交易而言，支撑位、压力位、突破这三个息息相关的概念，具有特别的意义。不仅仅在于这三个概念可以确定趋势方向，还可以提供相对精确的进场时机。这三个概念贯穿了行情和交易的始终，事实上大部分的技术或指标，都不过是在从不同角度阐述支撑位、压力位和突破的。

对支撑位、压力位和突破的理解，我们仍然回到行情的基本单位——单根 K 线上来。

前面我们讲过，一根 K 线的最低点是因为空头能量衰竭形成的，同时这个点也刚好是多空力量的平衡点，整个运行过程是，行情先在空头力量的推动下，价格下跌，因为此时空头力量大于多头力量，而在这个点，空头力量刚好等于多头力量，则价格停止继续下跌。于是最低点产生，也即平衡点和支撑位产生。在未来的行情中，这个位置是否被突破，将引发行情的剧烈变动。

同样的道理，一根 K 线的最高点的意义也是一样。即为多空双方力量的均衡点。它的突破，也必将引发行情的剧烈变动。

深究最高点和最低点的意义，并不是做学术，而为了建立信念的需要，缺乏对事物的认知深度，是难以建立起真正信念的，特别是在这个变化多端的市场，任何一个极端的或突发的行情对交易规则的挑战，都有可能让你的信念崩溃。在此不厌其烦地对这两个价格反复强调，实在是因为这两个价格是所有交易技术的基础。

# 支撑位与压力位成因

为了更深入地了解支撑位和压力位在交易上的重要地位，我们从心理学的角度来了解其形成的原因。选择这个角度，是基于交易行为。我们的交易行为都是在一定心理支配下的结果。而我们最终能够支配自己的行为，也全在于对自己心理或情绪的控制能力。因此从心理的角度来理解市场运行规律，更符合交易者的角色。

假设大豆合约某一时间周期内最低点 4245 为最低点，最高点为 4315。那么在该时间周期内，则意味着在 4245 买进的所有交易者都是获利的。获利对于多头交易者而言不仅意味着账户的增值，还意味着他们的信心增加。他们此时的心理状态，一是庆幸自己做出了正确的判断并及时买进；二是后悔没有更多地买进。而对于在 4245 价位做空的交易者，他们此时的心理状态，一是意识自己误判了行情或在错误的时机进场，同时因亏损的扩大而恐惧、担忧、后悔；二是根据人类对危险非战即逃的心理，如果他们有机会全身而退，或者少亏，他们大都会倾向于在价格回落到成本位置的时候，买进平仓，以重获安全的立场。这就意味着无论是多头持仓者，还是空头持仓者，在这个价格或价格附近，都不约而同地倾向选择买进。还有另外一些持币观望者，在看到价格自 4245 开始上涨后，意识到机会的错失，对他们来说，若市场再给他们一次机会，将在此买进。也就是说 4245 这个价格造成了三种交易者的心理，一是多头的信心；二是空头的恐惧；三是持币围观者的后悔。这三种情绪导致的行为都倾向在 4245 价格处买进。于是，当价格跌到 4245 价格附近的时候，买方的力量便强大起来。于是形成了该价格支撑位的地位确立。

压力位形成的心理机制和支撑位一样，这里不赘述。为了便于直观地理解这种心理机制的形成，制作了一个图形，如图 2—8 所示。

从图 2—8 中我们可以看到 1、2、3 支撑位。1 为初始最低点，通过 2 确认支撑位，3 再次确认支撑位。除非这个最低点被有效击穿。

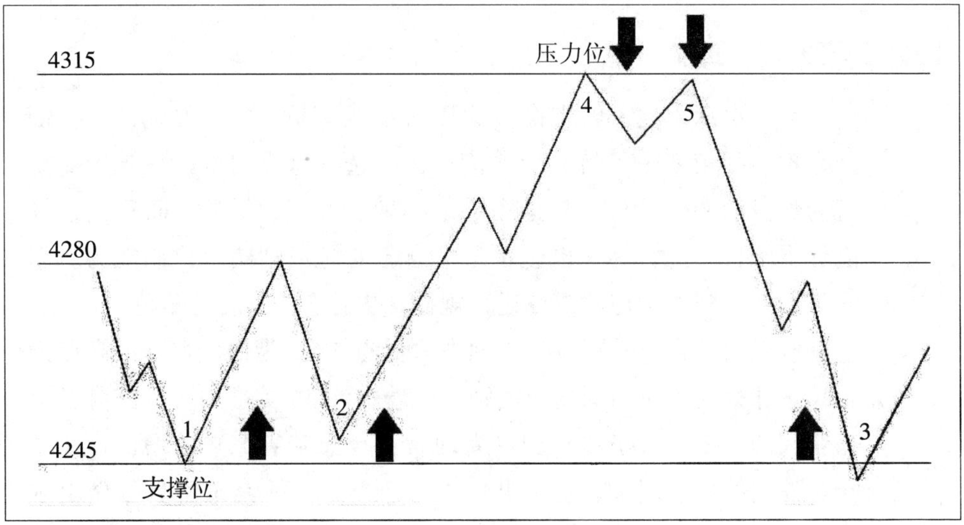


图 2—8　压力位与支撑位

支撑位和压力位因为突破而相互角色转化。这一点可以从哲学的角度理解，任何事物都不是一成不变的，相对的事物会因条件的变化而相互转化，其转化的心理基础不变。如图 2—9 所示。

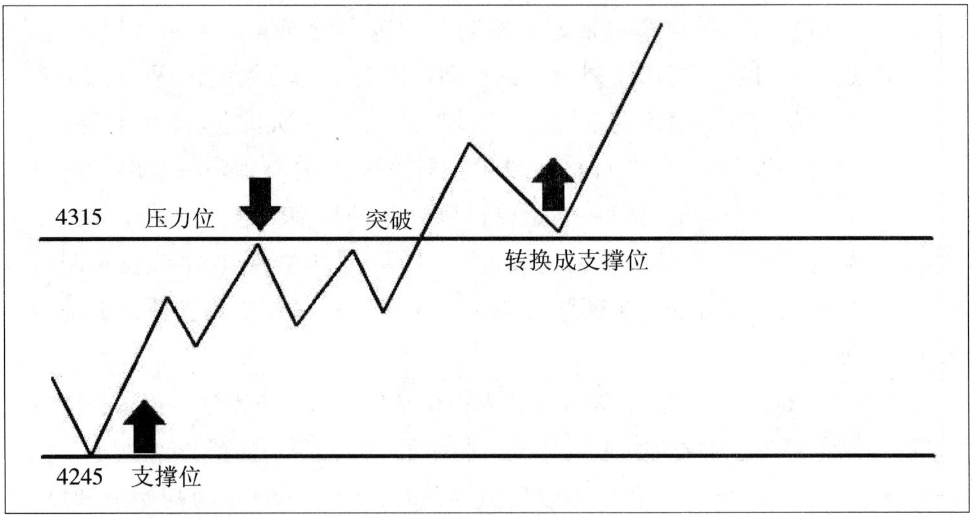


图 2—9　压力位与支撑位的转换

以 2012 年 4 月 16 日当日股指期货交易为例，如图 2—10 所示。股指期货在 2571 开盘后不久，价格跌到 2564 这个价格，形成一个相对最低点即止跌回升，开始上涨至 2578 即遇压力回落，至 2564 附近即显示出该价位的支撑力，又再次回升至 2580，即前期 2578 高点形成的压力，再次回落至 2564 附近并击穿最低至 2560，再次回升并突破 2578 之高点压力位至 2585，然后震荡回落，回抽确认原压力位 2578，而此时已转化为支撑位，然后确认支撑上涨，最高至 2588。

**从该交易日的走势，可以看到支撑位和压力位的作用及突破导致的支撑和压力转化的实证。**

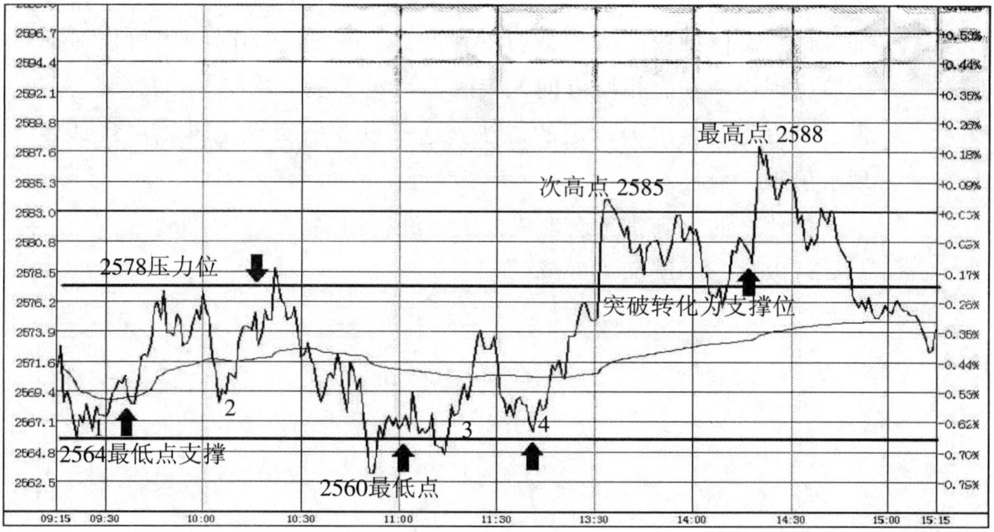


图 2—10　股指 2012 年 4 月 16 日走势

## 突破与假突破

关于突破的概念，还可以衍生出其他两个概念：①突破—回抽确认支撑，指上涨突破原压力位，回落确认压力是否成为支撑；②突破—反弹确认压力，指下跌突破原支撑位，反弹确认支撑是否成为压力。

既然有突破，也必然有假突破，也就是确认失败的情况。

假突破只是一个概念，实际上只是价格对同一平衡点在比较短的时间内，进行两次方向相反的突破。这比较符合哲学上不破不立的说法，不过，假突破常常造成剧烈的波动，假突破实际上往往意味着真实的上涨或下跌信号。

从操作的角度来说，事实上交易者可以针对每一次突破都视为真突破来进行交易，只不过由于交易者没有受过专门的训练，思维及行为的转换能力都没有提高到能在极短的时间内适应这种连续的相反突破现象。

如图 2—11 所示。先是对原支撑位 A 处有一次向下的突破，很快又在 B 处又有一次向上的突破支撑位 A。前面我们讲过了，突破都是针对支撑位或压力位而言的，而这次在极短的时间内价格对支撑位出现连续两次相反方向的突破，否定了前一次 A 点的突破。逻辑上有否定之否定为肯定的说法。这一点在假突破也淋漓尽致地表现了出来。

为什么假突破常常会形成暴发上涨行情呢?

可以从三个层面来理解：

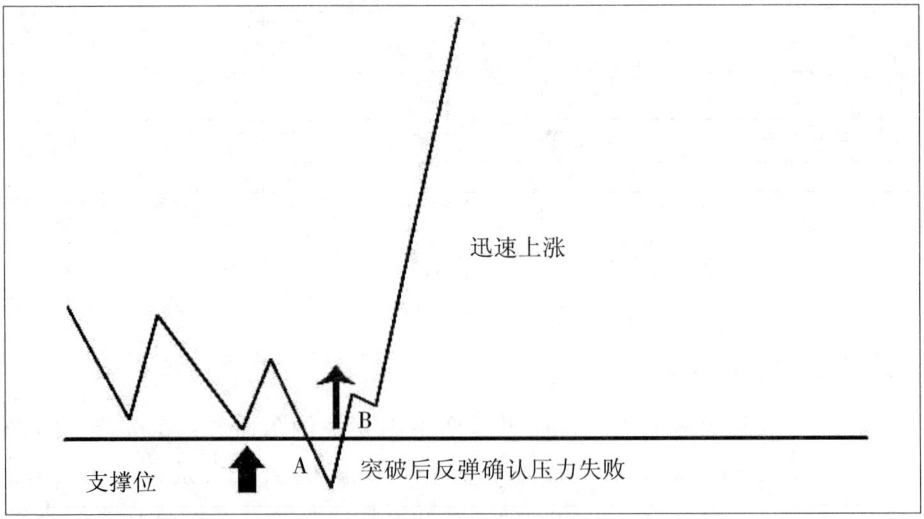


图 2—11　大涨前先向下来个假突破

1. 从容易产生假突破的位置看，似突破都是针对重要的支撑位，而作为平衡点的支撑位本身就具备着做多的心理反应机制。

2. 从直观图形上看，常常价格破了重要的价格，但是前面也讲过了支撑位本身是一个区间，而不是一个固定的点。也就是说，如果突破的幅度没有达到，这里仍然是会聚集大批觊觎做多的交易者。从这个角度看，当价格跌到支撑位区间时，该区间则成了一个极其不确定的是非之地，下跌的惯性可能会使多头把预期放得更低一些，以期在更低的位置获得筹码。也就是说，针对支撑位的突破，因其幅度较小，而缺乏突破的实际杀伤力。而一旦行情回升，交易者们就会意识到行情将如所料上涨，即蜂拥而入，同时价格的快速上涨也会刺激市场情绪。众所周知，交易者一旦加入到群体，就容易丧失理性，他们会不计价位地加入到买涨的行列。

3. 重要的支撑位。既然有上涨的心理基础，主力资金也会在这里做局，在有限的时间和空间，大资金是完全有能力在短期内操纵市场的，他们希望套住对手盘，清洗跟风盘，凭借资金实力，在关键位置控制盘面，欲涨先跌，以获得更多有利的筹码。他们往往会打压市场，测试下方的支撑，如果确如他们所料，他们就会启动想要操作的行情。

这样的假突破行情在历史行情中会重复出现，所谓破新低反弹，创新高下跌，说的就是这种行情。事实上很多见底或见顶的行情都是以假突破模式完成的。当这样的行情作为一种经验模式或技术被市场参与者认可之后，便会在未来的市场行情中自我验证，自我强化。

支撑位和压力位级别：同一天的行情会有多个支撑位和压力位，这既使得行情趋势变得随机而复杂，也使得交易的不确定性加大。因此有必要对支撑位和压力位做进一步的细分，以便尽可能精确地把握时机。

而事实上，因行情的发展，支撑位本身也在不断地发生变化。如果我们进入到更微观的行情中思考分析，可以把每一个价格都看做支撑位或压力位，因为价格的波动都是对一个一个价格的刷新突破，如此反复。当然，如果时间周期太小，你得随时处于对行情的判断中，而交易则需要的是习惯性反应行为，太多的判断将降低交易者的行为能力。因此，我们引进三分法，简单地把交易区间三分，对支撑位和压力位进行简单细分。

所谓三分法，就是把一段行情的最高点和最低点的中分位找出来，这个位置即为该段行情的交易中心，多空双方的成本集中在该价格。这个中分位，同时也和我们通常说的结算价接近。结算价是把成交价格加权平均的结果，它们代表的意义大致一样。因中分位计算较为方便，因此可以类同结算价并互补替代使用。如果你要交易更小周期的行情，则可对下一级别的支撑位和压力位再一次中分即可。根据你操作的时间结构需要，你可以中分出离你最近的支撑位。当然道理也是一样的，你的支撑位越多，意味着你的时间周期小，同时也意味着支撑位变换得越频繁。这对操作是不利的。选择适当的周期，就像人体生物钟的节律一样，符合你自己习惯的周期才是最好的周期。

如图 2—12 所示，为铜 1207 在 4 月 17～18 日的分时走势图。

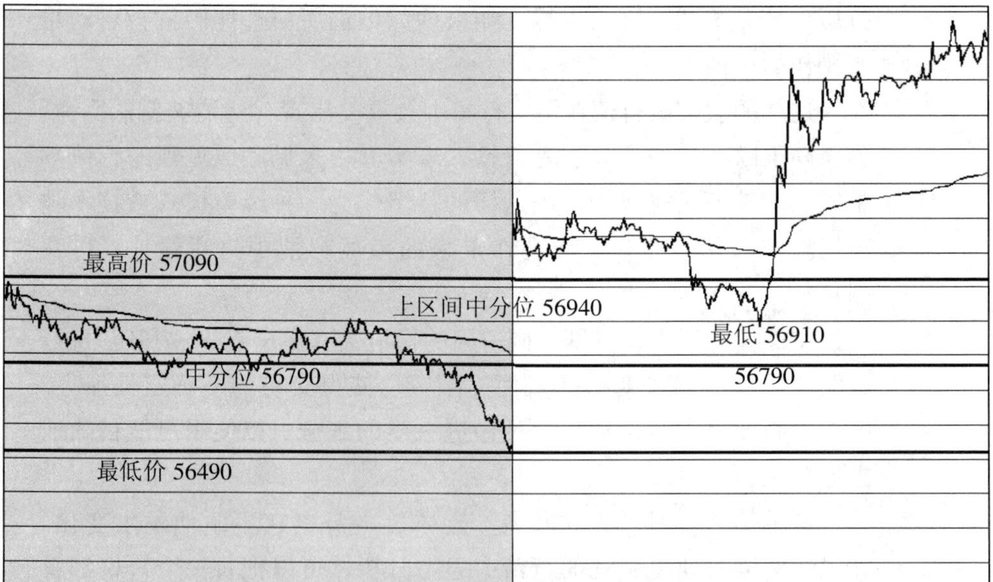


图 2—12　沪铜 1207 合约 4 月 17～18 日的走势

我们把 4 月 17 日的区间 56490～57090 中分为 56790。这样形成了 56790～57090 区间，即以 56790 为支撑，57090 为压力的区间。然后再次把这个区间中分为 56940。4 月 18 日开盘，高开后刚好回落到上区间的中分位 56940 支撑止跌上涨。

如何恰当地对区间进行中分，以便找到更符合行情实际的支撑位或压力位，这是需要灵活处理的。但基本原则不变。也就是说，**我们的操作，始终都是围绕着最高价、最低价、中分位在寻找进出场时机。**

总结一下本节技术要素的特点：

1. 支撑位和压力位为平衡点。
2. 支撑位和压力位因突破而相互转化。
3. 支撑位和压力位是一个区间。
4. 支撑位和压力位通过三分法可量化细分为不同的级别。
5. 突破之后，常有回抽确认。
6. 有突破就有假突破，假突破常预示着剧烈的行情变动。

# 第六节 交易技术之均线理论

均线其实质上是平衡点聚集起来的一条平衡线，并因周期不同而代表不同层次的方向及支撑位和压力位。

均线的产生是对趋势线的不足之处的补充，因其直观简洁而受到很多交易者的追捧。均线通过对价格的算术或加权平均，形成某一周期内价格平均波动曲线。它是对已发生价格的记录，因此均线也有它自身的缺陷——滞后性。

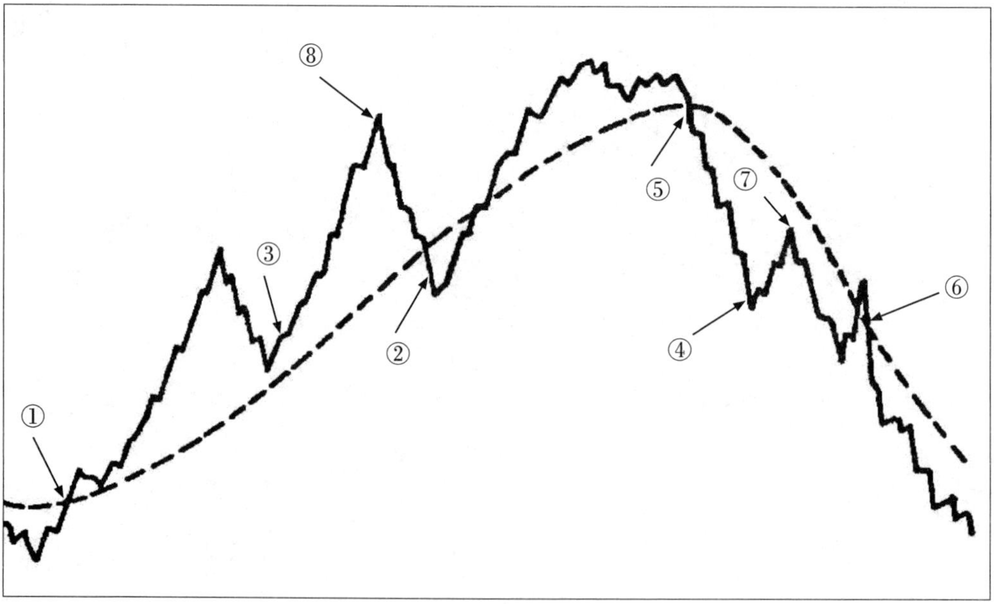


图 2—13　葛兰碧均线买卖规则图

均线的运用原则，以葛兰碧八大买卖法则最为实用而著名，后经国内交易者总结整理，有所增加完善。如图 2—13 所示。

## 葛兰碧均线买进规则

1. 当平均线从下降逐渐转为盘局或上升，而价格从平均线下方突破平均线，为买进信号。

2. 当价格虽跌破平均线，但又立刻回升到平均线上，此时平均线仍然保持上升势态，还为买进信号。

3. 当价格趋势线走在平均线上，价格下跌并未跌破平均线并且立刻反转上升，亦是买进信号。

4. 当价格突然暴跌，跌破平均线，且远离平均线，则有可能反弹上升，亦为买进信号。

## 葛兰碧均线卖出规则

1. 当平均线从上升逐渐转为盘局或下跌，而价格向下跌破平均线，为卖出信号。

2. 当价格虽向上突破平均线，但又立刻回跌至平均线以下，此时平均线仍然保持持续下跌势态，还为卖出信号。

3. 当价格趋势线走在平均线下，价格上升却并未突破平均线且立刻反转下跌，亦是卖出信号。

4. 当价格突然暴涨，突破平均线，且远离平均线，则有可能反弹回跌，亦为卖出信号。

这八项买卖法则，看似简单，但很多人用起来却千疮百孔，无所适从。一方面在于均线法则自身存在滞后性；另一方面则是由于交易者在使用的时间周期上错乱，断章取义脱离了市场环境。任何技术都是针对特定环境的，脱离了环境的技术是没有意义的，其结果将会导致交易者在技术上的猜疑状态。

对均线的理解，分两个层面，一是均线指示的方向；二是均线确定的支撑或压力位。

均线对方向的指示，也就是均线的角度方向——向上、向下，或走平。谈到均线的角度，又必须谈到均线的周期，即人们所关注的是多少天的均线。对于同一个行情而言，不同的均线的角度显然是不一样的。有时指示的方向也不一致。均线一致的时候代表着强烈的趋势，不一致时则说明行情进入调整或宽幅震荡。

三分法在均线上的运用有两种方式：

一是对均线周期的选择，即使用三根均线，分别代表短期、中期、长期方向。比如 5 天均线、30 天均线、60 天均线的组合；或者 5 天、60 天、114 天组合。不同的品种，对不同周期的均线的适宜程度也不一样，这需要你在行情软件上不断地调整参数，直到契合到最适合状态。

**均线其实质上是平衡点聚集起来的一条平衡线，并因周期不同而代表不同层次的方向及支撑位和压力位。**

均线形成的支撑位和压力位，就在以均线为中心的区间。

二是对均线拐点形成的区间进行中分。

均线同样具备最高点和最低点的特点，其最高点和最低点的确定也可称为拐点，也可称为切线。既然有最高点和最低点，同样也会有中分位。从图 2—14 铜 1207 我们可以看到 114 均线的最高和最低点的切线，显然，既然有最高点和最低点，也必有中分位；从图中也可以看到，行情刚好回调到两根切线的中分位即止跌上涨。当然如果用行情价格的高低点来确定中分位的支撑，也是可以的，但很多时候会出现极大的误差。对于期货交易来说，这常常是很致命的事。所以，运用平滑舒缓的均线确定中分位，是可以修正这种误差的。不过我真正想表达的，并不是这个技术的变通运用，而是讲技术的相通性。打破思维的限制，才能把各种技术融通起来，达到无招之境。

三分法在技术上的运用是实战的要求，也是思维方式在技术上的转化。

对于技术的选择性运用，是由运用环境决定的。技术规则只是一个大原则，没有认识到这个技术规则背后的思想，常常是造成对技术断章取义、机械教条地使用。还是那句话：离开了特定的环境，是非对错便失去了意义。

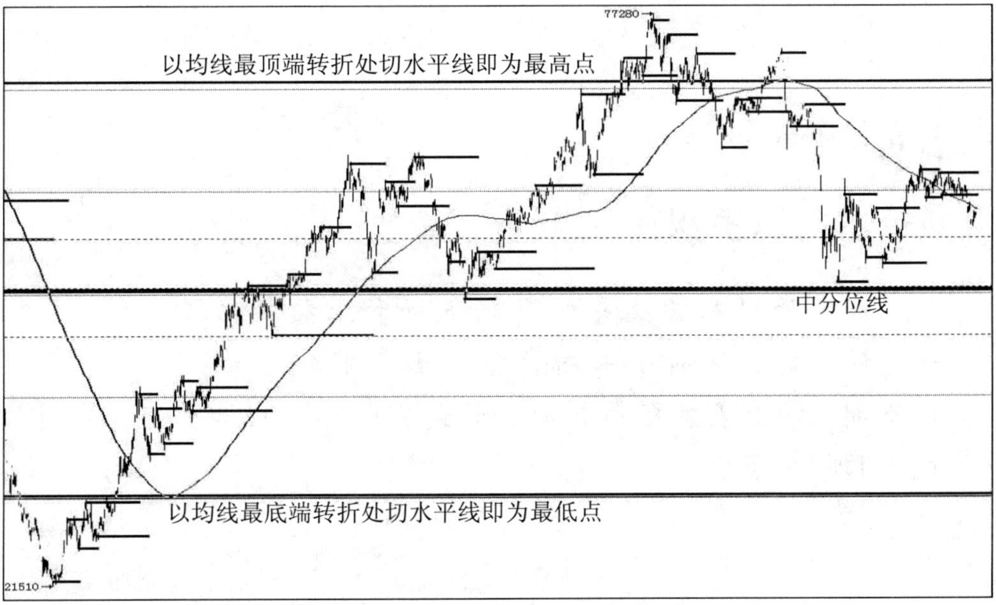


图 2—14　实战中葛兰碧与三分法的结合

出于对实战的需要，我们对均线的使用方法总结出简单的规则，以便不通过思考便能够进入到行为环节。

1. 均线角度向上，买进；均线角度向下，卖出。

2. 价格靠近均线即靠近支撑位或压力位，为进出场时机。

3. 价格过分远离均线，有向均线靠近的需求。

# 第七节
## 交易技术之数字规律

数字的引入为交易的精确进场和止损提供了一定的支持，同时也为对行情的预测提供了一定的空间。但是在实际运用时，还是要引入三分法来适应行情的变化。

数学是人类理性思维的重要方式，数字是数学最简洁的语言文字，万物都可以用数字来表达，诸多客观现象，总结为一定的规律时，往往表现为简单的公式。数学模型、数学研究和数学推断往往能做出先于具体经验的预见。这种预见并非出于幻想而是对数字本身表现出来的规律的认识，但是期货市场价格的数字变化，却无法推断出逻辑严密的公式。不过这并不能说明我们不能用数字变化的规律来认识市场。

期货价格表现为数字变化，数字变化的规律性，并不能从科学的角度来非常逻辑地论证清楚，比如非波纳契数列、黄金分割值等。就像自然界中存在的许多现象一样，它们存在着，也影响着我们，我们可以用经验来把握它们，但不能穷尽其原因。对于交易者来说，最大限度地运用这个规律来为交易服务就足够了。我们没有必要去深究为什么，因为我们的目的是在交易中成为胜者，而不是去在某个领域取得学术上的成就。

吃了一个鸡蛋，去深究这个鸡蛋的营养和对人健康的影响，这是营养学家的事；吃了一个鸡蛋，去追究这个鸡蛋是哪只老母鸡下的，这是历史学家的事；吃了一个鸡蛋，去探究这个鸡蛋是哪种类型的鸡下的，那是生物学家的事……但这些都与我们作为一个交易者的身份毫无关系，对于交易者来说，好吃和能吃就够了。正如技术一样，好用就够了。再高明再深奥神秘的技术，用不好就是害人之术。

因此，我仍然要强调那句话，任何事物或观念都是基于特定的环境才有意义。正如菜刀在厨师手里的意义和在农夫手里的意义是完全不一样的。每个人对技术都会有自己特定的适应性，我们每个人的思维特点都不一样，有的人偏向于形象思维，有的人偏向于数理逻辑思维。形象思维适合直观的图形类的技术特点，逻辑思维则对数字的变化有特殊的感受能力。

## 交易中的数字规律

基本数字：0、2、5、8，即这些数字会形成不同级别的支撑位和压力位。

数字循环：这些数字会循环出现，即0、2、5、8后，会再次在新的级别出现0、2、5、8。例如当价格从0开始，涨至2，下一个目标便是5，再下一个目标就是8，到此之后价格会升至10位，是10、12、15、18，然后是20、22、25、28，依此类推。

如果级别更大一些，如上证指数目前是2200，若上涨，会依次出来2220、2250、2280。如果操作的级别更大，则目标可以2200、2500、2800、3000、3200、3500。

也就是说，0、2、5、8这些数字在每个位数上都会循环，并具备一定的预测功能。

假如目前上证指数是2200，如果这个价格显示有支撑，价格有上涨趋势，则下一个上涨目标就是2500，或者说价格涨到2500即会有压力；如果价格仍然是下跌趋势，价格跌破了2200，则下一个支撑位，或者说下跌目标位，便是2000，如果2000也跌破了，就可以再往下看至1800、1500、1200。这是大级别的预测。当然对于实际操作来说，则需要精确到更小的位数。

**数字的引入为交易的精确进场和止损提供了一定的支持，同时**

**也为对行情的预测提供了一定的空间。但是在实际运用时，还是要引入三分法来适应行情的变化。**

## 数字的三分法

我们都知道基本数字为10个，价格数字的变化为十进制。因此选中间数5作为中分依据。每一个级别都可以用三分法进行细分。

如2200，三分法较大级别为2150—2200—2250；更小级别的三分法为2195—2200—2205。

如2220，三分法为2215—2220—2225；

如2250，三分法为2245—2250—2255；

如2280，三分法为2275—2280—2285。

除此之外，还有一种三分法是针对较大级别行情的。如目前价格在2200，下一个上涨目标则为2500，三分法为2200—2350—2500。具体的用法，我将在后面用详细的例子来说明。

数字的预测功能，我曾在2011年预测过豆粕1209的下跌目标位为2750。如图2—15所示。

图2—15 预测与实际走势的对比

从图中可以看到，豆粕1209合约于2011年11月25日见最低价2749。和预测的2750仅有一个点的误差。当时预测的过程是因为价格跌破了3000，按照数字规律，跌破了3000，下一个目标位就是2800。而从豆粕当时的现货环境看，不大可能见到2500。因此保守预测应该会到2800，而2800作为一个目标位，用三分法后为：2850—2800—2750。由于下跌势猛，行情容易极端。因此把最后一个支撑2750确定为下跌目标位。若从交易的角度来说，在这里买进，价格如果跌破了2745以下，则需要止损。

巧合的是，2750见底后，价格一路上涨，最高见到3450即大幅下跌。3450是价格突破3200后的预测目标位3500，通过三分法后：3450—3500—3550。价格刚好到了第一个压力位。

## 数字规律应用实例

现在我们以上证指数为实例，来用纯粹的数字分析其运行规律：

2005年6月6日出现最低点998.23，这个数字显示的是1000的支撑，如果1000这个价格下破，则意味着下一个下跌目标是800。但是1000被跌破，从小级别来精确，首先是跌个位的跌破998，其次是995，再次是992，990。如果以十位级别来看，就是980，950，920，一般来说，如果跌破了950，往往意味着1000支撑位被有效跌破的可能性加大。注意，5实际上就是数字的半分位。

上证指数在998，即破1000后的第一个支撑位便止跌回升，然后价格反弹，于2005年6月9日见反弹最高点1146。先从1146这个价格大的级别分析，如果1000上涨，第一个目标是1200，用十位数的级别去分析，便是1000—1020—1050—1080—1100—1120—1150—1180—1200，这样我们可以看到，价格在运行到1150这个目标位或压力位时，即停止。比如1200这个价格，可以分解为三个价格1150—1200—1250，即意味着价格必须上涨至1250才意味着对1200的有效突破，才可以再确定下一个上涨目标1500。但是价格运行到1200的第一个压力位1150附近即止，于是价格再次回到1000附近，即2005年7月12日见1004点，未破1000，价格重新企稳上涨，于2005年8月18日终于涨至1200附近，即最高见1201即回落至1150支撑区，但涨至1225附近即无功而返，始终未能突破1250，以确定1200绝对支撑的地位。既然价格不能突破1200，则价格就会重新回到1000再次寻找支撑，于是价格又回到1050以上的支撑1080附近即止跌，这意味着1000的支撑已成为很强的支撑。在震荡一个多月后，价格再次上扬，于2006年1月19日见价格1251，同时也突破了原来的小震荡区间。突破1250，确定了1200的有效支撑位置，同时也预示着下一个目标1500。而此时上涨形态已成立，2006年5月8日价格突破1500，并快速拉升至1700附近，快速上涨需要进一步消化，价格重新回到1500附近，确认了1500的支撑再次上涨，但在1800附近的第一个压力位1750受到压力，再次回落，这次回落仅到了1550附近，也是再次确认了1500的强支撑力度。这也意味着价格将再次挑战1800。2006年10月9日价格上破1750，并触及1800，震荡几天后，再次上涨，随后是2000，2200微有阻力，很快又突破2500、2800，直到3000这个整数大关才停留下来，震荡一月多久，此期间，价格曾一度上涨到3050压力位，未果而跌，又回落至2550附近接受支撑。

2007年3月19日价格突破震荡区间，同时也突破了3000，上行空间打开，随后价格依次3200－3500－3800－4000－4200，在以4000为轴心上下200～300点，行情开始震荡，从这里我们可以看到，大的整数关总是不容易一下子突破。价格在4000中轴区间震荡两个月后，于2007年7月25日再次突破该区间，在5000附近短暂受阻后，再次冲高，最高至5500附近受阻，并回落至5000附近支撑，再次上涨。此时行情也接近最后的疯狂。价格若能上5000的支撑，则意味着大的角度看，上涨目标位是8000，次一级的目标测算即为5200－5500－5800－6000－6200。事实上上证指数最高达到6124。而在5000－8000，是有一个中分位的，中分位价格即为6500，价格不能突破6500意味着价格将可能重回5000支撑。价格先是回落，至5450附近，5450是5500的最后支撑。再次上冲不能破前高6124，行情暴跌，第一波最低至4778，此价格实际上可视为4800的支撑，也可以视为5000的支撑，5000的最后一个级别的支撑是 4500，价格未触及 4500 则意味着该 5000 支撑尚存在，而后价格反弹至 5520 附近，随后下跌，加速下跌，破掉 4800，在 4500 有暂短支撑，最后跌至 4200 支撑，行情反弹几天，再破 4200，价格很快跌至 3000，随后强势反弹至 3800，震荡下跌。再破 3000，价格依次在 2580、2300、1800 支撑反弹，但最终价格下破了 1800。价格下破 1800 则意味着下一个下跌目标位在 1500，在 1800－1500 这个价格区间，中分位价格为 1650，也就是说这是 1800 下破之后的第一个支撑位。最终行情在 1650 附近停止下跌，最终以 1661 价格见底。

为了让大家更好地理解行情数字的规律，我做了些图示可以帮助直观地理解。

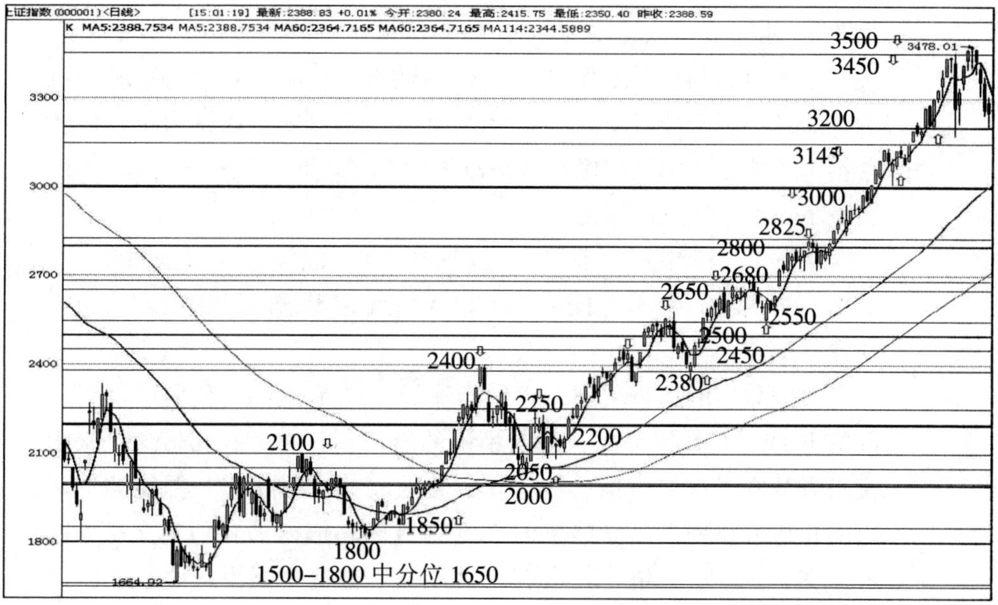


图 2－16 上证指数 1664 点后的走势

图 2－16 是上证指数 2008 年 10 月至 2009 年 8 月的走势图，用数字规律分析了其走势的起承转合，从图中可以看到，价格在 1650 标志的中分位支撑后，意味着 1500 的强支撑和 1800 的目标位。然后会依次经过 2000－2200－2500－2800－3000－3200－3500。我所标志的这些价格，是指目标位和压力位，即价格会在此停留、震荡、

确认。也意味着进出场的时机。

在经过几天的震荡后，很轻易就上破了 1800，上破 1800 意味着下一个目标位便是 2000，而突破 2000 的最后一个压力位是 2050 附近，很明显价格在 2050 附近即止步，下跌至 1850 附近支撑，1850 是 1800 的第一个支撑位，然后价格从这里支撑上涨，很快上涨到 2100，2100 是 2000—2200 的中分位。在行情比较弱的时候，价格会先到半分位即有回挡压力。此时价格回调至 1850—1820，支撑位上涨至 1950 附近，有回挡压力，然后突破 1950 后，持续走高，至 2000 遇微阻力，停留几天，然后突破 2000 后，上涨比较顺利，一直拉涨到 2400 价格才停止，并快速回落。但是回落至 2050 附近即支撑上涨，至 2250 附近回挡压力，回落至 2100 支撑上涨，此后一直至 2450 才止涨回挡压力。

市场似乎刻意要遵循这样的数字规律，如果市场行情发展得过于猛烈，一下子冲过了这些数字给出的预期目标位或压力位，市场会不厌其烦地在调整中确认这些数字的规律。有时候行情过于猛烈，会毫不在意小级别的压力。

从图 2—16 中可以看到，我们可以通过把价格区间按照 0、2、5、8 的规律进行划分，同时也可以大致知道上涨的目标位或压力位在什么地方。

按照数字的运行规律，再结合实际的图形盘面，我们可以对实际的 K 线进行数字分析，确定精确的进出场位置。我相信这是很多交易者梦寐以求的事情。能够找到相对精确的进场点，并能够有确定的止盈或止损点，显然比内心没有目标和依据更有利于交易者的心态和行为。要知道，人没有行动能力，往往是因为内心缺乏行动目标或依据，才会导致在真正需要行动时不知所措。

我们可以通过日内短线交易举一些实例，来用数字系统精确进出场。

图 2—17 是 2012 年 4 月 24 日的走势图，行情走势非常诡异。当日交易开盘价为 2621，开盘后，价格先是下破前一交易日的最低点，形成一个向下的突破（图 2—18）。但小震荡半小时后，最低点不过 2619。从技术上来说，这是假突破，意味着真上涨。果然行情

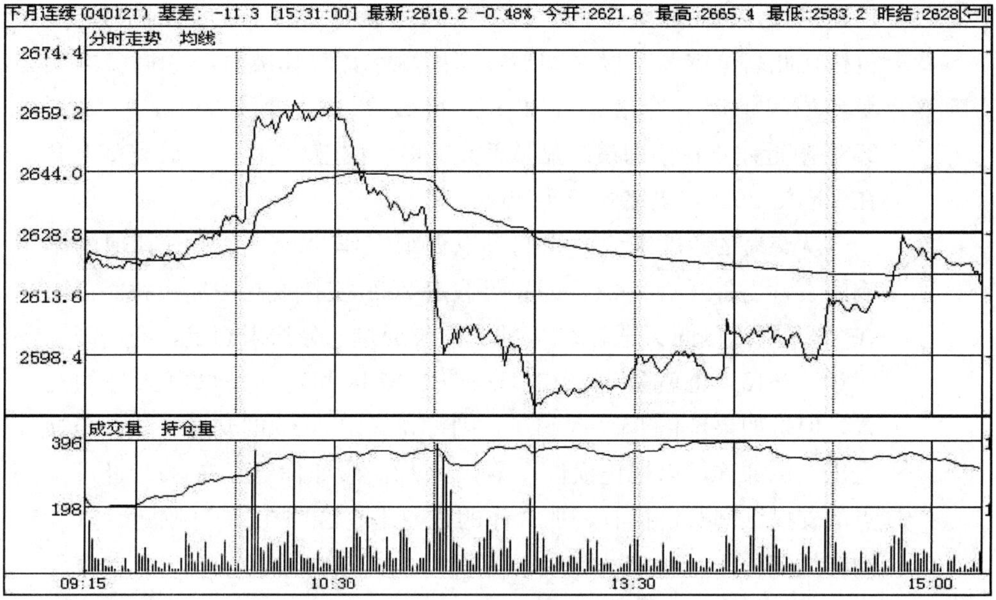


图 2—17 一个日内的走势

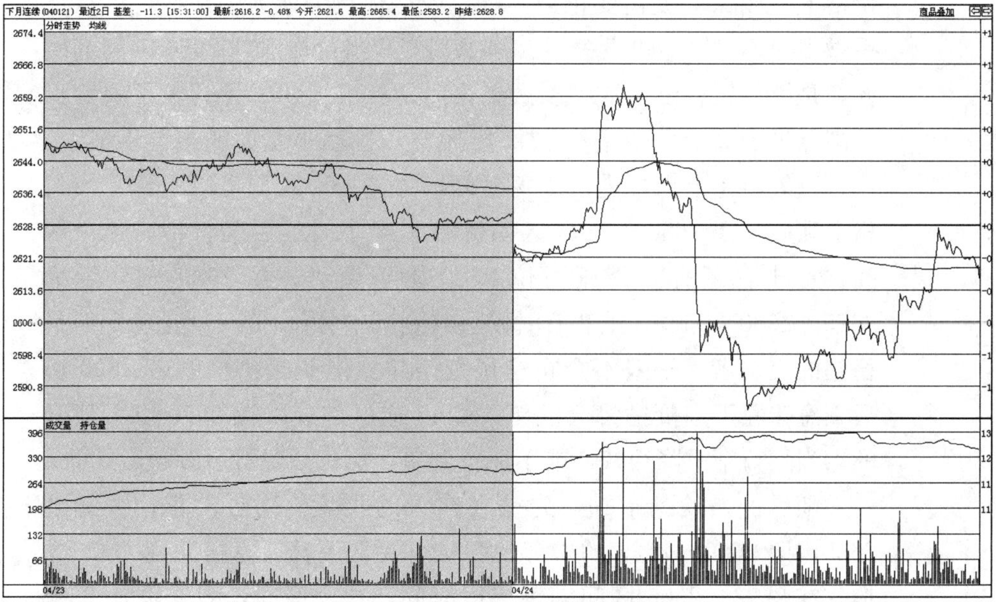


图 2—18 两日连续的走势

迅速拉涨，最高冲至2665。2665实际上就是2650—2680的中分位。价格在此高位震荡一段时间后，瞬间跳水，势如破竹，令追多的交易者午间惊魂。价格先破2650、再破2620、再破2600，一直到2580附近才止住。即最终见最低点2583才止跌企稳。然后震荡上升在2600、2620，最终收盘于2616。

从交易的角度来说，我们可以做纸上作业。剔除所有其他的影响因素，当日开盘2621，即先可假定2620支撑成立，那么我们可以在2620附近区间买进。2620的支撑位通过三分法来确定，即2625－2620－2615，也就是说，在2625－2615区间，都是可以买进的位置，但是如果价格下破了2615，则可先确定2620的支撑失效，止损先出。例如你可以把止损位设定在2613。假如你已经在2620上下5点的支撑区间买进持有，那么你的止盈平仓位即在2650附近。2650同样用三分法来确定为2645－2650－2655，即如果在2620支撑建仓，那么平仓位就分别是2645－2650－2655。

如果你认为2620是压力位，在这个区间建立了空单，那么，当价格上破2625，便需要止损出场。或许你行为能力强一些，可以反手做多。不过没做也没关系，静观其变，当价格涨到2650区间的时候，是第一压力位，本可以做空，但是上涨太快，且突破了前一天的高点平台2650。在急速拉涨时做空，显然不是太明智。事实上，你可以等停止上涨，进入震荡时间，再进场。我们可以看到，当价格上涨后，在2650－2665区间进行了半小时的震荡行情。这个区间，意味着还有一个压力位2680附近会到。在2680三分后为2675－2680－2685。虽然有时候会只到其中分位2665就止住，但是稳健的交易者，一般不会在这里建空单。但是当价格跌破2650以后，意味着下一价格将会跌至2620。这里是可以在2650以下建仓的。当然行情下降很快，能不能抢到单，那也是要看手脚和运气的。

随后价格使劲下跌，先是在昨天的收盘价附近停留，反弹到2635，即2650－2620的中分位。然后再次下挫，直接跌到2600支撑，在2595－2605区间震荡一段时间，这个区间，刚好也是2600支撑确定的一个支撑区间。然后继续下挫，下一个目标2580。但是价格在接近2580时止跌。这个时候，确认2580是支撑位，是可以在2580区间买进的，目标位便是2600区间，再往上就是2620区间。

实盘交易中，我们可以根据行情，以0、2、5、8确定一个支撑或压力位后，在这个区间进行分批开仓。比如在2580区间。即在2575—2580—2585，这三个价格附近分别开仓多单，或者依据你的风险偏好，在最后的支撑位2575附近开仓。若价格下破2574，便止损出局，否则就持有至收盘，或者在预期的位置如2600区间或2620区间分别平仓。

总之，数字系统除了具备预测功能，同时也为进场或出场提供了一个灵活的区间。它既可以对已经发生的行情做出数字化的解释，也可以对未发生的行情做出可能性的预测。当然这并不意味着数字规律就是严密的科学，和所有的技术一样，它也只是一种概率工具。这世上哪有确定的东西呢？正如笛卡尔在他的著作《感觉的分析》里阐述的观点：没有哪一种观点会绝对永久有效，而每个观点只会对一个确定的目的才具有重要性。

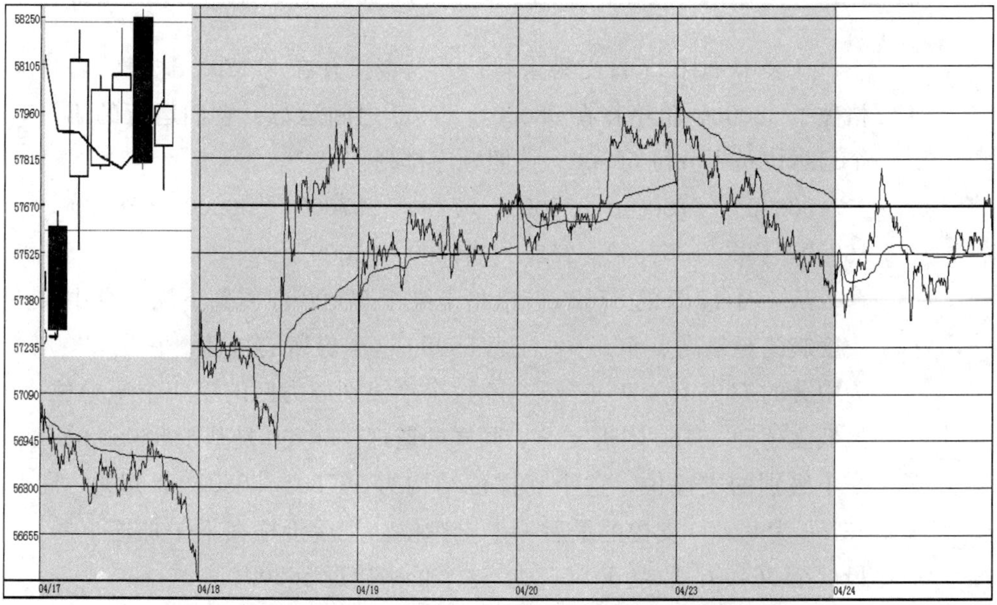


图2—19 沪铜1207合约6天分时走势连续图

数字规律单独使用的话，并不一定需要借助于图形，但前提是交易者本人对数字特别敏锐。不过我还是建议把数字结合图形一起使用。下面选择铜 1207 合约连续几天的交易，进行一些实盘解读。

如图 2－19 所示，是沪铜 1207 合约自 4 月 17～24 日连续 6 天的交易图。

下面是沪铜 1207 合约 4 月 17～24 日价格对照表。

**沪铜 1207 合约 4 月 17～24 日价格对照表**

| 时间 | 开盘价 | 最高价 | 最低价 | 收盘价 |
|---|---|---|---|---|
| 4 月 17 日 | 57020 | 57090 | 56490 | 56530 |
| 4 月 18 日 | 57260 | 57960 | 56910 | 57820 |
| 4 月 19 日 | 57310 | 57740 | 57300 | 57670 |
| 4 月 20 日 | 57670 | 57970 | 57520 | 57750 |
| 4 月 23 日 | 58020 | 58060 | 57300 | 57330 |
| 4 月 24 日 | 57410 | 57840 | 57200 | 57600 |

从表中 4 月 17 日交易来看，开盘直接开在 57020，这意味着价格破了 58000，价格将在 58000－55000 之间运行。它们运行的第一个目标位是中分位 56500。按照顺序排列：

58000－57800－57500－57200－57000－56800－56500－56200－56000－55800－55500－55200－55000

从 4 月 17 日的 57020 开盘稍走高至 57090 即震荡下跌，盘中曾一度震荡至最高点 56950，注意 56950 这个价格的特性，它是 57000 为中分的 56950－57000－57050 这个小级别压力区的第一个压力位。最低震荡到 56750 附近支撑。同样的道理，56750 是基于 58000 的一个小级别的支撑位，这个支撑位结构为 56750－56800－56850，即 56750 为 58000 支撑的最后一个支撑位。然后价格在下午加速下跌，最低至 56490，收盘于 56530。这个价格接近 56500。

如果运用数字规律进行交易，价格在 57000 以上时间很短，可以先确认 57000 为一个压力位，其压力区间为 56950－57000－

57050，这个区间的三个价格附近，都可以分别建立空单，平仓按照两个原则，一是达到目标位平；二是收盘前平。按照目标位平，至少可以平在 58000 形成的支撑区 57750—58000—58050；按照收盘平，则可以平在 56500 附近。从其日内走势可以看到，我们至少有三次在基于 57000 压力位的建仓机会。如图 2—20 所示。

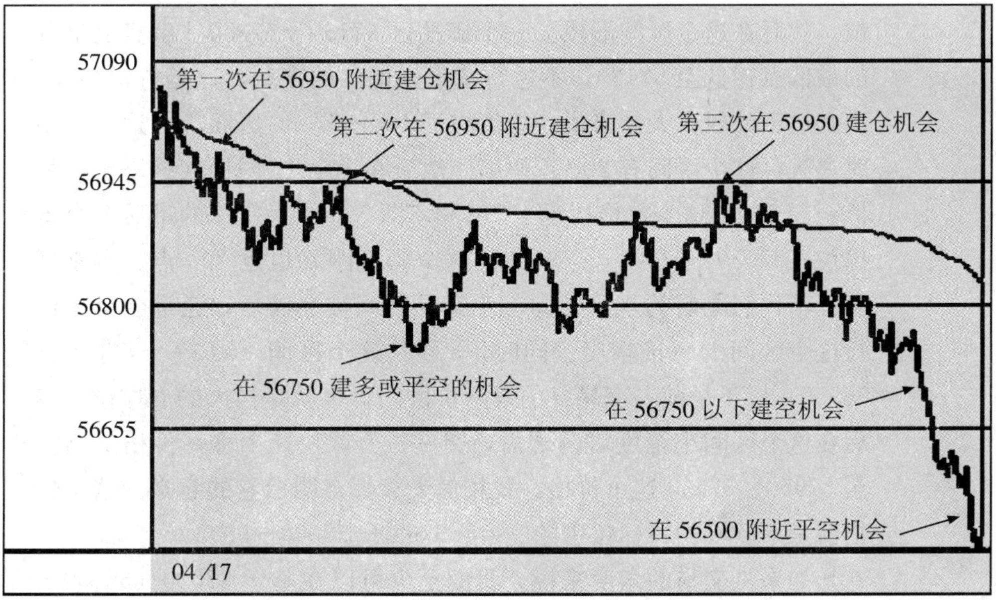


图 2—20　4 月 17 日沪铜 1207 合约走势

可见，当我们把数字分解后，再配合简单的图形，即可以找到合适的进场位置，并有明确而适当的止损位。

如果你认为这可能只是巧合，一天的交易不足以说明问题，期货交易追求的是规律或者说是大概率事件。我同意你的观点，因此我继续用这个方法来说明数字在交易中的实际可操作性。

下面我们看表中 4 月 18 日的交易。

本交易日相对于前一天的交易显然是高开了，对于高开的品种，按照我们一般的交易规则，因为是针对前一交易日的突破，因此原则上以开多单为主。开多的位置即在前一天交易区间的最高价区间。当然如果你不参照前一交易日，仅运用数字规律，那么，从开盘价

57260来看，首先确定，该价格是在57200—57500区间。这意味着价格会先在这个区间震荡，这个区间可以拓展一下，即57200最低可以拓展至57150附近。前面我讲过了这种方法，57200作为一个支撑或压力形成一个区间，即以57200为中分位：57150—57200—57250。早盘的价格最高涨到57340，这个价格刚好接近于57200—57500的中分位。也就是说是基于57200上涨的第一个压力位或目标位。然后在这个区间形成了一个震荡区57150—57350。事实上早盘的最低点曾低至57130，不过行情出现偶尔的穿刺，这是行情惯性，不必过于计较。大体来说，行情在57150—57350区间震荡达一个小时之久，这个区间有200点幅度。然后在10：15时区间被跌破，最低至56910，这个价格接近于56950，即57000为支撑的最后一个支撑位（57050—57000—56950）。这个幅度刚好也近200点。也刚好印证了我们之前的规则，即一个交易区间被突破后，通常会至少运行这个区间的一倍幅度。同时，57000这个区间（57050—57000—56950）也正是前一交易日的最高价区间，也就是当天的支撑位。然后在这个区间小幅度震荡之后，突然拉升，快速上涨，价格最高涨至57960。57960这个价格，我相信大家都会明白它的意义。这个价格就是58000的目标位中的一个：57950—58000—58050。

如果从交易的角度来说，我们至少可以在基于57000（56950—57000—57050）买进持有，在达到目标位57500，57800，58000附近时分别平仓，或者在收盘时平仓。也可以在基于58000压力做空持有。如果用这种方法进场，我们的止损位可以在100点以内，这是完全可以接受并承受的。如图2—21所示。

从以上图例中我们可以看到两个规律：

1. 价格突破震荡区间，其预测目标至少是震荡区间的一倍。

2. 价格运行，是以0、2、5、8，或者0、2、5、8之间的中分位为起止点或支撑压力位。

基于0、2、5、8形成的支撑或压力区间，必须运用三分法，具备一定的精确性或可操作性。

我相信目前你对数字的神奇有了一定的了解，或许半信半疑，那么我现在继续按照这个模式解读以下盘面。

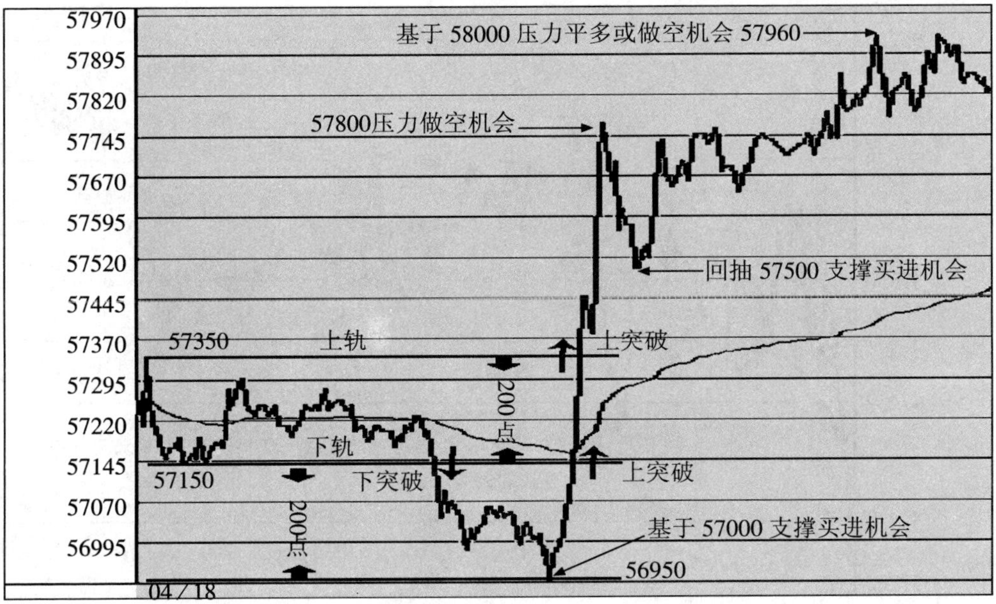


图 2—21　各个特殊点位 0、2、5、8 的应用示范

4 月 19 日从整体来看，全天震荡偏强，幅度 400 点。

从开盘 57310 看，这个价格刚好位于 57200—57500 的中分位附近。这意味着价格即可能往下走，也可能往上走。确定概率，可以根据前一天的行情。这一点，我们在交易流程中会有讲。因为前一交易日走势很强，因此当日交易在低开之后，往上走的可能性更大一些。因此可以先确认价格 57200 的支撑，这意味着下一个目标位是 57500。同时我们也可以看到，开盘价 57310 正是前一交易日早盘时震荡上轨支撑位，开盘后即快速上涨。价格最高涨到 57580 之后回落至 57450 附近支撑。57500 的区间为 57450—57500—57550。然后再继续上涨最高至 57740。57740 这个价格刚好是 57800 目标位或压力位区间 57750—57800—57850。如图 2—22 所示。

如图 2—23 所示，是 4 月 20 日的交易，于 57670 开盘后，价格先是上冲到 57760。这个价格即基于 57800（57750—57800—57850）的最近目标位。然后下挫至 57520，这个价格即基于 57500（57450—57500—57550）最近的一个支撑位。然后价格企稳上涨，中途曾回抽至 57570，

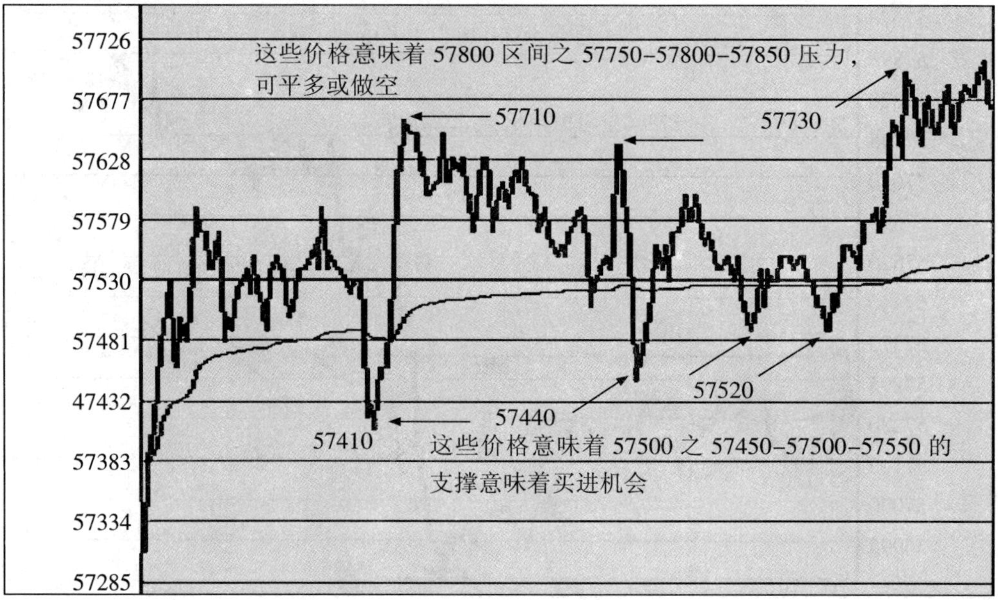


图 2—22　沪铜 1207 合约 4 月 19 日走势

这个价格可以看做是基于 57500（57450—57500—57550）中的 57550 附近支撑。然后，价格上涨，突破 57760 早盘最高点，价格最高上涨至 59970。59970 这个价格显然正是 58000（57950—58000—58050）中的第一个压力位。最终价格以 57750 收盘，即 57800（57750—57800—57850）中的第一个支撑位。如图2—23 所示。

再看 4 月 23 日的交易情况，开盘在 58020，最高上冲至 58040。这个价格是 58000（57950—58000—58050）区间最近于 58050 的一个压力位。价格既然不能上破 58000 最后的一个压力位，则意味着下行目标依次为 57800—57500—57200。随后价格一路下滑，在 57550 附近曾有明显支撑，价格反弹到 57810，然后继续回落下挫，在 57500 支撑区有所支撑，收盘前下挫收低。

从图 2—24 中，我们可以看到关键的进场机会都在我们通过 0、2、5、8 数字规则确定的区间。

如图 2—25 所示。4 月 24 日交易行情：早盘 57410 开盘后即快速拉涨至 57560，即 57500（57450—57500—57550）之近 57550 的

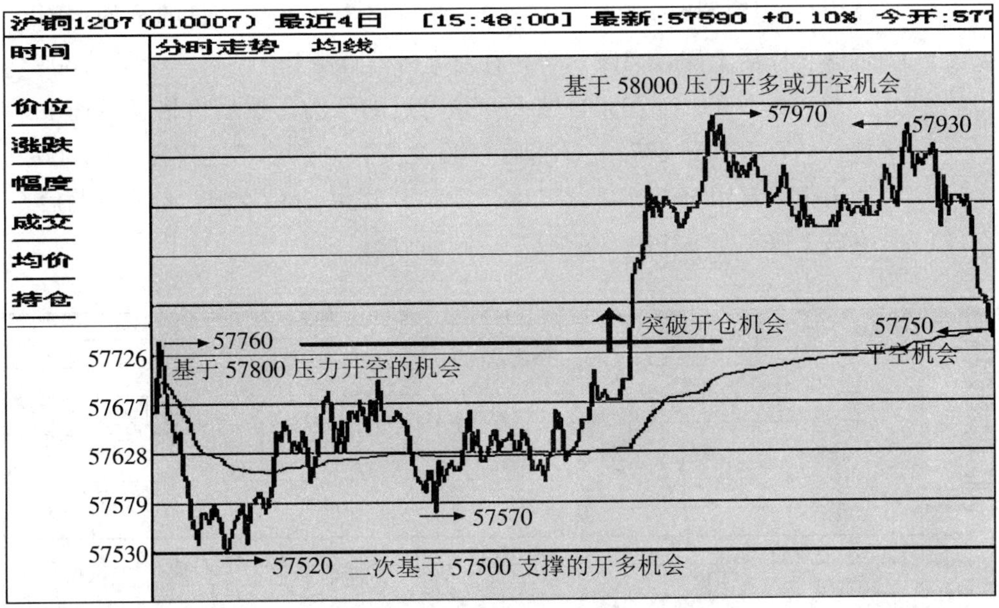


图 2—23 沪铜 1207 合约 4 月 20 日走势

图 2—24 沪铜 1207 合约 4 月 23 日走势

压力位，然后快速下跌至 57310，此价格为前一交易日的最低点附近。支撑后上涨，突破 56550 后，价格一直涨到 57840。此即 57800（57750—57800—57850）之 57850 附近的压力。然后价格又迅速下挫，一直下跌到 57220。此即 57200 之支撑。然后迅速拉涨至 57500 压力位，又跟至 57350（57200—57500）之中分位支撑，价格震荡后突破上涨高至 57710。最终以 57600 收盘。

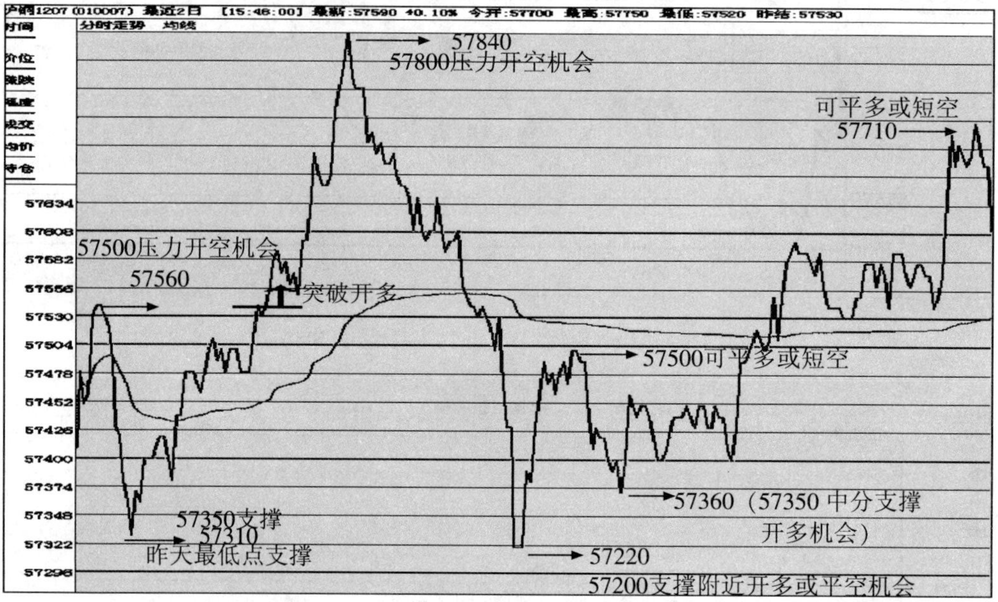


图 2—25 沪铜 1207 合约 4 月 24 日走势

以上是为了说明数字系统在铜合约上的规律及运用方法，因为这个品种价格变动是以 10 点为单位。在具体的运用中，要忽略掉个位的变动。

虽然我们在以上连续 6 天的交易中做了详细而完美的数字运用规律的解释，但是这毕竟是纸上作业，对已知的事物做出逻辑上的解释，这是很容易的事情。而真正面临实盘的时候，比如当价格刚好运行到 58000 的时候，你如何敢断定这里是支撑位还是压力位，从而做出方向的选择呢？

如果单纯用数字系统来确定 58000 是支撑或压力的定性问题，

也是有方法的。这些主要是根据行情环境来确定。而说到市场环境，当价格涨到 60000 后，回落到 58000 的时候，这时候就极容易是支撑位。而当价格是从 58000 跌到 55000，再涨至 58000 的时候，这时候就极容易是支撑。而当价格是不断破新高，从 20000 一直到 50000，到 58000 这样涨上来的，这时候既可能是支撑也可能是压力。极端强势行情常常把一些重要压力位轻易扫过。

因此，为了给数字定性，引入我们之前介绍过的两个技术：一是支撑位和压力位及突破转化；二是均线技术规则。

我们知道，支撑位和压力位及突破转化的技术规则，实际上是趋势的平衡及打破平衡的连续性运动。支撑位和压力位，确定在高低点，因为实际交易的需要进一步细分，增加了中分位这个元素。这意味着对于新的一天的交易我们有一个参照，即把前一天的交易区间作为参照区间，确定方向和进出场点。同时当天已经走出来的高低点确定的支撑和压力位，也作为确定方向和进出场点的规则。这就意味着我们在交易的时候，必须在行情图上展示出前一天交易区间的对照。如图 2—26 所示。

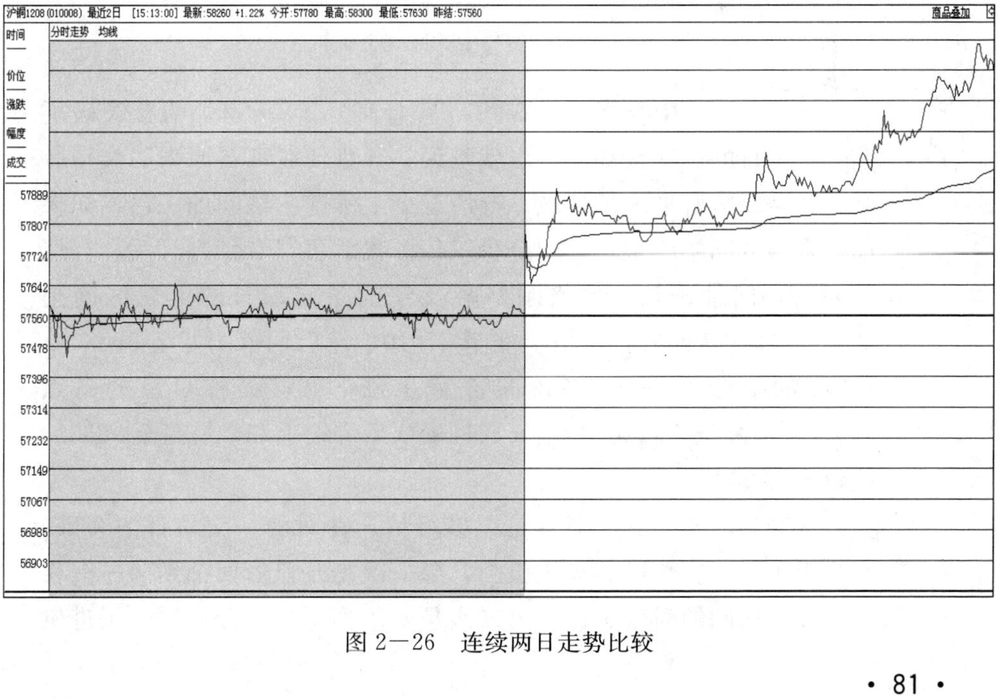


图 2—26 连续两日走势比较

这是铜 1208 合约 4 月 25 日和 4 月 26 日连续两天的交易图。

4 月 25 日开盘 57590，最高 57700，最低 57430，收盘 57570；

4 月 26 日开盘 57780，最高 58300，最低 57630，收盘 58260。

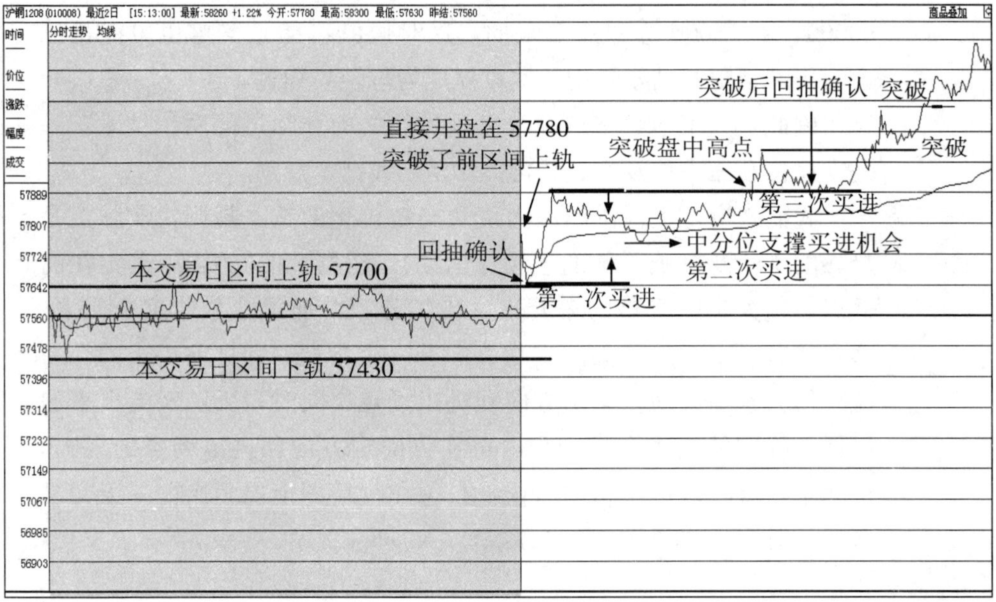


图 2—27　日内交易中的区间上下轨

从图 2—27 中我们可以看到，26 日高开于 57780，直接突破了前一交易日的区间最高点，也就是说，开盘便脱离了原来的交易区间，突破意味着平衡被打破，行情至少上涨前一区间的一倍，如果前一交易区间幅度很小，则至少三倍。我们可以看到高开后，行情即回落，回抽确认，价格刚好触及到前一交易日的上轨区间至 57630，即快速回升，价格上涨至 57910，然后回落刚好至 57630—57910 的中分位附近 57740 即企稳上涨，直接破掉早盘的高点 57910，最高至 58020，然后又回抽确认后继续上涨，最高至 58300，收盘于 58260。

从交易的角度看，当日是突破行情。针对前一交易日的突破，至少提供了三次较好的买进机会，第一次是开盘后回抽到前一交易日最高点区间的时候买进，第二次是回落到早盘中分位时的买进机会，第三次是突破早盘高点的买进机会。

如果用均线规则来交易，首先要确定前一交易日的日分时均线作为一个平衡线。如图 2—28 所示，4 月 25 日结算价为 57560，4 月 26 日开盘在 57780，即高开于均线之上，为强势行情。一般而言，要等回落至均线附近开多单。当日交易回落最低点为 57630，距离前一交易日均价线 57560 相距 70 点，已经相当接近。如果这个机会没有买进，那么可以等第二个机会。

当日交易盘中交易，在开盘回抽之后企稳上涨，上破当日均线，如图 2—28 所示，这是第二个比较明显的买进机会。然后在上涨一波后，均线开始转头向上，于当日 10：00 左右回落到均线附近，形成小震荡，并三次触及当日均线，这意味着有三次买进机会。

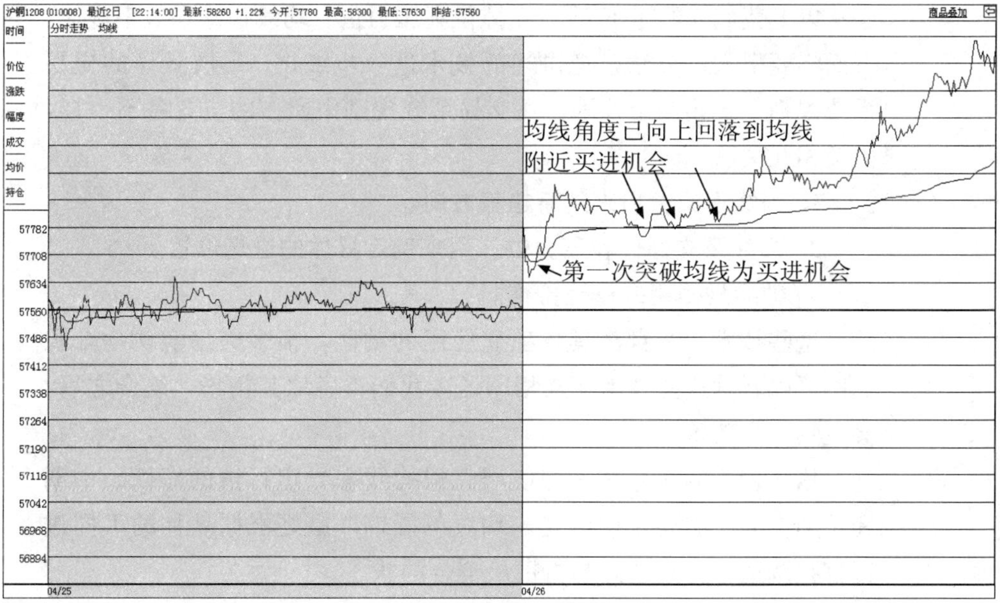


图 2—28　均线交易规则中的平衡线

# 第八节
# 三分法在技术运用上的总结

0、2、5、8 及三分法，并不意味着绝对精确，它只是一个概率相对较高的预测或精确工具。

以上我们介绍了 K 线、支撑位和压力位、均线理论和数字规律。下面将要引入三分法，把讲述的技术进一步细化，形成具体的交易系统规则。上述四个技术，在交易系统规则中所占的位置各不一样，但又相互关联。

1. **均线理论，用来判断趋势方向。**

2. **K 线及支撑位和压力位，用来确定具体的进场位置。**

3. **数字规律用来精确价格。**

这些技术，本身都具备独立使用的功能，很多交易实例中，我们都可以看到这些技术在互相印证。我们再各取其精华，组合之后，会更具备实战价值。

均线理论的三分法：即使用三根均线来界定行情的短期、中期和长期走势。需要说明的是，均线的周期，最好根据品种的不同进行自我调适，直到达到与行情最契合的状态。

一般来说，农产品类，可以用 34—55—89 均线判断趋势；工业品类则用 55—89—144 判断趋势。当然均线的滞后性是众所周知的，因此对趋势的判断不足以构成全部交易理由。真正的入场，需要依据其他技术手段。

单根 K 线的三分法与支撑位和压力位区的三分法意义是一样的。

单根 K 线的三分法，即由最高价、最低价、中分位构成。

支撑位和压力位则是指某一周期或者某一交易时段的交易，形成的高低点构成的区间，对该区间进行中分。形成三个价格：支撑位、中分位、压力位。

数字规律的中分，是指 0、2、5、8 这几个数字形成的重要价格，进行三分。前面我们讲的比较详细了。这里再总结一下：

1. 遇到 0，则以 5 上下浮动；若是 00，则以 50 上下浮动；若是 000 则以 500 上下浮动。如豆粕 3220 可三分为 3215－3220－3225，如 3200 则三分为 3150－3200－3250；如天胶 32000 则三分为 31500－32000－32500。00，000……代表整数大关，用三分法既是预测的需要，也是实际操作的需要。

2. 价格三分后，即把该价格分成三个层次的支撑位或压力位。若是压力位，则最高位的价格上破，意味着突破。如豆粕上涨至 3500 附近，依次是 3450－3500－3550 的压力位。如果突破了 3550 价格，则意味着对 3500 的突破，则可以预测下一目标位 3800。同样的道理，若价格不能上破 3500，价格则可能跌至 3200，3200 三分后依次为 3250－3200－3150，若跌破 3150 以下，则意味着价格要奔 3000 去了。

3. **0、2、5、8 及三分法，并不意味着绝对精确，它只是一个概率相对较高的预测或精确工具。**对于实际交易而言，有一个明确而相对有效的依据具有重要意义。

# 第九节
# 纸上论兵：交易规则的形成

我们必须把交易技术上升到公式的高度，这样才有利于我们的交易行为。

技术的简化，最简洁的方法就是图示。图形的直观显然而见，对大脑记忆刺激远胜于文字的刺激。因此我们把以上介绍的主要技术做成直接的图示。

## 交易技术公式化

这些抽取出来的交易技术图示，在我们交易工具中应该视为交易公式，就像你在运算某个数据，一定要依据某些公式一样。也就是说，**我们必须把交易技术上升到公式的高度，这样才有利于我们的交易行为。**

以下所有的交易或交易规则及变通灵活使用，都是以这些公式为基础。

1. 震荡行情：支撑压力公式如图 2—29 所示：上轨压力位做空，下轨支撑位做多。

2. 突破行情：支撑压力及突破转化公式如图 2—30 和图 2—31 所示。

3. 假突破特例（图 2—32 和图 2—33）。

4. 均线公式（图 2—34 和图 2—35）。

交易技术抽取为系统交易规则既是一个学习过程，也是一个经验积累到一定程度后，理性思维的产物。至少国内早期的交易者大都如

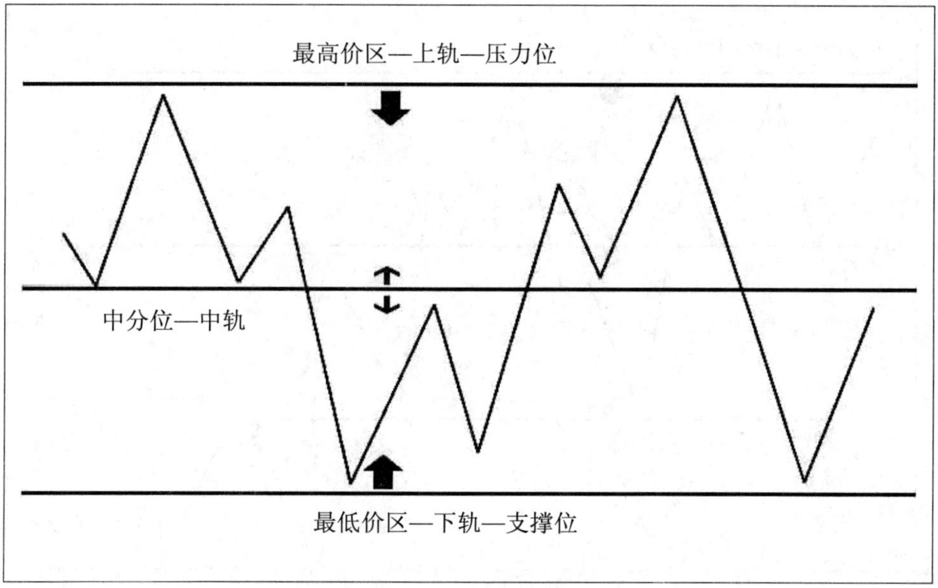


图 2－29　震荡行情三分法

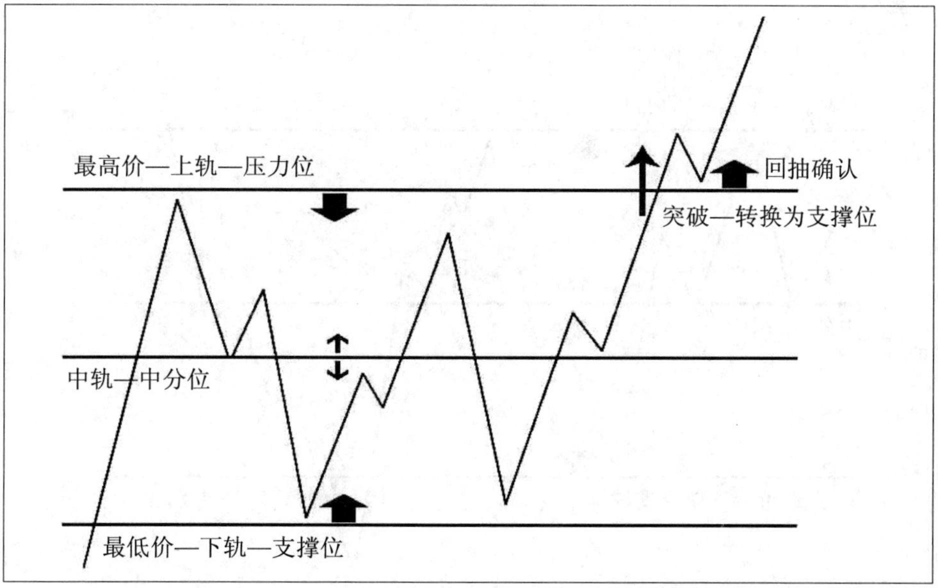


图 2－30　向上突破行情与三分法

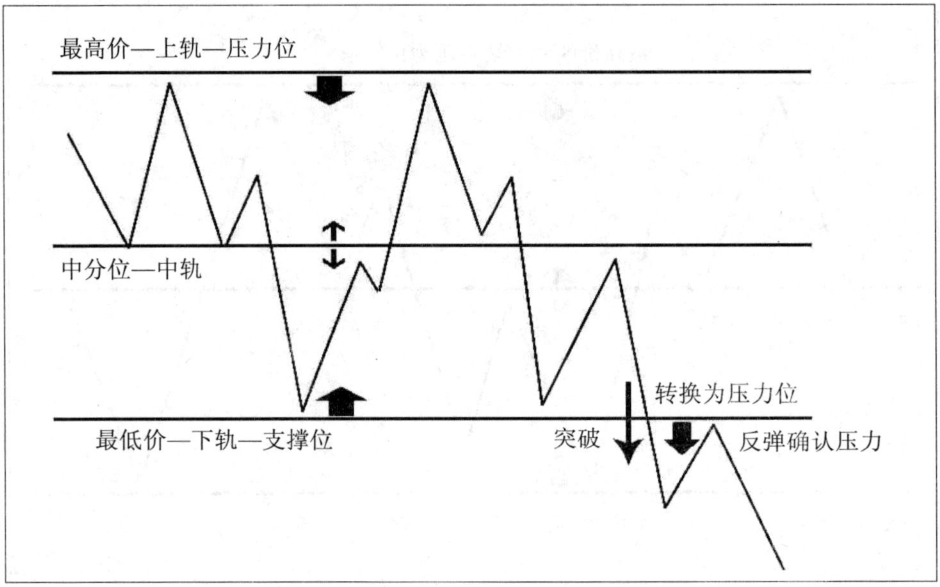


图 2—31　向下突破行情与三分法

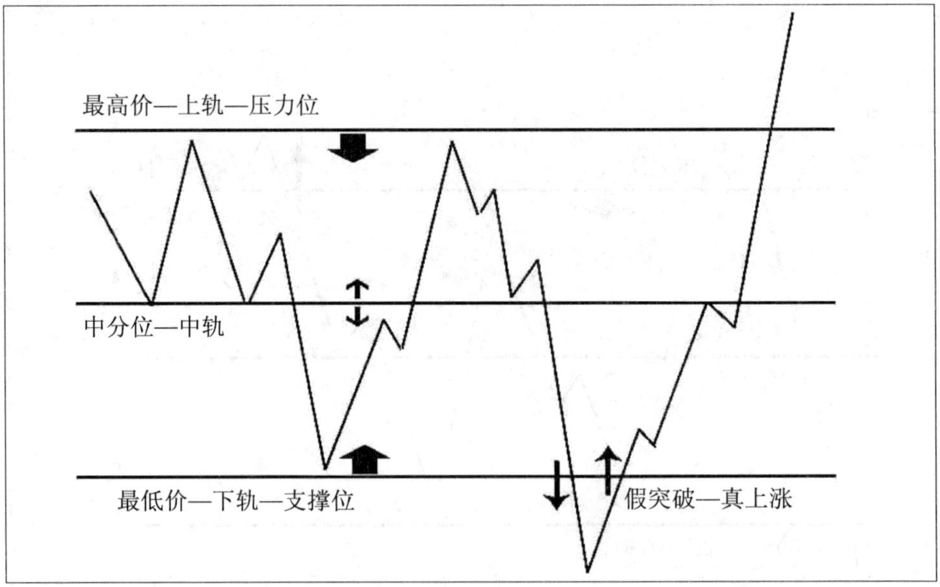


图 2—32　假突破真上涨与三分法

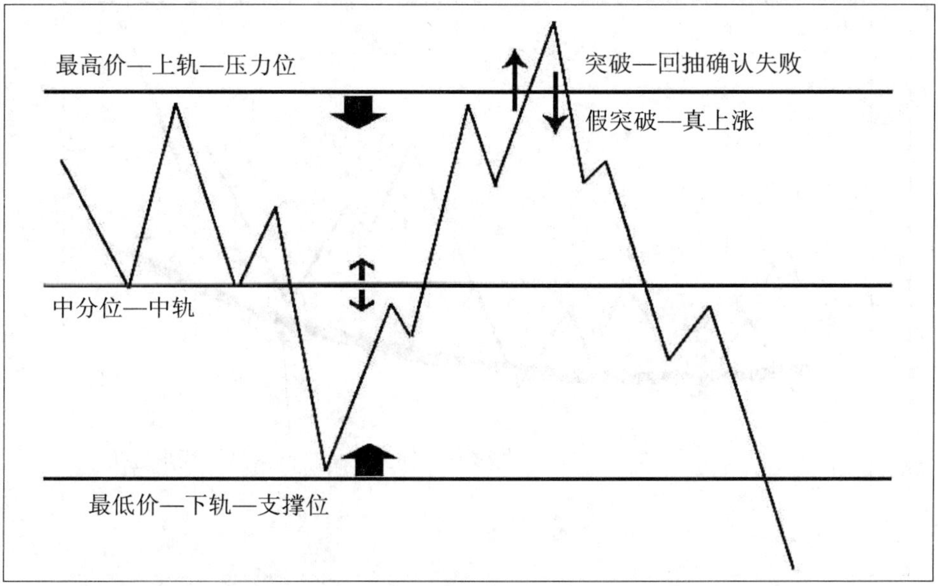


图 2—33　假突破真下跌与三分法

此。那时还没有现在这么多的知识可以学习。你在百度就可以搜索出一套成形的系统交易规则，而且这个市场历来不缺乏好为人师的交易者，即使他们的交易并不成功，但拥有行之有效的系统交易规则并不是件难事。这一点儿不奇怪。因为，交易成功的根本原因，并不在交易规则，交易规则说到底只是一个比较好用的工具而已。

通过了解 K 线、支撑和压力及突破概念、均线理论、数字规律后，又通过引入三分法，将这些技术进行了进一步的框架细分，使之更具备市场适应性和可操作性。现在我们要做的事，是如何根据实战要求形成系统交易规则。

## 实战交易分类

我把实战交易分为三种交易类型：

1. 日内短线交易。
2. 三天至一个月之内的波段交易。
3. 中线趋势交易。

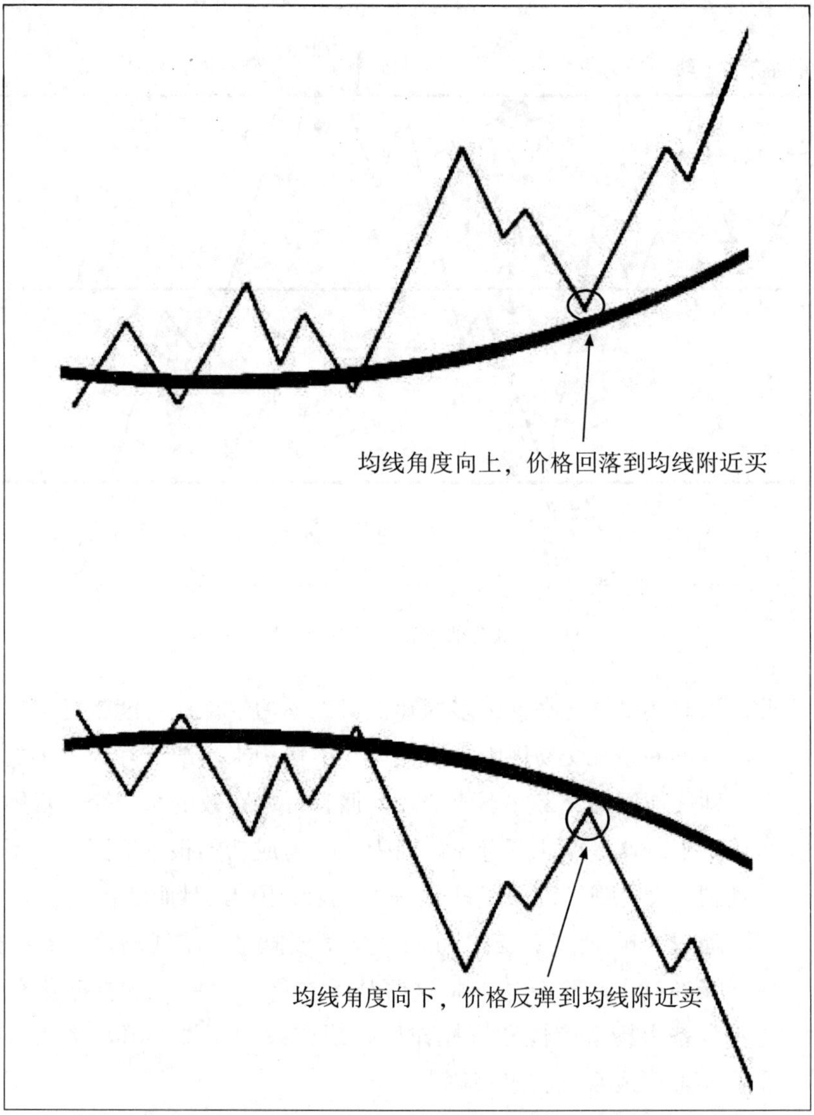


图 2—34　均线趋势交易 1

日内短线交易的定义：以当日的趋势作为交易对象，当日开仓，次数不限，在当日收盘前必须结清所有仓位。

日内交易主要是以前一交易日的交易区间作为参照依据，前一交易日 K 线三分法后会给出三个关键价位：最高价、最低价、中分

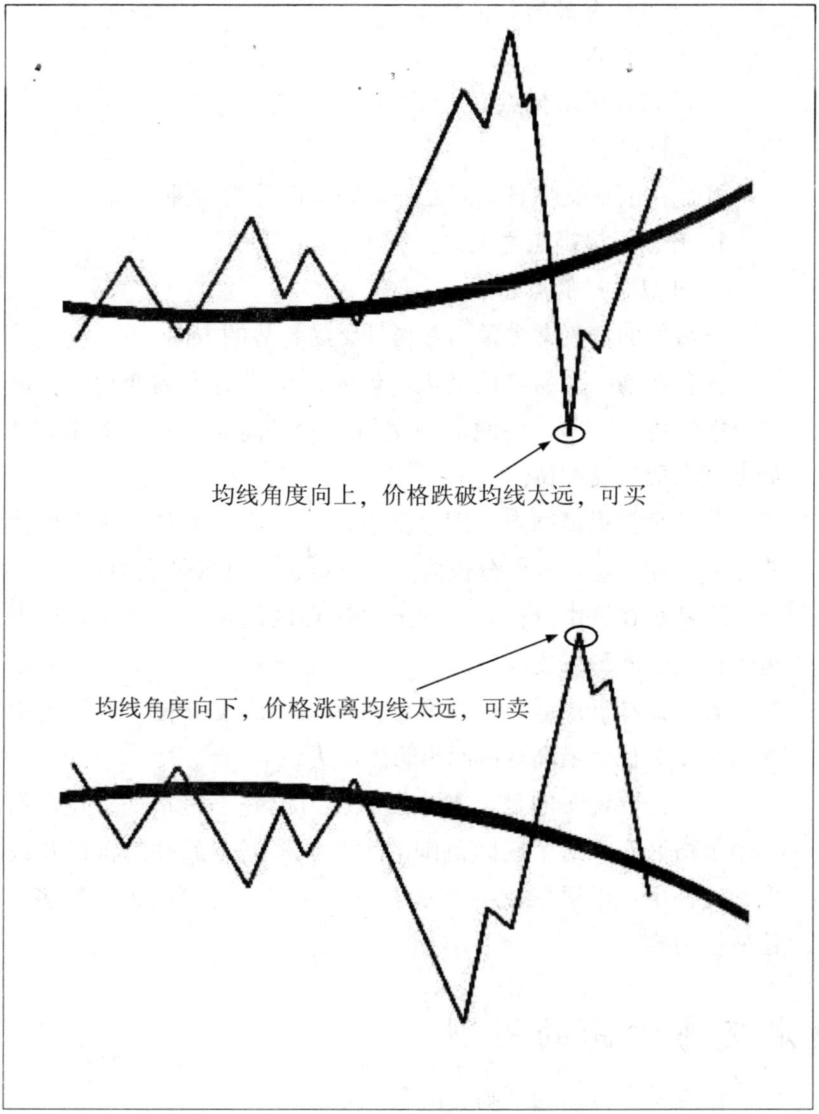


图 2—35　均线趋势交易 2

位；当日交易开盘后，会出现两种情况：一是开盘在前一交易日的区间之内；二是开盘价脱离了前一交易日的区间。

第一种情况：

开盘在前一交易日区间之内，又可以分为三类：

1. 开盘在近最高点。

2. 开盘在近中分位。

3. 开盘在近最低点。

第二种情况：

开盘在前一交易日区间之外，则可以分为两种：

1. 开盘在最高点之上。

2. 开盘在最低点之下。

开盘价的位置常常预示着当日交易趋势的方向。

开盘在前一交易日区间内，说明市场没有大的变化，震荡行情的可能性更大一些。因此前一交易日的最高点区间形成压力位，最低点区间形成支撑位。

若开盘在近最高点，则最高点区间形成压力位，压力位代表空头方向。往下走，则中分位为第一支撑位，近最低点为第二支撑位。

若开盘在近中分位，则往上最高点区间形成压力位，往下走则近最低点区间形成支撑位。

若开盘在近最低点，则最低点区间形成支撑位，往上走中分位为第一压力位，最高点区间为第二压力位。

这里需要说明的是，支撑位和压力位并不是指一个点，而是指一个价格区间。这个区间范围的大小，根据该品种的价格及波动幅度确定。也可以根据数字规律来细分确定。支撑位属性为多，压力位属性为空。

## 决定交易方向的规则

决定交易方向的规则有两个：

1. 突破。突破意味着平衡打破，价格会往突破方向运行。

2. 支撑位或压力位。价格本身具有方向属性，在震荡行情中，方向由价格高低决定。

（1）开盘在近最高价区间。那么本交易日最大可能是在前一交易区间内运行，就趋势而言，定性为震荡行情。震荡行情方向与价格相关联。那么便可得出如下交易规则：

①近最高价区间做空，跌至中分位，可以平仓或平一部分仓止盈。跌至近最低价区间全部平仓止盈。若价格不跌反涨破前一交易最高点若干点，则止损平仓。

②中分位可观望或轻仓做多，涨至最高价区间平仓止盈。若价格不涨反跌破中分位若干点，保守者则可止损平仓。激进者可最低价区间加仓，待涨至中分位时部分平仓或全部平仓，或收盘前平仓。若价格跌破最低价若干，则止损平仓。

③若价格跌至最低价区间，则可做多，涨至中分位附近可平仓止盈，或收盘前平仓。若价格跌破前一交易最低价若干，则止损平仓。

（2）开盘价在近中分位区间，则价格上涨至前一日最高价区间为压力位，价格下跌至前一日最低价区间为支撑位。

①中分位开盘后，若价格上涨至最高价区间，做空。跌至中分位平一部分或全部平仓止盈。跌至最低价区间全部平仓止盈，或收盘前平仓。若价格突破前最高价若干，则止损平仓。

②中分位开盘后，若价格跌至最低价区间，则买进开仓。价格反弹至中分位则部分或全部平仓止盈。价格涨至最高价区间则全部平仓止盈，或收盘前平仓。若价格跌破最低价若干，止损出局。

（3）开盘价在最低价区间，则最低价区间为支撑位，中分位为第一压力位，最高价区间为第二压力位。

①最低价区间做多，上涨至中分位时部分平仓或全部平仓止盈。上涨至最高价区间时全部平仓止盈，或收盘时平仓。若价格跌破最低价若干，则止损平仓。

②中分位可观望或轻仓做空，跌至最低点区间时平仓止盈，或收盘前平仓。若价格上涨破中分位若干点，保守者可止损。激进者可在最高价区间加仓。回落至中分位时部分或全部平仓，或收盘前平仓。若价格上突破最高价若干，则止损平仓。

③价格涨到最高价区间时做空，见中分位部分平仓或全部平仓，或收盘前平仓。若价格上涨破最高价若干，则止损平仓。

若开盘价脱离了前一交易日区间。

（1）开盘价格突破前一交易日最高价，这意味着前一交易日所

**有的多头盈利，空头亏损，从而容易形成持续上涨行情。前一交易**日的最高价，也因为突破而转化为支撑位。

**①交易方向确定规则：开盘价突破前最高价，方向多头。**

**②进场价格区间：回落至前一交易日最高价附近若干时买进。**

③出场时机：突破行情一般至少会上涨前一交易区间的1倍，甚至2～3倍。突破行情尽可能在收盘前平仓，或达到上涨幅度时平仓。若盘中价格跌破前一交易日最高价若干，则止损平仓。

（2）开盘价格跌破前一交易日最低价，这意味着对前一交易日的突破，所有的多头亏损，所有的空头获利。前一交易日的最低价则由原来的支撑位转化为压力位，通常行情会顺突破方向持续运行。

①交易方向确定规则：开盘价格下破前一交易日最低价，做多。

②进场价格区间：价格接近前一交易日最低价附近若干时，卖出。

③出场时机：突破行情一般至少会向突破方向下跌前一交易日区间幅度的1～3倍，尽可能在收盘前平仓，或者达到下跌幅度时平仓。若盘中价格反弹上涨至前一交易日最低价以上若干，则止损平仓。

特殊情况：

1. 高开或低开太多：行情有时候在外盘或消息的刺激下大幅度高开或低开，幅度超过前一交易日区间一倍的幅度。这种情况，若出现在强烈的上涨或下跌行情中，可以激进一些，跟进操作。如果在震荡行情中，则不可轻易进场。另外，可参照当日交易形成的高低点进行交易。也就是说，当价格高开太多，使得前一交易日的价格区间失去了参考价值，则可以依据当日交易已经走出来的高低点和中分位进行交易，或者引入均线规则和数字规律进行交易。这一点我们随后会有详细的讲解。

2. 假突破处理：行情开盘即突破前一交易日最高点，或者盘中突破前一交易日最高点后，并不持续上涨，而是重新跌回前一交易日区间内，持续回落，一直跌到前一交易最低点，甚至破最低点，这是假突破真下跌；行情开盘即破前一交易日最低点，或者盘中跌破前一交易日最低点后，并不持续下跌，而是重新回到前一交易日最低点之上，并迅速上涨，这是假突破真上涨。

**这种行情实际上是针对平衡线（最高或最低点）的反复突破。**假突破常常意味着真实的信号。

**以上所归纳总结的交易规则或交易公式，适合任何时间周期。也就是说，这个交易规则不受时间周期的限制，改变时间框架一样**可以用。因此，若我们从日内交易转换到周期更长一些的交易，规则不变，只是选取的参照区间不一样而已。

交易规则制订后，并不意味着一劳永逸，万事大吉了。前面我一再讲任何事物都只能在特定的环境下才有意义，交易规则也是如此。对交易规则而言，知道市场目前所处的环境，如何对交易规则进行取舍，则意味着你是否能够灵活运用。事实上，最有价值的事情，也在于此。

环境因素，指的是当时交易的大环境是处于趋势行情，还是震荡行情。辨别这一点，将直接提升交易绩效。

交易环境大致可以分为三类：明显上升趋势、明显下跌趋势、震荡行情。

震荡行情又可以分为两类：

1. 小级别的震荡行情：常常和趋势行情交叉，表现为明显上升趋势中的震荡行情和明显下跌趋势中的震荡行情。其持续时间少则一周，多则三个月。

2. 大级别震荡行情：常常出现在大跌或大涨之后，特别是幅度大、持续时间长的，可至半年，甚至一年以上。

无论哪一种行情，都可以通过 K 线或确定小震荡区间作为参照依据来判断未来的可能走势，并跟踪。

对于明显上升趋势行情，日内交易者可以通过对交易规则进行优化。如只选择做多的机会参与，做空的机会则用来平仓或者放弃。

对于明显下跌趋势行情，日内交易者则可以只选择做空的机会，对做多的机会则只平仓或放弃操作。

对于明显上升趋势中的震荡行情，只选择做多的机会，放弃做空的机会或者只用于平仓。

对于明显下跌趋势中的震荡行情，只选择做空的机会，放弃做多的机会或者只用于平仓。

# 第十节 时间对价格

时间是无限延伸的，而价格上涨或下跌的空间则受制于总体有限的资金和商品本身的成本。

我们都知道，行情图表上的K线图，或者日分时图，是在时间和价格的坐标系上运行的。也就是说，价格是在时间轴上波动。相比较而言，**时间是无限延伸的，而价格上涨或下跌的空间则受制于总体有限的资金和商品本身的成本。**不管如何，商品期货不可能跌至零，也不可能涨到超越社会购买承受力的极限。而历史的价格区间，也给了比较可靠的高低点的参照。大致来说，有限的价格在相对无限的时间上波动，或者说有限的价格要消化相对无限的时间，那么只能以反复震荡的方式来完成。比如一天的行情，总体来说，某一合约总是在一个相对的区间里波动。这个区间最大不过是涨跌停板的区间。通常情况下，会在一个平均波动幅度内运行。以豆粕为例，近期大致在20～80点区间范围内波动。每天的交易时间为4小时，240分钟。如果价格一直上涨，那么即1分钟涨1个点，也是240点。事实上，价格的变化速度远不是如此，每一秒都在变化。为了让其更接近于真实，我们先可以做一个合理的假设：假设市场交易参与者在交易时间内持续不断地在参与竞价买卖。那么这个假设可以得出一个推论，即价格不大可能长久地停留在某一个价位上。而从交易者的交易目的出发，交易的目的就是为了赚取差价，如果价格总是停留在某一个价格，那么意味着交易者的目地达不到。事实上，我们从盘面可以直接观察到，除了那些极端清淡的静盘，但凡主力合约，其价格变动都是以秒为单位在频繁变化。若如此，价格若向一个方向运动以秒为单位匀速变化，那么一天交易时间为240分钟=14400秒。即可以波动14400点。这对于目前交易的任何品种都是不可思议的事情。这意味着时间和价格波动空间是不均衡的。这种不均衡的存在，必须通过价格的反复波动变化来消耗时间，使时间和价格达到相对均衡状态。时间和价格是必须达到均衡的。一天的行情如此，一年的行情也是如此。系统内个体的特性，反映整体的特性。

这样，时间和价格这种不均衡的关系给我们提供了一种简单的交易思路。即在足够的时间，足够的资金内，相对的高位做空，相对的低位做多，最终都是可以获利而出的。而从图表中我们是可以很轻易就获得历史高低点的参照系。这种操作思路是一种比较粗糙的，比较适合现货企业有着雄厚资金，且有现货背景的，而作为判断行情和抵抗风险的手段。

# 第十一节
## 市场消息对盘面反应

与其关注消息，不如关注市场对消息的反应。消息之类的因素，只是市场中的一个碎片或局部，用局部因素去判断整体市场，显然是不明智的。

市场上历来不缺乏消息的刺激，或者来自于官方，或者来自于天灾人祸。交易者对消息的偏好，无非是想轻松地抢占先机，借机浑水摸鱼。事实上，在信息高度发达的今天，我们能知道的消息，常常是已经被市场消化了。除非你所处的环境能够获得第一手资料。但对于普通交易者而言，这几乎是不可能的，或者就是一个谎言。因此，我不建议交易者把精力放在对消息的关注上。

**与其关注消息，不如关注市场对消息的反应。**通常我们听到某个消息，便会对这个消息做出利多或利空的判断，而完全忽略市场对该消息的反应，仓促进场，结果却是个陷阱。

我们分析消息对市场的影响，无非有以下三种情况：

一是与市场趋势一致的消息。这种消息常常会推波助澜，产生极端行情，连续地暴涨或暴跌。

二是与市场趋势不一致的消息。这类消息常常对开盘有些影响，并不能改变趋势。如 2003 年的大豆行情，行情启动后不久，市场传抛储大豆的消息，随后价格小幅度下挫后，迅速拉升。这类的例子相当多。表面利空的消息，常常是从另一个侧面说明了市场真的出了状况。例如 2003 年的大豆，那一年受灾严重，产能增加。但价格却不涨反跌，而后又慢慢回升，到前期高点。这时候都认为有压力了。然后又有国家抛储。想想国家为什么抛储？正是因为市场供应出了问题。所以，与趋势方向不一致的信息，不足取信，常常是很好的入场时机。而 2010～2011 年数次加息提准的利空消息，大部分情况下都只是刺激了市场的上涨。市场走到它应有的位置，才会终止，并不是哪一个消息可以改变的。同样的道理，提准加息，也只是从侧面说明了通胀问题严重。

三是比较中性的消息。市场有一些消息，多空因素共存，哪一方面起决定作用，或者什么时候起作用，并不显而易见。所以，还是要观察市场的反应，而不是自己主观臆断。

始终相信市场行为反映一切，将会让交易者的头脑更清醒一些，行为也会更果断一些。不管怎么说，**消息之类的因素，只是市场中的一个碎片或局部，用局部因素去判断整体市场，显然是不明智的。**我们常人经常易犯的错误也在这里。总是以主观臆断，或者从局部来推断事物整体。

# 第十二节
## 震荡行情的分类及价格的技术性因素

把价格根据其所处环境，设定为生地、死地、不测之地，有利于建立策略观念。

价格是离市场最近的因素，它直接关系到交易者的盈亏状况。所有的技术指标都源于价格的变化，在抽象出价格真实的动向的同时，也丧失了价格本身的灵敏。几乎所有的指标都是滞后于价格的，这一点勿庸置疑。那么，是否意味着为了捕捉到价格的变动趋势，而有必要放弃价格的灵敏优势呢?

世上没有两全其美的事情，只要你使用指标类的技术，就必然要牺牲价格本身的灵敏优势。除非你放弃了指标类技术。数字规律可以解决这个问题。数字是价格最真实的体现，回到最本源的 K 线，这样你才可能获得价格本身的灵敏优势。

用价格描述行情并不是件困难的事。行情趋势是通过在最高点或最低点的突破而得以持续或反转。三分法后，最高价和最低价便分成了三个价格。既然以价格直接作为依据交易，那么对价格进行定性分析，就可便于操作。如图 2—36 所示。

任何一段行情，都可以找到近期的最高点和最低点，三分法后找出中分位。事实上，这三个价格本身具备了方向的属性。特别是在震荡行情中，这一点更明显。

在震荡行情中，如果价格靠近上轨最高价，即使盘面表现很强，也不宜久留多单。反而逆势操作做空成为最好的选择。事实上，在震荡行情中，即价格高了才去做空，成为交易的策略。

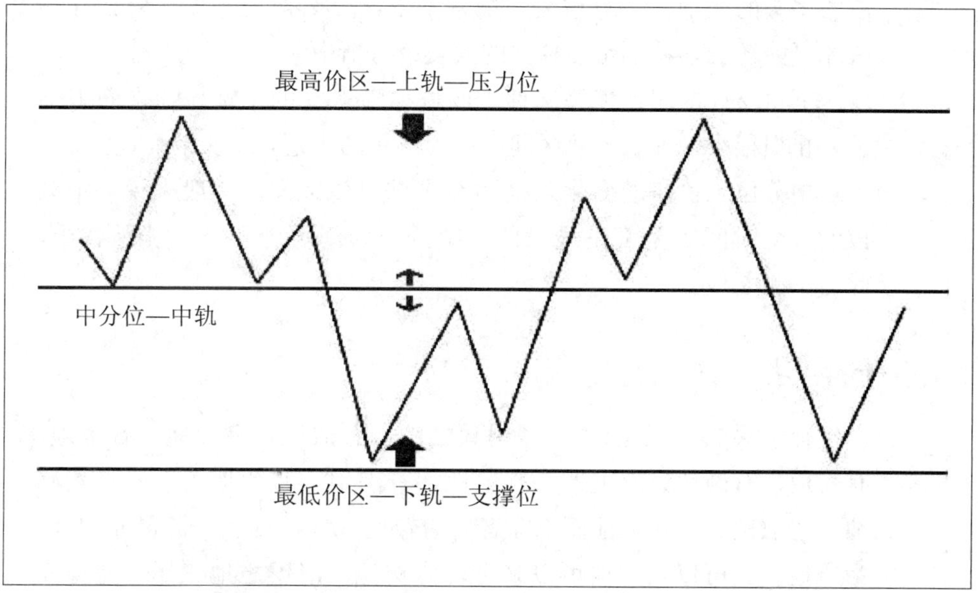


图 2－36　最高、最低价格之间三分法

价格一旦向上突破，及时止损出来，损失也不大。

而在突破行情之后，则变为价格越高越买，即价格高低本身成为判断价格上涨或下跌的因素。

## 震荡行情分类

震荡行情的分类比较复杂，但一般可分为两类：

一是从属于趋势发展过程中的震荡行情：上涨趋势中途的震荡和下跌趋势中途的震荡行情。这类震荡持续的时间比较短，少则三五天，多则数月。

二是独立的大震荡行情。通常发生在牛市终结之后或顶部，或者市场影响因素复杂，特别是受政策因素干扰多的时候。

在震荡行情形成的区间，上轨压力区间，下轨支撑区间，中分位价值中心区间，这三处的价格，我们可以进行定性分析，通过对价格的定性，以利于操作上的简便。

上轨压力区间：属于空头属性。或可称为空头的生地，且极易成为多头的死地，一旦被套，侥幸不出，要么被逼止损，要么扛很久才可能解套，特别是在独立的大震荡行情中。

下轨支撑区间：多头属性。或可称为多头的生地。如果向下突破，止损很小。那么下轨区间便成为多头的生地，空头的死地。

中分位：价格的变化总是远离或靠拢该区间。一般来说，中分位的成交时间和量都是最大的。中分位区间可上可下，涨跌各半，此为不测之地。

## 孙子兵法——九地篇

孙子兵法《九地篇》："用兵之法，有散地，有轻地，有争地，有交地，有衢地，有重地，有圮地，有围地，有死地。诸侯自战其地，为散地。入人之地而不深者，为轻地。我得则利，彼得亦利者，为争地。我可以往，彼可以来者，为交地。诸侯之地三属，先至而得天下之众者，为衢地。入人之地深，背城邑多者，为重地。行山林、险阻、沮泽，凡难行之道者，为圮地。所由入者隘，所从归者迂，彼寡可以击吾之众者，为围地。疾战则存，不疾战则亡者，为死地。是故散地则无战，轻地则无止，争地则无攻，交地则无绝，衢地则合交，重地则掠，圮地则行，围地则谋，死地则战。"

深通道家思想的孙武，在军事战略战术上把道家思想发挥到极致。他把不同的地形进行分类定性，并据此制订不同的作战原则。事实上，价格行情波动的复杂性，并不亚于战场的复杂。价格在整体行情中所处的位置，其风险程度也各不一样。因此，交易策略上也必须有所差别，而不是教条主义，把一个原则运用于所有的环境。我要强调的是，所谓灵活性，就是对环境的识别，并采取不同的策略应对。

所以，**把价格根据其所处环境，设定为生地、死地、不测之地，有利于建立策略观念。**

在交易中，第一件事，就是识别环境，即识别生地、死地、不测之地。这样，你才可能做到进退有度，保持节奏。而不是贸然进场，一击不中而不知所措。

# 第三章 交易和交易者

**核心思想：**

任何技术规则均受制于行情环境的局限性，只能解决某一方面的问题，而不是放之四海而皆准的。“放之四海而皆准”常常是专制体制下蛮横的厥词。因此交易者必须学会甄别行情所处的环境来选择技术规则。而交易者自身的局限性，则使这个过程变得更为艰难。

鲁国施氏有两个儿子，其中一个喜欢学问，另一个喜欢兵法。好学者以学术到齐国谋生，齐侯接纳了他。让他担任公子们的老师。好兵者到楚国以兵法求取官职。楚王非常高兴，让他担任军队的将领。于是他们的俸禄家庭富足。官爵让亲人感到荣耀。

施氏的邻居孟氏也同样有两个儿子，所从事的职业和施氏之子相同，但却困窘贫穷。孟氏羡慕施氏的富有，于是前去请教求取功名的秘诀。施氏二子以实情告诉他们。于是孟氏一个儿子到秦国以学术求为秦王所用。秦王说："当今诸侯凭武力争夺天下，竭力经营的只是兵马粮草。如果用仁义之道来治理国家，那是灭亡之道。"于是对他施以宫刑并加以放逐。另一个儿子去了卫国，用兵法求为任用。卫侯说："我国是弱国，却夹在大国之间。对于大国，我们就侍奉它，对于小国，我们则安抚它。这才是求取安全的办法。如果依赖军事谋权，那灭亡之日就不远了。假如放你好好的回去，你到了别的国家，定会成为我国的祸害。"于是就砍断他的双脚才放他回到鲁国。

回家后，孟氏父子捶胸责怪施氏。施氏说："凡是合乎时势的就兴盛，错过时势的就败亡。你们的道义与我们相同，可是效果却完全不一样。是因为错过了时势，而不是行为本身的错误。而且，天下没有永远正确的道理，也没有永远错误的事情。过去曾用过的，现在也许被废弃，现在被废弃的，将来也许还会使用。用与不用，本来没有固定的是非，迎合时机，行动及时，应对事变，不受拘限，这全凭智慧把握。智慧不足，即使像孔丘那样博学，吕尚那样多术，又何处不遭到困窘呢？"

人们争论于是非对错的时候，常常脱离了环境本身。而认识环境恰是灵活或创造性运用知识的前提。专制体制下的教育，常"使由之"而非"使知之"，这使得人们缺乏识别环境的思维深度，进而迁怒于规则本身。

# 第一节
# 交易者的困境

被情绪支配着，一如既往地做了我们想做的事，而不是做了我们该做的事。

世上从来不缺乏冒险家或赌徒。期货市场在中国的历史远比建国的历史要短，大约经历了1949～1990年40年左右的真空期。1992年初始有交易所成立，然后至于泛滥。整个期货市场经历了翻云覆雨，风云变幻，期间演绎的传说，至今有不同的版本流传。

我们所熟知的期货历史事件：

1. 1996年天胶608合约逼空事件。
2. 广东联合期货交易所籼米期货事件。
3. 苏州红小豆602事件。
4. 1994年上海粮油商品交易所粳米期货多逼空事件。
5. 1995年海南棕榈油事件。
6. 1996年上海商品交易所胶板9607事件。
7. 郑州交易所2003年硬麦309空逼多事件。

……

如此等等，我们可以看到这个市场大户持重资挟现货豪赌的身影，可以看到权势与政治的隐秘，可以看到背信弃义，甚至邪恶暴力。不过这些都不是我们现在要关心的事。本书是写给普通的交易者看的。不管这个期货市场如何变化，相比较而言，它可以说是目前国内最公平的市场。

## 多次掉进同一个陷阱，被同一块石头绊倒

市场的交易参与者，无论你是机构操盘手，还是个体交易者，无一例外，你都是一个具有七情六欲的普通人，你会为账面的盈亏而情绪波动。没有人能够替你真切地分担所承受的压力，即使是你至亲的人。或许你可以在外表装扮出令人生敬的淡定，但你的内心却欺骗不了自己的焦灼。虽然我们很多时候能够成功欺骗自己的内心，但压抑的情绪最终将在某个时候暴露出真相。

300 多年前一个叫弗郎索瓦的法国人在他的《箴言录》中写道：哲学可以轻而易举战胜昔日和未来之困，而今日之痛却战胜了哲学。可见智慧在当下的苦恼，并不如我们想象的那样超凡脱俗。人是血肉之躯，人们受制于肉体的欲望，这是最大的困境。

哲学总是从“我是谁，谁是我”的追问开始，或者是从“先有鸡，还是先有蛋”开始。这个问题至今都没有一个终结的答案。一切都只是人们的推断和猜想，无论是科学或宗教的说辞，都无法避免一个事实，那就是作为交易者在市场中的孤独无助，你必须承担自己的责任。

饥饿产生思想。因为人们在极端环境下会思考生存问题。交易者在面临的困境中，也常常会让他们思考。事实上，我们不知道自己因何而生，也不知道死后为何。极少有人会认真地思考这个问题，逃避思考或者自欺欺人便成了我们大多数人的选择。而交易者却不能逃避，除了战场上的军人和井下的挖煤工人，很难有哪一种职业能够真切地体会交易者每天面临的压力。这种压力是如此持久，除非你清除了自己的头寸。这也不是股票交易者所能够体验的。杠杆效应带来的风险和利润，是悬挂在头上的双刃剑。

如果不是误入期货投资市场，你本可以借用社会或其他人的头脑去思考，或者只是用一种既定的习惯，做每天该做的事情，一直到命运终结。绝大多数人就这么过了一生，一点儿也不奇怪，甚至可以称得上理所当然，顺理成章。

但是当你踏进这个投资市场，自己亲自去操盘交易，一切都改

变了。你会发现自己不断地踏进同一个陷阱，被同一块石头绊倒，而当你以为认清了事实或真相的时候，那个你觉得已经可以避开的陷阱或石头，却以另一种方式出现，再次嘲笑你的愚蠢。无论你是如何赌咒发誓，殚精竭虑，市场最终都会竭尽全力证明你的错误和可笑。

市场是如此诡异，当你自以为找到了那把开锁的钥匙而沾沾自喜时，那把锁却已经被换了。如此残酷的现实，逼迫我们去思考自己到底做错了什么。这完全不同于我们日常生活或工作中的一些事情，它们的节奏是如此缓慢，让我们有足够的时间去思考及调整对策。

而我们每个参与者的位置和经历都各不相同，对事物的认知也存在或大或小的差异，但不管差异如何，物以类聚，人以群分，我们都可以大致依据一定的标准划分出交易者的类别。

从交易的目的来分，可以分为两类：

一是套保交易者，他们的目的是为了规避现货市场的风险，通过在期货市场承担风险或获得利润，与现货市场进行对冲，来锁定平均利润。这类交易者一般都为现货背景企业，可以在期货进行现货交割。他们的优势在于对现货市场规律的把握和信息上的优势。

二是投机交易者，他们的交易目的是为了直接攫取价格波动差价利润，他们只需要能够读懂 K 线图，即使对现货一知半解，甚至一无所知，也可以在这个市场上折腾。

不管是套保交易者还是投机交易者，他们面对账面盈亏变化，几乎无一例外地有同样的心理反应。见利则喜，则贪；见亏则恼，则惧。这些情绪反应，可视为人之常情。但恰恰是这些情绪决定了人的行为，我们所有的问题最终都会归结于对情绪的控制程度达到了何种境界。

但并不是所有的交易者都会意识到是自己的情绪控制能力出了问题，人们过于相信外在的东西能给自己带来幸福快乐或财富，几乎所有的媒体宣传广告，都在传达这个理念，拥有了某一品牌的化妆品，你会变得漂亮，青春永驻；拥有了某一楼盘的房子，就变成了受人尊重的高尚人士；拥有某一款名车，你就代表了成功人士；

买下某一套股票行情交易软件，你就从此立于不败。所有的这一切都企图告诉人们，依靠外在的物质或技术手段，你就能解决当下的问题。这种理念或思维方式，让人们习惯于委过于人，习惯于从自身外寻找原因或解决问题的方法，而不是真诚地察己待物，承担本该属于自己的责任。

我并不是说物质并不重要，技术并不重要。对语言文字断章取义是一种横蛮或狡辩。在期货投资市场，技术、指标、系统的繁杂并不是数量的问题，而是如何选择取舍的问题。这一点就像在互联网之后信息爆炸的时代，往往不是获得信息的问题，而是如何辩伪存真或抽取最有价值的信息的问题。而取舍之道，则直接由你的思维方式和情绪行为反应模式决定。

## 简单并不等于容易

在前面的章节里，我已经介绍了一些常识性的技术手段，这是必须具备的。但是，能够真正用好这些常识，却并不是容易的事情。这样的例子在其他领域也很多，我们常常可以见到一个无学历文凭的粗人，却能够把他仅有的一点儿知识发挥到极致，创造出非凡的效益。一招鲜吃遍天，说的其实并不是技术，而是专注的精神。

我之所以说这么多，是想告诉大家，交易的好坏，与你掌握知识的多少并没有因果关系，在很多其他领域却并非如此，但是在期货交易领域，绝对是普遍存在的。我见过很多初入期货市场的交易者，他们对期货市场的偏爱，一个重要的原因就是因为期货交易实在太简单了，只需要买卖两个动作。事实也确实如此，只要你做对了交易方向，价格的波动会很快带给你合法的财富，并可以立刻兑现。但恰如围棋一样，看似简单的规则，却往往暗藏难以逾越的劫数。所以，简单并不等于容易。

任何一个人都有可能在这个非涨即跌的市场获得偶然的财富，这很容易带给人们守株待免的幻想。我所知道的很多交易者，并不是因为他们一开始就亏掉了一大笔钱而不愿意放弃，而是因为他们曾经盈利过，才滞留在这个市场直到消耗掉最后的资本，陷入困境。

正如民间俗语说，赌钱只为赢钱起。

赚钱的欲望和亏损后的被剥夺感，常常淹没了他们的心智，让他们根本无法正视自己的问题。他们的急切，迫使他们急于求成，想要依靠外在的神力来帮助自己满足欲望达成目标。

椽木求鱼或刻舟求剑并不是荒唐的笑话，人们时常犯这样的错误却并不自知，只是因为并不真正了解自己，不知道自己真正想要的是什么，自己能做什么或不能做什么。

我们常常只是误以为自己了解自己。一个明显的事实是，你只能在镜子里看到自己的脸，而别人才能看到我们真实的面孔。我们对自己的长相的熟悉程度，并不一定超过身边的其他人。这也是我们为什么很容易就能够批评其他人，却很少能够反省自己的原因。或者说，我们受困于自己的肉体，受困于一个“我”字，使得我们能够很容易发现他人的缺陷，却难以面对自己的不足。甚至我们发现别人缺陷常常只是为了证明自己的优越。即使我们能够意识到，而对“我”的偏爱，导致我们那么轻易就能找到无数原谅自己的理由和借口。

## “知行合一”说起来容易，做起来难

你绝对有过这样的一些经历：你在盘前通过自己得到的信息，或对技术图形的研判，得出一个做多的结论出来，可是第二天开盘后，盘面的波动一下子控制了你，你莫名其妙地做了空单，然后行情在随后的几天里，恰如你所预料，一直上涨，而你却手握亏损的空单，简直不知所措。或者，你前一天对自己发誓，如果亏到20个点，就一定砍仓止损，而结果第二天交易的时候，要么只亏到10个点，你就慌慌张张地提前认亏出场，要么一直亏到超过20点、40点甚至更多，你却还在那儿看着行情，似乎不相信眼前发生的一切，而无所作为。或者某一天你发誓一定要做中长线了，结果持仓不到两天，见到一点儿利润就担忧失去，慌慌张张地平仓了。而平仓之后，你却发现行情朝你预期的方向迅速发展，而此时你已经失去了头寸，你眼睁睁地看着行情发展，捶胸顿足、悔恨交加，甚至会出现这样的情况，你告诉你的朋友，某个品种会大涨，涨到哪个价格。你的朋友完全听从了你的建议，大赚了一笔，而你却一直在袖手旁观，直到行情结束。

所有发生的这一切，都让你认识到一点，你自己也是有能力在这个市场盈利的，但是却没有盈利。

所有发生的这一切，都有一个共同点，你的行为完全脱离了自己的思想，而你却无能为力。

如果你稍微动点儿脑子，你会发现，我们日常生活中类似的事情也在不断地上演，而我们却因为习以为常，几乎意识不到它们的发生。比如我们明明知道吸烟有害健康，可是我们仍然控制不住在吸，烟草的消费仍然位居消费榜首；我们知道暴饮暴食会导致肥胖，面对美食仍然放弃不了那张贪吃的嘴；我们都知道少壮不努力，老大徒伤悲，可是仍然还是忍不住要睡懒觉，或直接把时间浪费在无聊却有趣的游戏上；我们会经常教育自己的孩子，饭前便后要洗手，要努力，要快乐，要认真，要诚实，要孝顺，要早起早睡，勤锻炼，而自己却并不能以身作则。

说到这里，我相信你应该能够明白一点儿了，交易者的困境在于，他们不能做到知行合一，无法将自己的思想和行为统一起来。这是所有失败交易者的共同特点。或许你明白了一些道理，但也仍然无法将自己的思想和行为统一，并把它变成一种常态，你常常坚持一段时间，就松懈了，你非常容易地又陷入了过去的循环，甚至变本加厉。

很少有人真正会认真地思考自己的思想和行为之间的程式反应关系，更不用说你随时会关注自己当下的情绪状态，你在想什么，你要做什么，你的目标是什么，你的目标和你的行为是否一致。更多的情况下，我们被自己的情绪淹没了，它们发生的太快了，我们来不及去思考这些，我们**被情绪支配着，一如既往地做了我们想做的事，而不是做了我们该做的事。**

我们的社会从来不缺乏大道理。不可否认，这些大道理都是正确的，就像期货市场广泛流传的“轻仓、顺势、止损”之操盘要诀，它们绝对是正确的。但你做不到并不是因为你没有明白它的正确性，而是因为你的理解只是停留在逻辑上，而不是情绪或行为上的理解。如果不经过实际的情绪和行为训练，是不会真正有所改变的。

逻辑上完美而正确的东西很多，实践起来却并不如此美好。可见逻辑的局限性和陷阱，特别是对于解决实际交易方面的问题，逻辑显而易见苍白无力。对于解决情绪和行为领域里的问题，逻辑也一样遭遇困境。我经常听到一些人无奈地抱怨："我知道这样不对，可我就是控制不住。"可见，人们或者交易者的困境，并不在于不知道，而在于知道而不能行。

因此，你必须开始用自己的头脑思考问题，思考自己的问题了。平静下来，深呼吸，静静地把你的触角探及你从来没达到的细微之处。我将在随后的章节为你铺设通向自己内心深处的桥梁。

# 第二节
# 交易流程及规则运用

这个市场是有规律的，把规律总结成为交易规则，严格按照交易规则去做，自然会得到该有的回报。

做应该做的事，而不是做自己想做的事。这对于大多数人来说并不那么容易。我们常常在情绪和习惯的支配下行事，而不是按照正确的方式去做事。所以有人说：人是活在自己的习惯中。习惯带给我们安全感和快乐，而放弃习惯则往往意味着放弃快乐和安全感。

若在日常生活中，似乎无伤大雅。但在交易中，却常常会给你带来意想不到的挫折。我们为什么会这样做，而不是那样做，理由无非两种，一是我们一直都是这么做；二是这样做让我们感到快乐。这似乎有些撒娇似的矫情。可惜这是市场，它既非无情，也非有情，你按照合乎它的性格去做，自然会得到回报；你若按照你自己的性情去做，你能得到的常常是自己不能接受的结果。

我不大可能用你的方式方法让你在这个市场稳定获利。我在序言中提到过，我的思路很简单。**这个市场是有规律的，把规律总结成为交易规则，严格按照交易规则去做，自然会得到该有的回报。**

在交易之初，你得按照固定的交易流程去做。

## 交易的第一步：给市场定性

给市场定性，即认清当前自己要操作的市场实际环境。只有认清了当前的市场环境，才能制订出合理的交易策略。也就是说，给行情定性的目的，首先是为了制订整体交易策略，不犯原则性的错误；其次才涉及到针对交易策略的具体的技术性处理问题。

市场环境无非有以下三种情况：

1. 单边上涨行情。

2. 单边下跌行情。

3. 震荡行情。

这是比较粗放的分类。事实上，我们在交易的时候，还要进一步定性。

1. 单边上涨行情：单边上涨行情会有两种状态，一种是不断创新高的强烈极端行情；一种是上涨行情中的调整或震荡行情。

2. 单边下跌行情：单边下跌行情也会有两种状态，一种是不断破新低的暴跌行情；一种是下跌行情中的反弹或震荡行情。

3. 震荡行情：也可以分为两种状态，一种是大涨之后的顶部震荡行情；一种是大跌之后的底部震荡行情。

给行情定性的目的，是对交易规则进行进一步的取舍优化，达到最大限度的实现利润和风险的适配。

给行情定性相对比较容易一些。我们熟知的形态理论，包括反转形态和持续形态理论，其实都是震荡行情的具体分类。唯一的差别在于，它们是在不同的市场环境里走震荡行情。

给市场定性后，交易思路就更清晰了。若是在明显上涨行情中，便只操作买进规则；若是在明显下跌行情中，便只操作卖空规则；若是在明显震荡行情中，则在压力区间只操作空头规则，支撑区间只操作多头规则。

## 交易的第二步：寻找参照区间作为交易依据

前面我们讲过，日内交易，基本是以前一交易日的交易区间作为参照依据。有时当前价格离前一交易日区间太远，或者其他原因导致很难符合交易规则而产生交易机会时，也可以当日交易某一时段产生的高低点区间作为参照依据。原则问题是，你参照的区间，必须是由某一时段的高低点构成。

寻找某一时段的高低点区间，是一个比较容易的事。比如有的日内交易者，会以开盘前 15 分钟产生的高低点区间作为参照依据。以日内交易产生的高低点区间作为参照依据，无疑增加了交易机会。但交易次数的增加，意味着犯错的机会也在增加。因为时间周期越短，则价格波动的频繁显然会超越人的行为反应能力。人若是处于不断的对行情的判断中，出错的几率会大大增加。所以，寻找更多的交易机会是一把双刃剑。这也是很多人的误区。事实上，交易并不是为了寻找更多交易机会，而是抓住最好的交易机会。我们的贪婪常常让自己忘记了目的，误把交易机会的多少当做了获利的多少。

交易参照依据的选择，往往是根据每个人交易的特点设定的。若你是日内交易者，以前一交易日区间，或者激进一些，也参照当日某时段内的区间。我之所以如此强调日内交易，是因为日内交易可以作为其他波段操作中长线交易的基础。

以日 K 线作为参照依据，可以进一步拓展。价格在时间和价格的坐标上的波动，要么形成一个横向摆动的区间，要么形成一个纵向线性区间。交易者选择的参照区间，大致可以决定其合理的持仓时间。

## 交易的第三步：选择进场的位置和时机

交易进场的位置和时机，以交易规则和所选择的参照区间确定。一般在参照区间的上轨、中轨、下轨处。

## 交易的第四步：出场——止损出场或止盈出场

一般来说，出场的理由应该只有一个，那就是只要持仓的理由消失，则必须出场，并不是因为亏损才出场。交易者在交易中承受合理的浮亏或实际亏损，这是交易必须付出的成本，不代表对错。

总结下来，交易分为四步：行情定性一选择交易依据一确定进场时机一确定出场理由。

# 实例演练

下面我选择实例做纸上演练，进一步说明实际交易流程，以及一些细节的处理问题。

图 3－1　豆粕 1209 合约走势

以豆粕 1209 为例，图 3－1 为豆粕 9 月合约。时间跨度为 2009 年 9 月至 2011 年 12 月，我们先做一个假设：以 2011 年 12 月为当前时间，应该切入交易。

交易的第一步：给行情定性。给行情定性就必须选取至少最近 1～2 年的交易图。之所以不选择更远的，是因为离当前时间越近的价格，才对当前的交易越有影响。随着时间的久远，价格的影响必会淡去。一般来说，1～2 年以内的价格是比较合适的。我们选择两年的交易图形，可以看到，整体来说豆粕形似一个大的震荡区间。最低点出现在 2009 年 9 月 28 日的 2602；随后 2010 年 2 月 2 日出现次低点 2683；2010 年 6 月 9 日出现低点 2693，然后价格开始快速上涨。离当前价格最近的最低点，即2010年6月9日的2693。也就是说2700价格附近，这个最低点，是对当前价格最有影响的最低点，可以定性为支撑位区间。

随后价格在2010年11月10日见高点3588，在高位大幅度震荡，于2011年2月10日见最高点3604。随后下跌。这样，价格在近3600价格处形成高点区间，即上轨压力位。

如果直接从这两年价格的最低点和最高点来确定区间，那么可以确定为价格在2600—3600区间运行。但是就实际交易来说，最高点或最低点都是价格极端行情的产物，因此若要参照交易，需要进一步优化，优化的方法也很简单，根据交易时间来确定。如果时间在某价格区间持续的时间越短，说明该价格区间支撑力度越强。《市场轮廓理论》一书中，对这样的情形有很符合逻辑的描述，该理论的发明者认为，在最低价区间，是长线买入者进场，在最高价区间，是长线卖出者进场。长线买入者或长线卖出者，一般都有很深的现货背景，他们在市场上进行套保或套利交易。而在产生这种极端行情的时候，常常是趋势最强烈的时候，对于技术派来说，显然是不敢贸然逆势操作的。而有现货背景的交易者，深知这个价格与现货的偏离，所以才敢在逆势操作。这很合逻辑，而事实上很多现货背景的交易者也是这么干的。当期货上的价格能够让他们的现货产生暴利或者超出平均利润，意味着机不可失。

通过时间对最高和最低价进行优化，从图中我们可以看到，价格在2700以下，运行的时间极短，在3550以上，运行的时间短。一般而言，可以用一周的时间来优化。即该区间价格运行时间，不得超过一周。当然这不是精确的科学，只是参照意义。

如果用数字规律来确定支撑和压力区间：由于离当前价格最近的最低点在2693，这个价格介于2500—2800之间。离2800近，离2500远。因此可以选择最近的2800作为支撑位。2800的最后一个支撑位在2750。中分位为2650。我们可以把2650—2750界定为支撑区。而最高点3604，这个价格在3500—3800区间，价格上破3550后，按照数字规律，我们可以把3500—3800的中分位3650视为第一压力位，但是这个价格没有到。那么界定压力位时，可以把

3550—3650 视为压力区。事实上，价格在 3550 以上成交的时间极短。仅有 4 个交易日涉及到，但都是稍纵即逝。

这样，我们界定了大的交易区间为（2650—2750）——（3550—3650），那么大的交易策略便是在近 2650—2750 区间，放弃做空，择机做多；在近 3550—3650 放弃做多，择机做空。

行情在上涨到最高点之后，回落到 3100 支撑反弹，3100 是区间中分位。然后又破 3100 下跌，于 2011 年 11 月 24 日见最低价 2749。注意，2749 这个价格，已经进入支撑区间。

那么，给当前的行情定性：当前行情只有两种可能一下跌趋势或大震荡趋势。

如果以下跌趋势看，当前的价格已经进入前期低点的支撑位，不适合继续做空。若要做空，则需等行情反弹至压力位，或者破了当前的最低点。

如果以大震荡趋势看，则进入了下轨支撑，也就是转势区。最好的交易便是择机做多。

通过对当前整体交易环境的定性，我们得出来的结论是：当前行情交易宜观望，平空单，或择机做多。

交易的第二步：选取交易参照区间。

从图 3—2 中可以看到，豆粕 1209 在持续下跌后，最低点见 2749 即开始反弹，反弹高点为 2850 受阻回落，形成一个震荡区间。震荡区间中分位为 2800。这个震荡区间和数字规律之 2800 三分法后惊人巧合。前面我们讲过了，2800 三分法后为：2750—2800—2850。如果这个区间上破 2850，则意味着行情上涨，目标位 3000。如果 2750 下破，则意味着下跌目标为 2500。

交易参照区间 2750—2850。

交易的第三步：选择进场时机。

交易区间划定之后，然后就是针对震荡区间的具体交易行为。对于震荡区间而言，前面我们讲过具体的交易规则：上轨做空，下轨做多；向上突破做多，向下突破做空。

那么根据进场规则，我们可以有如下的交易计划：

（1）做多计划：根据交易规则，在 2750—2850 区间内，有两次

图 3—2 选取交易参考区间

买进机会：近 2750 买一次；近中分位 2800 买一次。若价格突破该区间，再次回落到近 2850 时，可以买一次。也就是说，依据我们选择的交易区间，会有三次买进机会。

（2）做空计划：根据交易规则，在 2750—2850 区间内有一次做空的机会，即在上轨 2850 附近。在跌破区间时，又有一次做空的机会。

交易的第四步：选择出场的位置和时机。

做多计划的出场位置和时机：多单的出场，按照技术性出场规则，是当持有多单的理由消失后，才考虑出场。

目前的交易依据是 2750—2850 区间。若在此区间建立多单，那么，当价格跌破 2750 以下若干点的时候，则意味着向下突破，持多单理由消失，那么多单则应止损平仓出局。若价格运行于震荡区间并不向下突破，那么多单则可持有。也可考虑在上轨 2850 处减仓，保持一定弹性，留一部分仓等待向上突破。

若依据向上突破震荡区间进场做多，则意味着建仓在 2850 附近。那么。若参照交易环境，在突破 2850 之后，基本的操作原则，尽可能选择多头方向交易。如果价格重新跌回到 2750－2850 区间，则意味着突破失败。那么谨慎者可止损或部分减仓。若向下跌破 2750 若干，则必须全部止损。否则持有多单。目标位的测算方法有两种：一种是依据震荡区间测算。参照依据 2750－2850 区间有 100 点幅度，突破之后，一般会上涨 1～3 倍甚至更大幅度。那么意味着价格会上涨 100～300 点，即 2950 或 3150，或者更高。另一种是依据数字规律测算，则价格突破 2850 之后，第一目标位为 3000。综合以上预测规则，那么多单出场的位置大约在 3000 附近。

做空计划的出场位置和时机：同样的道理，若价格向上突破震荡区间，则意味着做空的理由消失，必须止损出局。

若依据 2850 做空，下跌至近 2750 附近时，则可获利平仓一部分或全部。若价格向上突破 2850 若干，则必须全部止损出局。

若依据向下突破震荡区间做空，则意味着行情向下运动该震荡区间幅度至少 1～3 倍，甚至更多的幅度。即 2650 或 2450，甚至更低。若按照数字规律，则下跌目标位为 2500。那么意味着 2500 价格附近为多单止盈的大致位置。

这样按照整个交易流程，无论是选择做多或是做空，整个交易的进退节奏都很清晰明了。需要说明一点的是，若做多的理由消失，则选择做空；若做空的理由消失，必须转换思维做多。当然这是一个很艰难的事。人的头脑里很难同时容纳相反的观点而不影响行为。如果做不到，也不可强求。最重要的是，无论是多头计划或空头计划，我们都在预定的风险较小的位置进场，并在判断错误的时候，及时离场。

假设我们以 100 万资金账户交易该合约，那么，按照 10%的保证金，以 2850 为基准价，一共可持仓 350 手豆粕 1209 合约。不过按照一般的资金管理原则，最多持有 1/3 或 1/2 仓位。即116－175 手持仓。为了计算方便，我们取 150 手合约持仓。

多头计划：可以有三次建仓的机会。当价格在震荡区间中轨 2800 附近时，我们可以建仓一次 50 手，当价格落到中轨以下，近下轨附近时，大约在 2775 附近，可以再建仓一次 50 手。价格突破

2850 时再建仓一次 50 手。三次的均价成本约在 2810 左右。

若价格跌破 2740 以下，止损出局，共计亏损 70 点。

若成功建仓，则第一次平仓位置在 3000—2950 区间。共计盈利 150 点上下。

盈亏比约为 2∶1。这是一种比较保守折中的算法。

各人耐心不一样，细节上的处理也就不同，但可以把持仓风险进一步降低。比如，你只做突破行情，必须价格突破了 2850 以上才去买进，那么，止损可根据每个人的风险好恶进行调整，短线建仓止损在 2844 以下，波段建仓在 2800 以下，一般来说，我会取折中值，大约在 2820 以下止损，盈利仍然在 150 点左右。

如果你不愿意做突破行情，对价格有特殊的要求，那么你只在靠近 2750 附近的时候在去建仓。一般来说，可以取在下轨区间中分位，即取 2750—2800 中分位 2775 左右，进行第一次建仓。这样你的成本会更低一些。

也就是说，依据震荡区间建仓，可以分批进行，不必一次把仓位押在一个价格上。保持一定的弹性和节奏，对交易者来说，是用交易技巧调整个人心理状态的一种方法。

随后，价格在突破 2750—2850 震荡区间后，如预期持续上涨。如图 3—3 所示。

价格在突破区间后，第二天有一个回抽确认，最低至 2853。一般谨慎的交易者，可以在回抽确认时进场，此时的交易环境，出现了变化。突破行情，原则上只找买进机会。最好的买机时机，即靠近 2850 上轨支撑位。此时，无论按照数字规律或是震荡区间突破后一上涨规律，都告诉我们第一目标位在 3000 附近。实际行情在上涨至 2994 即回落。2994 用数字规律界定，即为 3000 在最小级别三分法后：2995—3000—3005。刚好达到 2995 目标位，仅隔一个点。随后价格大幅度回落。而此时按照预期计划目标位，应在 3000 附近平掉部分或全部仓位。

接下来的交易，则是以 2850—3000 作为参照依据。同样重复之前的交易四个流程：

第一步：给行情定性——突破行情，做多为主；

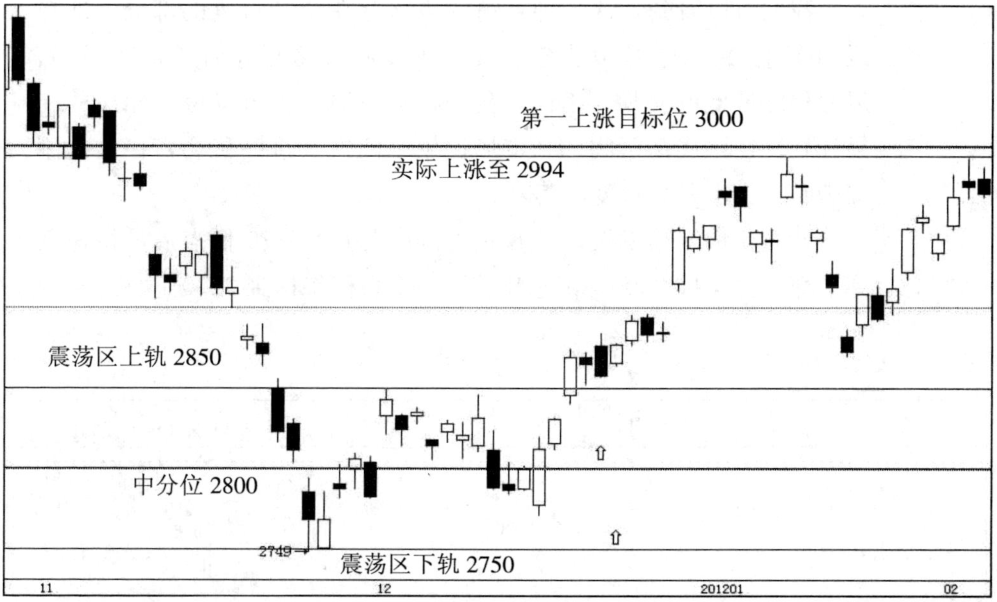


图 3—3　依据规则制订交易策略

第二步：选择交易参照区间——（2850—3000）；

第三步：选择进场位置和时机——近上轨支撑 2850 建仓；

第四步：选择出场位置和时机——近 3000 附近平仓，破 2850 止损。

2850—3000 之间三分法后：2850—2925—3000。

那么接下来的行情，就有三种可能：

1. 行情在 2850—3000 区间震荡。

2. 行情向上突破 2850—3000 区间。

3. 行情重新跌回 2850 以下。

针对这三种可能性，我们可以依据交易规则分别做出三种交易计划：

1. 针对震荡行情：近 2850 做多，近 3000 平仓；近 3000 附近做空，近 2850 平仓。

2. 针对向上突破行情，可在近 2850 做多，突破 3000 后做多。

3. 针对行情重新跌回 2850 以下行情，可在近 3000 做空。

我们可以看到，这三种行情的策略存在交叉重复的部分。即在近2850做多，近3000做空。交叉重复的策略意味着是概率最高、风险程度最低的交易。因此，我们根据策略，也可以得出相应的交易计划。在该震荡区间内，市场提供了两次买进的机会，一次是刚突破时，一次是大幅度回落时。

然后行情继续发展，在跌近2850附近之2870低点后，快速反弹上涨，并突破3000，则意味着下一个目标将达到3200。如图3—4所示。

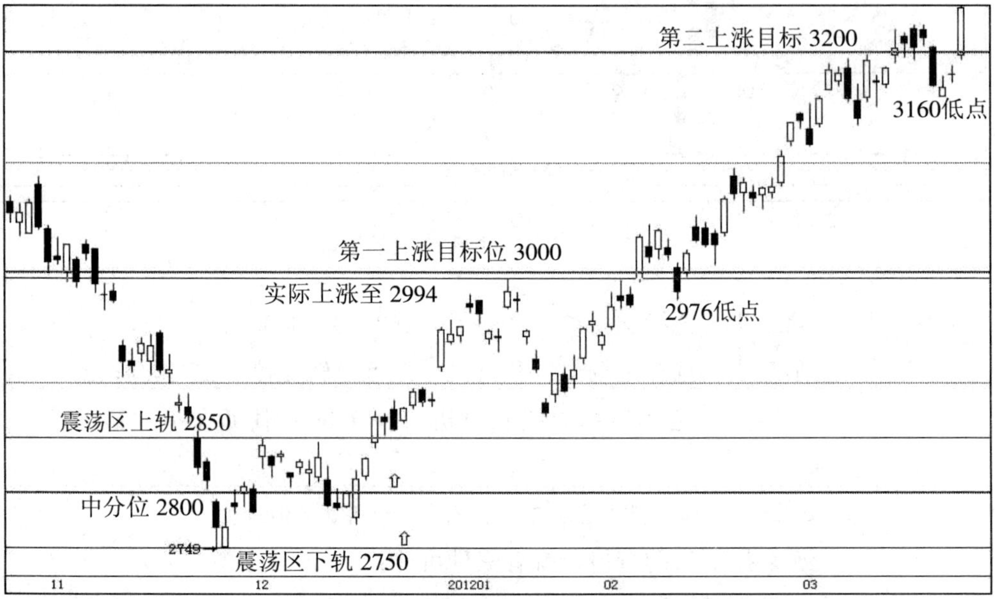


图3—4　依据价格的数字来交易

价格在突破3000之后，有一个回抽确认，重新跌回3000之下，最低见2976。这对于止损来说，处理细节是很考验交易者的问题。这种处理方法一般有两种。

一是只要价格跌破3000以下，一般以2994跌破，即止损。这个止损幅度很小，时有止损后价格重新回升，让交易者左右为难。小止损处理的方法，就是重复进场，即当价格重新再上3000以上时，再次买进。这是需要训练的，并不是知道了方法就能轻易做到的。

二是价格跌破了 2950 以下止损。因为我们参照的是 3000 的支撑位。前面我们讲过，对 3000 三分法后为 2950－3000－3050。即 2950 为 3000 的最后一个支撑位。所以，可以把止损放到该价格以下。当然，这也意味着一旦行情不如预期，则止损相对要大一些。

这两种方法根据个人的性格和喜好选择。

我们可以看到行情在突破 3000，回抽确认后继续上涨。这里我们要注意一下，若价格突破诸如 2000、3000、4000 等诸如此类的整数大关，一般来说价格至少会涨跌 500 点左右或更大的空间。那么这意味着，破 3000 后的目标位，即可能至 3500 左右。

不过从交易的角度来说，我们还是步步为营，下一个目标位为 3200。即如果我们在突破后买进，那么价格到了 3200 处即可减仓或全部平仓。

价格运行到 3200 附近遇阻力回落，没有突破 3250，只到了 3220 附近即回落，回落低点 3160。也就是回落到 3200 以下。同样的止损问题出现了。一是价格跌破了 3150 以下止损，二是跌破了 3194 以下即止损，然后等价格重上 3200 以上时，再进场。止损方法的选择各有利弊，不能两全。

然后价格在突破 3200 之后，迅速拉涨。同样的道理，3200 突破之后，下一个目标位便是 3500。或者以下一个震荡区间 3000－3200 区间幅度 200 点计算，价格会上涨到 3400。如图 3－5 所示。

在突破 3200 之后，价格上涨的预测幅度，根据区间预测为 3400，根据数字规律预测为 3500，3500 三分法后为 3450－3500－3550。从图中可以看到，价格第一次上冲至 3419，完成了区间预测目标；然后回落 3324 附近支撑，形成一个无序的震荡区间；然后突破前一个高点 3419，最高至 3450；完成了数字规律的第一个目标位 3450；又跌回 3419 以下区间，形成假突破，继而价格快速下跌至 3200 外重获支撑，价格反弹。

从操作的角度来说，若价格运行至 3400 附近，即完成了上涨目标，前期持有多单即可择机平仓止盈出局。

价格运行到近 3500 附近的时候，我们对行情重新定性，可以看到，目前的价格区间已相当接近前期的高点区间。如图 3－6 所示。

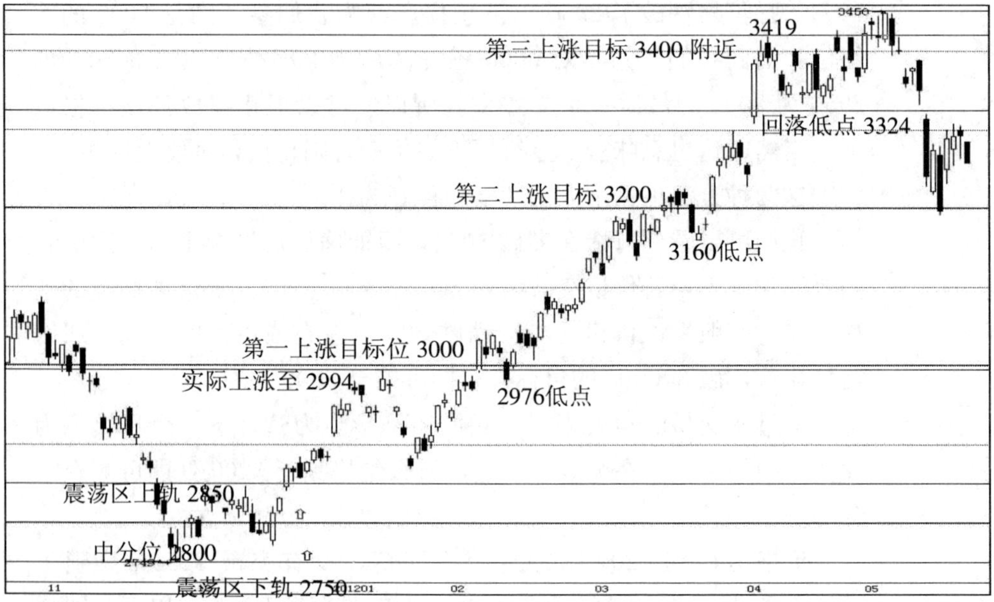


图 3—5　向更高的数字迈进

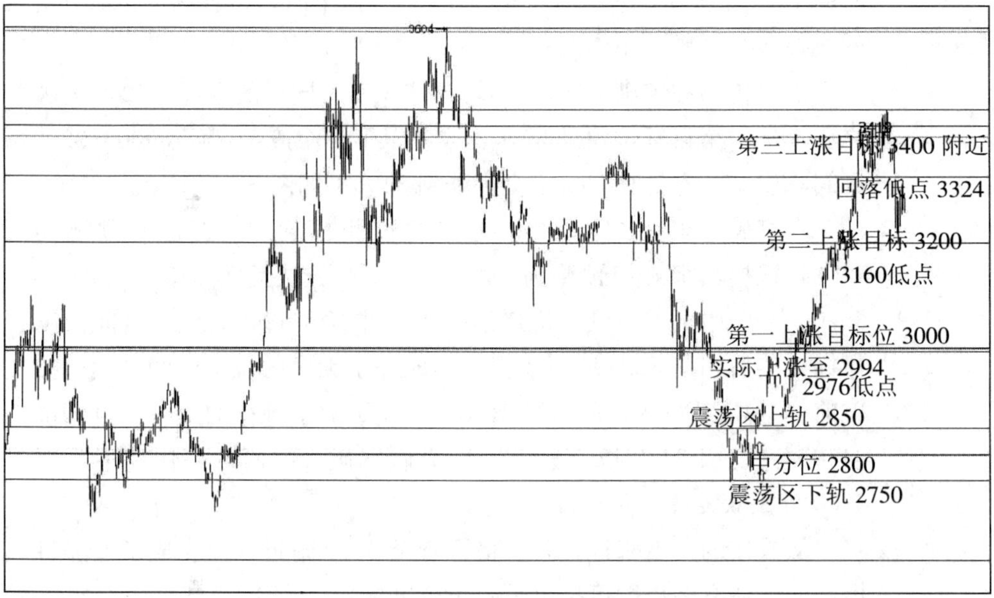


图 3—6　前高附近

前期的高点正是在3500这个价格形成的压力区间受阻，并一直下跌回落。当价格进入或接近此区间时，意味着多头的风险累积，已不在适合在此区间追高建立多单。也就是说，该区间容易成为多头的死地。

当价格运行到3500价格附近的时候，重要的是对交易环境定性。而给行情定性，是交易策略上的整体要求。

交易的第一步：行情依据图形可以定性为大震荡行情或上涨行情。

如果定性为大震荡行情，那么当前价格区间3500附近，即为做空的时机。

如果定性为上涨行情，需要进一步地向上突破前期高点确认。

从交易的角度来说，突破前期高点之后，意味着有很大的上涨空间，及时跟进的机会很多。而一旦是大震荡行情，如果在该区间做多，则意味着买了一个顶部。这显然意味着极大的风险。

从整体策略上说，在近3500附近价格上的属性为空，因此在这里做多是风险很高的操作，不予考虑。除非价格调整到下一个交易区间的支撑位。

如果在这个区间做空，意味着价格一旦突破前期高点，就必须止损。这个止损幅度可以接受。而且一旦止损，意味着可以继续跟进做多。从一般的行情特点来说，前期的高点不容易一下子突破，价格会在这里做长时间的震荡。

因此综合以上的因素，对于当前行情定性后的策略，是在划定的震荡高点可以做空，不能做多。做多只能跌到重要支撑位才可。

这样，行情定性后，策略出来了，就要进行交易的第二步：寻找当前交易的参照区间作为进场依据。

假设当前的行情走到目前状态，如图3—7所示。

从图中可以看到，价格最高涨到3419即回落，最低跌至3324支撑，形成一个小震荡区间。在3324—3419这个区间，我们可以近似地用数字规律划定为3320—3420区间。刚好100点幅度。

这样3320—3420确定为目前的交易参照区间。

交易的第三步：选择进场位置和时机。

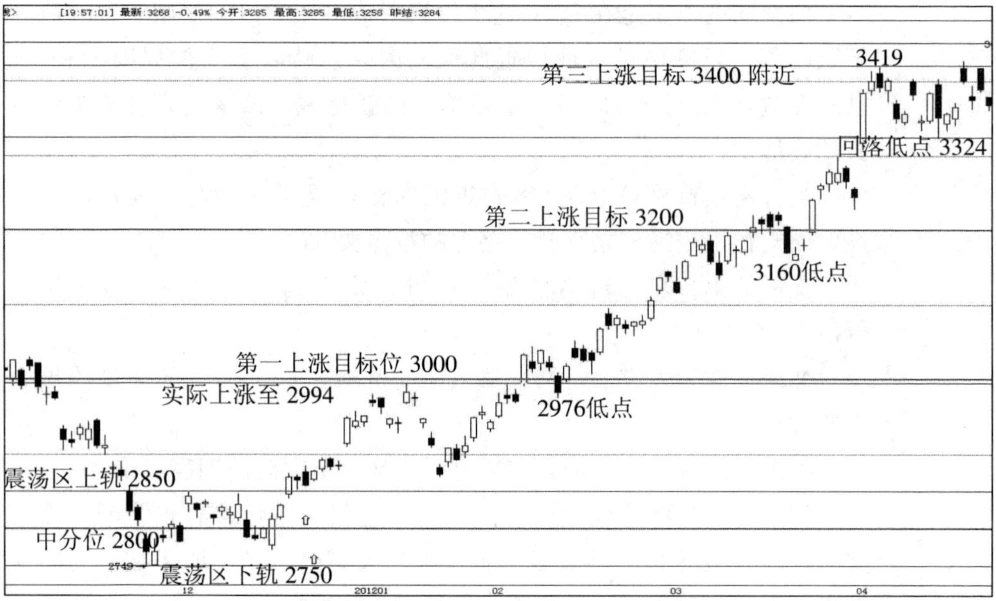


图 3—7　前高附近形成新的价格区间

在这个小震荡区间内，按照交易规则选择做多，即在近 3320 附近。选择做空则在 3420 附近。

交易的第四步：选择出场位置和时机。

若在 3320 处做多，则止损在 3314 或 3294 以下，止盈在 3420 附近，也可留部分持仓待突破行情。

若在 3420 处做空，则止损在 3425 或 3450 以上，止盈在 3320 附近，也可留部分持仓等震荡下跌行情。

止损最麻烦的问题在于止损后行情又恢复到止损以上的价格。这时候意味着你可能观望或者重复进场。一般交易者的反应会是选择观望，止损后的沮丧和迟疑，常常会导致交易者在短期内行动能力丧失。这一关除了反复训练，别无他法。

在随后的行情中，我们可以看到行情大幅回落，最终达到 3200 支撑。如图 3—8 所示。

价格在跌到前一震荡区间之上轨 3200 支撑位，然后反弹，反弹高点见 3308，次高 3305。

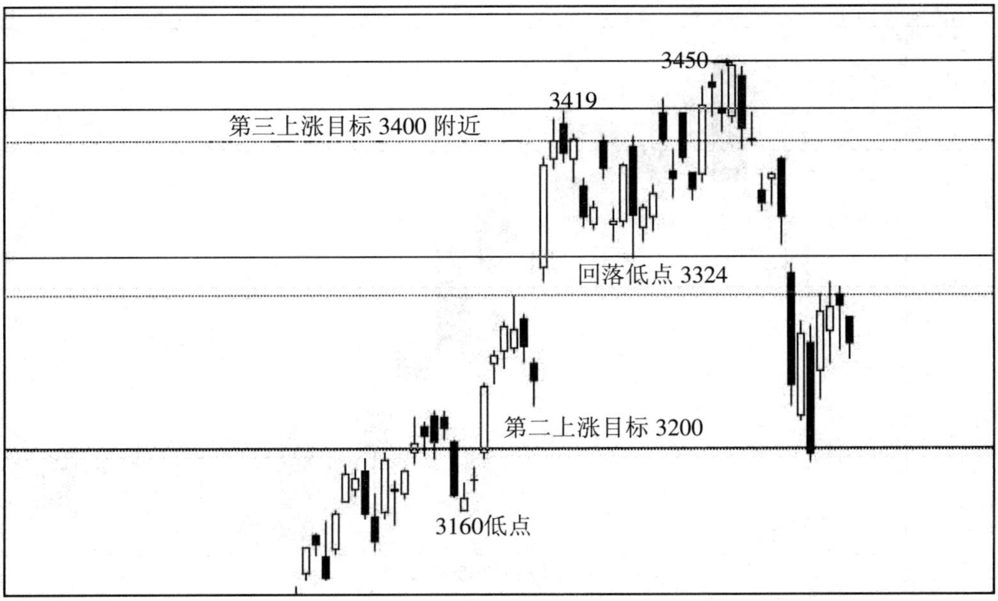


图 3—8　无法突破前高上涨结束

那么在此区间的交易，需要再次对行情定性，确定交易区间，确定进场和出场。这一过程，读者可以自己参照做一次，并对照未来的行情计算交易的盈利和风险。

以上我们针对一段相对完整的行情，运用交易流程和规则，通过首先确定策略，然后确定具体战术的方法，对交易进行了完整的描述。其中过程中具体涉及思维方式和细节处理，需要读者自己用心领悟。所有的领悟，都应来自于训练和实战本身。

应该说，豆粕 1209 是市场出现的一种比较理想的状态。事实是品种不一样，其表现特点也不一样。一些品种的走势，并不总是这样按部就班，因此会出现更多的细节上的处理。而交易上的问题，往往就是因为交易者在细节处理上的失策而导致陷入思维和行动的困境。下面我们再选择天胶的走势，利用交易规则和流程进行分析处理。如图 3—9 所示。

天胶在 2011 年 2 月 9 日创下最高点 42895 之后，即见顶大幅度回落。第一个支撑位在 36500，此价格处下跌停滞，行情震荡反弹。

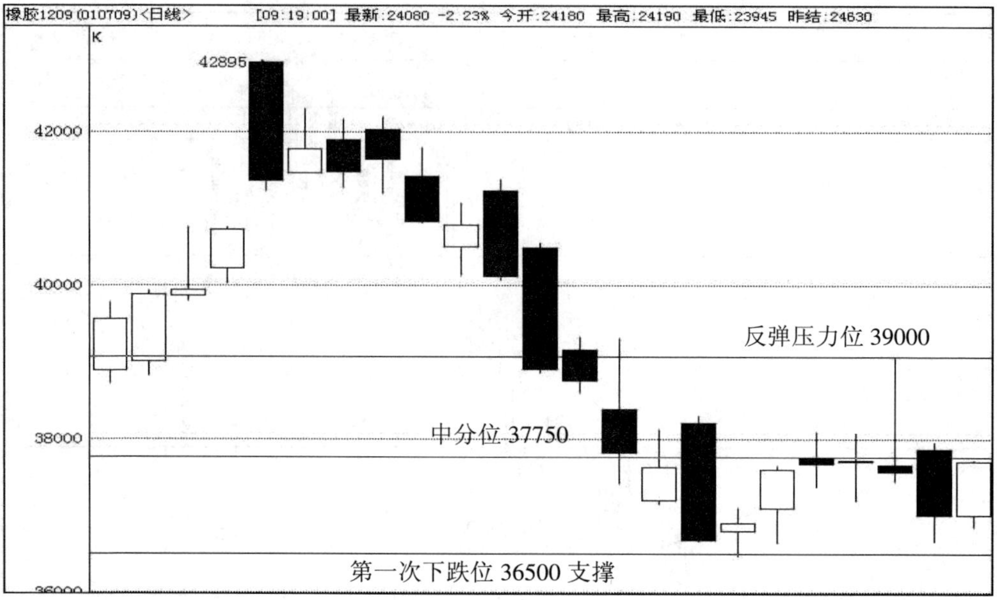


图 3—9　尖顶形态

其中单根长上引线的 K 线，在打出反弹最高点 39000 的同时，也预示了上行压力的强度。

此时对行情进行定性，即交易的第一步。很明显，天胶在暴涨之后，大幅度回落，这个时候必然存在是否见顶的可能。按照我们一般的交易理念，对是否见顶或不见顶，并不做结论性的认定。我们能够认定的，一般只有两种情况，继续上涨，或见顶下跌。这样通过对行情的可能性定性，确定了交易策略：选择一个参照区间，上破做多，下破做空。或者在这个参照区间内，高点做空，低点做多，反向突破止损。

无论是哪种情况，对交易而言，都必须选择一个参照交易区间。

交易的第二步：选择交易的参照区间。

就目前行情本身而言，选择的参照交易区间为 36500—39000。中分位为 37750。但此震荡区间有自身的特殊性，即在震荡中分位以上的成交为单日长上引。这显示上半区间的压力强度。

针对此交易区间，根据交易规则，在 36500 附近做多，近 39000

附近做空。如果跌破 36500，则多单必须止损反手。如此涨破了 39000，也意味着空单止损反手。

随后的行情发展迅猛，价格跌破了 36500。如图 3—10 所示。

图 3—10　快速行情时的一致性策略

在跌破 36500 后，价格快速下跌，最低见 32500 附近支撑，然后迅速反弹。

此时的交易，应该是在跌破 36500 以后，若有多单，则止损反手。若无多单，则可在此新开空单。下跌的幅度计算仍然用区间预测和数字预测。即价格跌前一震荡区间至少一倍的幅度。即 2500 点，或者在跌破 35000 后，预测可跌至 32000 附近。那么下跌目标位 34000 或 32000 附近。也就是说，你持有的空单在这两个位置都可减仓或全部平仓。或许，你没有拿到行情下跌的全部空间。不过这有什么关系呢？没有人能够穷尽市场的涨跌幅度。

同样因为是突破行情了，所以原则上，只做空单不做多单。即价格在跌破 36500 之后，重新定性行情为下跌行情，重新界定交易参照区间为 32500—36500。那么意味着最好的交易在 36500 附近做空。出场位置则在上破 36500 止损。跌至 32500 或中分位 34500 附近时减仓或平仓。

从图中我们可以看到市场第一次给了在 36500 做空的机会。此次做空后，价格随即预期回落，低点至 33630。这个价格附近，按照我们交易出场规则，这里应该至少平掉一部分空单。然后价格又迅速反弹，突破 36500，那么这意味着必须止损。

止损后，面临的选择选择有三个：一是跟进做多；二是继续在上一交易区间的中分位 37750 做空，或者在 39000 附近做空；三是等价格再次跌破 36500 时做空。

上破 36500 后，跟进做多的止损位 36500 以下。即如果价格下破 36500 以下若干点，则止损。

重新以上一区间为参照做空，第一位置在 37750 左右，第二位置在 39000 左右。若选择第一位置 37750 做空，那么止损则在 38000 以上。止损后，做空目标上移至 39000。

若等价格再次跌破 36500 做空，止损则在 36500 以上若干点。

不过行情很诡异。在上突破 36500 后，价格最高上冲至 38000 附近的 37985，即迅速回落，弄破一个长上引的倒锤线。这个价格比较接近中分位 37750。按照我们以前讲的交易规则，前期区间的中分位是第一压力位，然后才是前期区间的上轨为第二压力位。从交易策略来讲，也可以折中一下，即在 37750 附近轻仓空，若价格再上 39000 附近加仓。突破 39000 则全部止损。

那么做空之后，止盈的目标位仍然在 34500 和 32500 这两个位置，若价格下破 32500，意味着突破，则继续对行情定性，以 32500 为依据进场做空并止损。

以上讲述的交易策略及规则，是一种不带任何观点，根据盘面本身的实际情况，对行情进行逐步跟踪操作的方法。

这种方法的好处在于思路清晰，不会产生偏执想法，步步为营，稳扎稳打。坏处在于需要大量的训练才能完成。但是想一想，做好哪一样事情不需要时间来进行大量的训练呢？除非什么都不做！

# 第三节
# 交易者的成长历程

事情常常就这样诡异，即使你每天看到并接触，自以为熟悉的东西，却并不能真实地了解。

## 没有无师自通的交易天才

我不能确定这个市场到底有没有无师自通的交易天才，但我熟知而确定的事情是：经历、体验、学习、反思、训练才能使人成长。我们出生时四肢柔软，不会走路，不会说话，最终能够行走，学会用语言表达自己的好恶和感受，既是成长过程，也是学习过程。我们成年后能够熟练运用的每一样技能都是学习和训练的结果，无论你是开车、骑车、打字、编织、弹琴和搏击，哪一样儿不是经过大量重复的动作或训练呢？

我想说的是，经历才能让人真正成熟。我们熟知的道理不少，那些道理无疑都是正确的，而在我们未有足够的生活经历的时候，总是觉得空泛教条，即使从语言文字上我们接受它的说法，但事实上我们的行为并不能做到或者并没有真切的内心感触。

你是否有听到一首歌而潸然泪下，是否有看到一句话而怦然心动。是什么突然触及到我们内心深处的东西？

唯有曾经的经历和体验。

## 一段最初的经历

我最早接触期货是在 2003 年，第一次交易是在 2003 年 5 月，我下的第一单只是为了尝试交易，没有任何规则和技术可言。但是很不幸，第一单我就亏损出局，这让我很沮丧。市场第一次给我的并不是馈赠，而是打击。我曾经问我的期货启蒙老师，他说这没有办法，只有经历多了，你才会变得成熟。

我有计划地交易，是在 2003 年操作过大豆的行情。那时候我搜集了大量的市场信息，对供求关系深信不移，也对自己分析能力自信到傲慢。我知道那一年东北大豆受灾害严重，减产近 15%，而那一年产能扩张的非常厉害。从供求关系的角度来说，是需求增加，而供应减少。显而易见，这是一个必然要涨的行情。为了确认这一点，我甚至走访了一些做大豆生意的商人，得出来的结论也支持上涨。这太让我兴奋了。我觉得自己发现了一个了不起的秘密。于是我在 2450 这个价格附近开始建仓多单。时间是 2003 年 6 月下旬。如图 3—11 所示 2003 年大豆行情走势。

图 3—11　2003 年的大豆行情走势

从图 3—12 中我们可以看到大豆一直以来的慢牛兼震荡行情，整体均线形态向上。不过当时我对技术基本是敬而远之，我认为价

图 3－12　慢牛加震荡行情

格背后的供求因素才是价格上涨的源动力，而且是未经开发的原始因素，是最有价值的。如果把这些分析清楚，就可以一劳永逸了。

我当时困惑的只是不能用数学方程把供求关系线性分析，计算出最终供求缺口对应的最终价格是多少。于是我在 2003 年 6 月那个炎热的夏季，在一字投资信息公司交易大厅的电脑上开始买进。当时大约在 2450 这个价格左右震荡。我进场的均价，就是这个价格。我犯的第一个错误，是满仓买进。过分的自信让我根本没有考虑一旦出现意外该如何处理。

现在回想起当初，甚至觉得我在刻意回避面对失败，或者说对失败的恐惧让我根本不敢去考虑意外后果。在熬过几天微利或微亏之后，有一天价格突然暴跌，跌破了那个小震荡平台。我至今记得我当时坐在电脑前，痴痴地看着电脑显示屏，几乎不敢相信眼前发生的事实。我完全失去了行为能力，看着账户亏损扩大。

随后的几天，价格继续震荡下挫。我收到了公司追加保证金的通知。不得已我平去一些仓位。那些天的夜晚，我常常在梦中惊醒，大汗淋漓，甚至好几次梦见自己在高考的考场。价格似乎止跌了，我每天盯着电脑上行情分时图的细微波动。我完全失去了判断能力，我所有的精力都在于祈祷行情能够上涨一些，让我可以补回一些损失。那些日子真是度日如年，我觉得我经历了人生有史以来的巨大灾难。即使当年最初求爱失败的痛苦也不能与之相提并论。最后在一次行情突然下挫的恐惧中，我精神崩溃，我太急于摆脱这种痛苦的煎熬了。几乎在最低价位置砍掉了所有的仓位。此时我的损失已经达到了40%。但那一刻我还是如释重负地轻松了。

而在随后的几天，行情并没有继续下挫，而是小幅震荡。我忍不住又进去做了些短线，毫无技术可言，蝇头小利和小亏都斤斤计较，如惊弓之鸟。短线交易在昂贵的手续费下，又使账户丧失了一些权益。

这时候我完全忘记了自己当初做这笔交易前对大豆的分析思考，我不去思考可能是因为我不能面对自己犯下的这个愚蠢的错误。甚至开始相信这个市场有某种玄机深不可测。但不久，到8月的时候，价格竟然涨到了2500以上，这个价格比我当时建仓的价格还要高出50点以上。你能体会我当时的心情吗？悔恨、自责、愤怒，但是这完全没用。

行情在8月份，也就是在前期高点附近开始了震荡。而这时，我又听到了一个消息，市场大豆短缺，国储拍卖陈豆。这显然印证了我最初对大豆的判断。但这明显在当时是一个利空的消息，至少我是这么认为的。于是我做了第二件糊涂事，在这个平台开始建立空单。我建立空单的理由只有一个，国储抛豆利空。9月中旬，行情跳空高开。我在接近2700的时候，再次砍仓止损。总计起来，这两次交易损失了全部资金的80%。

我一位可爱的女同事拿着打工积攒的血汗钱，在2700空了一手进去，最终扛到爆仓出来。而我另外朋友的情况则更可悲，他遇到了2003年硬麦0309的行情，其后的行情诡异，令人瞠目结舌。看看下面这幅图（图3—13）。

硬麦事件，大家可以在网上查到具体的资料，作为亲历者，我对当时的情形记忆犹新。我的朋友曾有过做股票的经历，硬麦在跌

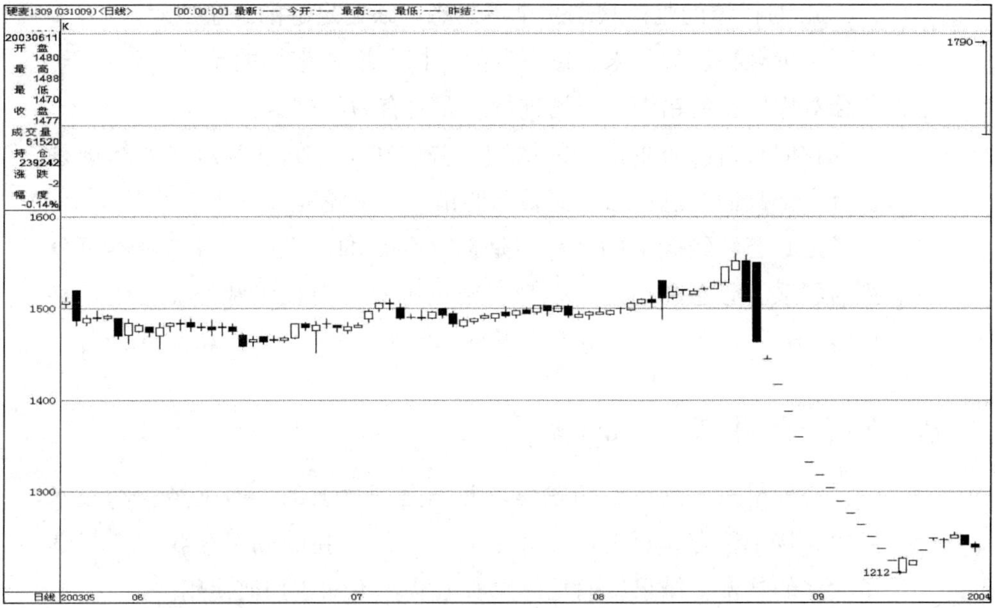


图 3—13　硬麦 0309 合约走势

到第七个停板时，他觉得差不多要跌到底了，便壮起胆儿在停板价买进了硬麦。但是没想到，还有 8 个跌停板等着他。在协议平仓的时候，他才得以脱身出来，再也没在期货市场上出现过。

一年的交易经历，让我痛定思痛。大约有半年的时间我没有再交易。开始思考自己和别人犯下的错误。应该说我最初关于基本面的分析是完美的，但这并不意味着我准备好了交易。我对期货市场认识的浅薄，使得我根本没有考虑到实际行情波动的复杂性，也没有做好足够的心理承受准备。

只有经历和实际体验才能让我们真正成熟，任何说教都只是隔靴搔痒。我最初得出来的经验教训，让我意识到自己至少存在以下几方面的问题：

1. **不懂技术分析，缺乏实际交易中进场和出场的把握。**

2. **不懂如何处理消息对市场的影响。**

3. **不懂如何处理市场实际情况与自己的分析判断相悖时的困境。**

4. **在交易失败时，完全失去行为能力，受制于情绪而失去节奏。**

**5. 对行情的整体状态完全不熟悉，缺乏足够的经验应对。**

年少轻狂说的是未经世事者的莽撞，期货市场的特殊性就在于，它会对你所犯的错误，当场进行急促而有力的打击。

我们对自己所犯错误的认知，首先在于我们评判对错的标准是否有利于我们改进自己。交易上的错误，无论是理念上还是技术上，或者是心态和经验上的，都不是孤立存在的，它们本身又着不可分割的联系。心态和理念，本身有密不可分，而技术和经验，则近乎一体。

## 成功缘于每天画走势图

我最早意识到自己的缺陷，并不是理念上的，而是经验和技术上的。技术很容易获得，却并不容易熟练。我的勤奋让我一下子学了太多的技术，结果反而觉得无所适从，不知道如何使用。

于是我又反思，觉得自己最大的问题可能是对行情缺乏足够的熟悉，缺乏足够的交易经验，不能产生交易灵感，抓不住最好的交易时机。而如何在最短的时间获得最多的经验，并没有人能够指点迷津。无奈和苦闷让我沮丧，不想见任何人，甚至不想出现在光天化日下。在孤寂中，我无意间做了一件当时觉得无聊至极，后来却意想不到的事。

我找出大豆的日分时走势图，开始每天画日分时走势图，画历史 K 线图。随着交易日的增加，我画的越来越多，越来越熟练。以前要花十几分钟才能画完一张分时图，而熟练后不到一分钟即可完成。

我画图使用的是坐标纸，力求精确。坚持了大约两个月时间。有一天，我突然发现了技术的秘密。或者说直接发现了价格的运行规律。

这得益于我把所有的日分时图放在同一坐标系下画。我发现了相邻两个交易日的价格走势的相关性。这让我惊喜到不敢确认事情是如此简单。而事实上，这种相关性，在 K 线图上只要用心是可以观察出来的。只不过由于 K 线抽象的表达，掩盖了细节上的关联。

而当我再回顾曾经学过的技术，已经见山不是山了。

**事情常常就这样诡异，即使你每天看到并接触，自以为熟悉的东西，却并不能真实地了解。**初学者的障碍，常常在于此。若不亲自动手去做，常常发现不了显而易见的东西。

# 第四章 策略与计划

**核心思想：**

生活在17世纪的武士宫本武藏因其高超的剑术及兵法《五轮书》传世，被后人誉为可与比他早1500年的孙武齐名。不同的是，宫本武藏讲的是个人战胜对手的技巧，孙武讲的是军队战胜对手的技巧。相同的是他们都从不同的角度来论述如何化害为利的策略。

其实宫本武藏的策略很简单，他力求让自己做到专注一物，专注一心。

根据宫本武藏的著作记载，他一生与人决斗60余次，其中不乏名满天下的剑客，以及数场以寡击众的惊险决斗，期间从未出现败绩。

宫本武藏在21岁时，为了扬名来到京都，准备挑战京都名门吉冈道场。首次登门踢馆时，掌门人却不在，于是在击败了几个剑术不凡的吉冈弟子后，对掌门人吉冈清十郎下了决斗挑战书。过不多久宫本武藏与吉冈清十郎在莲台野葬场举行决斗，不过很意外，宫本武藏只一刀便打败了吉冈清十郎，砍断了他的右手。受重伤之后的吉冈清十郎从此落发为僧，不问世事。

之后吉冈道场的门人为了雪耻，不再以一般剑客的规矩公平决斗，而是邀约了上百名剑客，策划以人海战术围剿宫本武藏。宫本武藏知情后并不逃跑，而是爽快地答应了挑战。他选择在京都郊外的一乘寺松下决斗。决斗当天，双方如期赴约。宫本武藏引吉冈一群人到稻田里，田里满是泥泞。所有的人只能站在狭窄的田埂上决斗。因为田埂很窄，一次只能一个人上去田埂面对宫本武藏，其余的人不可能站在泥田里围攻他，因为又湿又滑，站都站不稳。而宫本武藏又不断地移动，因为如果他站在同一个地方，最后一定会被对手包围。所以他不断前后移动，不管到何处，只能有一个人上来跟他比武。因此对他来讲永远只面对一个敌人。

这次决斗，宫本武藏凭一己之力击败了上百名剑客，享誉关西240年的吉冈道场就此没落。宫本武藏经常应对这种以寡击众的场面，他讲过一句名言："不管面对再多的敌人，我这一刀挥下，就只对付这一个人而已。下一刹那再思考对付另一个人。对我来讲，永远只面对一个敌人。"

这个几百年前的兵法家，把杀人的策略运用到如此极致，实在无出其右。宫本武藏的策略其实很简单，他力求让自己做到专注一物，专注一心。而人们做事常常为枝节所困扰，无法专注一物一心。策略和计划的目的，就是为了用理性约束交易者游移不定的思想和虚妄之心。

# 第一节
# 交易思想之辩

我们学习市场交易技术，是为了能够更好地把握市场，结果却常常受制技术本身的概念，而忘记了市场本身的真实表现。

人们的思想与行为并不一定存在对应关系。这一点在交易上尤其表现明显。甚至人们并不能清楚地知道自己对某事物的看法，虽然他们确实存在某种看法。所以我们并不总是清醒地活着。谁能够不厌其烦地观照自己的内心，此时此刻在想什么，那一念因何而生，因何而灭呢?

交易者常常被逼着思考自己对市场的观念，行为和目的性增强后，这是必然的过程。交易领域流传的对市场的正确理念并不难获得。交易者的困境在于，这些都只是别人总结出来的结论，并非自己亲自证悟。即使从逻辑上自己能够明白，能够接受，但是未必真的就能落实到行为上。

交易者普遍认可的交易理念：顺势而为。这一点我确信不会有人反对。市场之势虽然为全体交易者在市场行为中的集中体现，但就个体交易者来说，是不以交易者意志为转移的。交易者常常被眼前的枝节或者某种技术所困扰，或者企图抓住市场的先机，成为先知先觉者，因而对市场的实际表现视而不见。

## 亚当理论

曾经有一美国人写了一本期货方面的专著《亚当理论》，看过的人应该不少。这本书在技术方面的见解倒没什么可圈点之处，只是它提出一理念，有助于我们走出迷局。《亚当理论》开篇不久，便讲述了这样一个小故事：

从前，有个叫市场乐园的迷人的地方，人们从早到晚玩一种叫做市场游戏，这个游戏是这样的：每天它都会上涨或下跌，玩游戏的人去赌结果。这是一场很简单的游戏。

但这也有复杂的地方，主要是因为市场乐园里玩游戏的每一个人，对于市场走向都有自己的意见。而且他们不只是有意见而已。玩游戏的人还弄出了一大堆系统、方法、证据和分析，用来证明自己的意见是对的。它们有所谓的达克底尔数列、普东提夫波浪、詹东直线和齐格达和声；它们有欧伯特和卡尼恩与老师傅流传下来的锦囊妙计；它们还有所谓的存货、盈余、货币流量、星象图以及四度空间的利器等所多叫人叹为观止的法宝。不过问题出在有时他们用自己的方法研判市场会往某个方向走，而事实上，市场的走势却恰恰相反，这种事情从来不会叫身处其中的每一个人清醒，他们会花很长的时间，讨论和与市场会有这种“违背常理的”走法。但是他们通常会同意，这只是市场的暂时脱轨现象，他们所用的方法，所做的分析，完好如昔。

一天下午，有个叫“求是”先生的玩家碰到一件怪事，从此之后，他整个人都变了。

求是先生曾经花了很多时间，深入研究所谓的阿哲霍夫数字，而且成为市场乐园中这方面公认的行家，现在阿哲霍夫数字显示，市场非涨不可，所以，求是先生买进了不少股票，建立了不少的多头头寸。

不幸得很，这位求是先生买入后不久市场就开始下跌。这件事情并没有叫求是先生太过忧虑，因为他很笃定相信市场终究会上涨。然而市场却不理他那一套（正是造化弄人），一跌再跌又跌。求是先生十分焦虑和消极（这种事情不难理解，因为我们都经历过这种时候）。但是他还是认为事情很快就会好转，市场很快就会反转，走它应该走的路。

既然所有的神话故事都有小孩子，这里也不例外。我们发现求是先生居然有一个叫做“眼前”的 5 岁的漂亮女儿。正当他为自己悲惨的命运仰天长叹时，“眼前”走了进来。她发现气氛有点儿不对劲儿，开口就问到底发生了什么事情。

“哦，没什么，小宝贝，这种事情你不会懂的。简单地说，市场本该上涨，结果没有。”

“爸爸，这就是你说的市场吗？是不是屏幕上这根线?”

“对。”

小“眼前”走过来，专注地看着银幕上那条歪来歪去的线。过了一阵子，她说：“喂，爸爸，我根本不知道市场是什么，但从这根线来看，似乎只跌不涨啊?”

“小宝贝儿，这就是你不懂的地方，你看，阿哲霍夫数字说，市场铁定要涨到这里。”

“我知道，爸爸，但现在看起来就是往下走嘛!”

“宝贝儿，不止这样，连墨林沙频率都一口咬定，市场非涨到这里不可。”

“我知道，但现在看起来就是往下走嘛!”

“你不懂，宝贝儿，当阿哲霍夫数字和墨林沙频率吻合时，市场就非得往那个方向走不可。”

小“眼前”一脸糊涂，她又走过去，仔细看着屏幕。

“你说的东西，我全不懂，爸爸，我也不了解市场。但现在看起来就是往下走嘛。你看，不是吗?”

求是先生一时语塞，眼睁睁地看着女儿：“‘眼前’，你再说一遍好吗?”

“爸爸，就是现在，市场看起来就是往下走。我说错了吗?”

就在这时，某种灵感迅速闪入求是先生脑中。那些年来苦研阿哲霍夫数字和墨林沙频率，以及其他种种都历历浮现眼前。他看了看女儿，拿起电话来把所有的多头仓平掉。而且，不止如此，他还大肆放空。

现在，求是先生已经不是以前的求是先生了，以前的他，一有时间就钻研阿哲霍夫数字和墨林沙频率，还有其他理论。现在，一有时间他就去打高尔夫，而且腾出很多时间跟家人共享天伦。朋友们都认为他变得很奇怪，因为他不再对那些与市场有关的迷人系统、方法、统计数字感兴趣。但是求是先生一点儿都不在乎，因为他正大赚其钱，而且钱多得不像话。

很显然，求是先生在深入研究技术分析后，反而被技术本身所困扰，忽略了市场正在发生的事情。而他的女儿，名叫“眼前”的小姑娘，脑子里则干净得多，这是不是一种所谓心无杂念的境界呢？她只是说出了市场正在发生的事情。所以，老子说：“大直若曲，大巧若拙，大辩若讷。”事物往往因精致而狭隘脆弱，因古朴而源远流长。

我有时很奇怪能从《亚当理论》中看到道家的思想，不知道这本书的作者是否读过《道德经》，不过一个不争的事实是，我们自己的教育常常对传统文化妄自菲薄。而西方人则更务实一些。

总之，尊重眼前正在发生的事实，而不是被自己的臆想或执著困扰。所谓活在当下，这是交易者需要的境界。

亚当理论与道家的思想是相通的。如同人与自然的关系。人既然是自然的产物，那么人只能顺应自然的规律。人定胜天是人类无知而狂妄的叫嚣。人类只能在非常有限的环境里“战胜”自然。其实所谓战胜，只是人们局限于时间框架下的误解，某种程度上人类对自然环境的影响，只是因为合理地利用了自然规律。而每一次的违反规律都在未来的时间里受到自然的惩罚。

市场之于交易者，可以理解为交易者意志的集中反映。人既是参与者，又是独立的个体。虽非自然客观之物，却也是具备自己特有的规律。而交易者的目的是为了在市场获取差价利润，如何看市场显然是直接影响行为的重要因素。

关于顺势而为的交易理念，首要的问题是“势”是否可以预测。势既为客观存在，不以个人意志为转移之物，交易者对“势”的预测的首要问题：是否存在可以预测行情之术。业内流传着一些神秘的预测之术，或取于江恩，或取于波浪理论，或取于古老的易经八卦，或取于神秘的术数甚至奇门遁甲。正如那位最初的求是先生。

## 测不准原理

中国历来不乏神机妙算、洞察天机的神人传说，但又有说辞：天机不可泄露。既然天机不可泄露，那么可预测之术便等同于无。我本人不相信有神奇的预测之术，而更相信物理学上的测不准原理。如果这个市场真的有准确预测市场的技术，那么只会出现两种情况，一是这个市场因此而死掉，二是这个市场发生变异，从而使这个预测技术失效。

预测或者不预测，实际上是交易者对市场的态度和看法。但实际上交易者所有的交易，都是基于某种程度的预测。有谁会以完全中性的态度，掷硬币的方式去交易呢？即使是掷硬币，也有概率上的预测，正反各占一半。

预测者是根据自己对市场的分析结论进行交易。其缺点在于容易忽略市场行情的实际表现，对自己的分析结果产生偏执。一旦行情跟他们的分析判断完全相悖的时候，由于其交易的基础不是策略应对，而是基于自己的预测，因此往往会死扛，直到因资金不足或合约到期被迫出场，或者意志崩溃而砍仓出局。他们常常死于资金和时间不足或不能坚持到底。也有最终能够坚持到底而暴赚一把的。

预测者的困境，常常在于他们是在有限的时间和有限的资本上交易。他们通常有足够的耐性，只是缺乏策略上的节奏控制和灵活。而与耐性相随的常常就是人的偏执心。这确实令交易者困惑甚至绝望。因为耐性对交易者来说，是稀缺资源。

而不预测者的基本理念，在于跟随行情。或者说跟随实际行情给出的信号进行交易，而没有事前的主观臆测。不预测者的困境在于其交易信号的多变，需要交易者做多次的判断，这导致交易上难以真正建立起信念，同时要真正做到跟随市场，则又需要大量的市场经验和训练。而这恰恰是最难做到的。另一方面，交易者需要控制自己的脑子不产生主观臆测的判断。这也是很难做到的。也就是说，所谓不预测者，只是一种理论上逻辑上的完美，真正能做到的，实在少之又少。

历史和经验常常告诫我们，逻辑上很完美，很有道理的东西，常常不堪一击，或者在现实的实践中变得艰难甚至荒唐。根本原因在于我们是受制于肉体的人，有思想，有情绪，有欲望，并非设计好的机械或程序。也就是说，我们作为人本身的局限性，导致并不能如实地执行逻辑完美的构思。不确定性，是人类最大的特点。佛家说人每一秒种都会有无数念头生灭，这导致理论总是如此苍白。

预测论者和不预测论者，都有其难以逾越的障碍。前者困于执著，后者困于执行能力。

事实上所谓不预测论者，其实不过是一种不严密的表达方式。我们任何行为，都是基于某种程度的预测，只不过很多时候你没有细致思考，或者意识到这其中所包含的预测。求是先生以前所犯一个重要错误，是他预测的依据问题。他的预测依据是一些技术指标，并非市场行情本身的表现。也就是说，当技术指标产生后，他的专注力并不在市场本身，而在于这些指标，这样导致他远离了市场的本源。或许在指标最早产生时，是有比较好的效果，但是，我们都知道这个市场的特性，它绝对不是一个可以用精密的逻辑运算的市场，一套技术指标在被大量使用后，正如抗生素的滥用，必然会使市场产生免疫力。而人们却很难一下子醒悟市场已经变异。

我记得法国炮兵史上的一个故事，一个法国将军去检阅炮兵，看到火炮前面始终站立一个士兵，而这个士兵对火炮操作并无用处，问下层军官，无一人能答。后查找资料，原来早期火炮是用马拉的，火炮前站着的人是拉着马缰绳，不让马乱动的。后来有了自行火炮，不再用马拉炮了，但这个编制一直没有取消。所以大炮前一直站立一个人，听着大炮震耳欲聋的声音。

这个故事告诉我们，规则都是基于特定的环境设定的，失去了环境支持，规则便失去了意义或重要性。我们的交易技术，大都是针对某一特定的市场环境才有使用价值，甚至大多数情况下，技术反而是陷阱。所以，我们必须回到事物的本源，或者在最接近本源的地方来研究市场。尊重实际情况，尊重当前正在发生的事情，这个规则怎么强调都不过分。

事实上市场只是不可精确预测。我们都知道，物理学上有测不准原理，这源于人类进入到更深层次的微观世界。根据海森堡提出的不确定原理可知，一个运动粒子在某一时刻的位置与动量，是不能同时准确给出的。当我们对粒子的位置进行一次精确测量，会影响到粒子动量的精确测量，而且如果我们把粒子的位置测量的越精确，那么它的动量测量就会变得越不精确；反之亦然，如果我们把粒子的动量测量的越精确，那么它的位置测量就会变得越不精确。如果有人想试图打破这种固有的不确定性，似乎是徒劳的，不管你的观测仪器设计的再怎么精密，这种不确定关系仍然可以显现出来，不确定性的存在与观测系统的精密度无关，它的存在对于观测者来说不可避免。

量子世界固有的不确定性，不允许我们以经典的方式去描述它，我们只能选用几率这样的描述方式，而不是别的描述方式，这种描述方式对我们而言是正确的，也是唯一的。这是一个奇怪的现象，量子世界里的物质特性，更像我们在期货市场上的感受。市场参与者们的思想意识通过行为反映市场的时候，奇怪地与量子世界更接近。你是不是很失望，当意识到这个市场根本不可能存在预测大师的时候，对于需要偶像来让人们跟随或效仿的人来说，无异是一个打击。

但这是不是意味我们在市场面前无能为力，无所作为呢？并非如此。其实我们本身就活在一种经验性的模糊预测中，离开了预测，是不可思议的事情。比如，我们晚上睡觉的时候，肯定能预测一觉天亮，你绝对不会杞人忧天到怀疑明天早晨可能不会存在。我们只是要在观念上改变一下，这个市场只是不可精确预测，但却是可以模糊预测的。模糊预测落实到交易行为上，就涉及到交易者的自我控制，或者说在度上的把握。

事实上期货上的技术测量工具，自产生之日起就带上了自身的局限性。它毕竟只是某个人通过某种方式表达自己的观点而已。正如文字自产生之日起，也带上了自身的局限性，中国的汉字常常体现着古人对事物的认知。而当技术或测量工具繁多的时候，人们最容易犯的错误就来了，即迷失于技术或概念中，而忘记了事物的本源。就如同我们都知道，我们做的任何一件事情，都是基于认为能得到快乐或满足，如果认为一件事不能给我们带来快乐，显然我们是不愿去做的。而可笑的是我们却在追求快乐的过程中，失去了快乐。

**我们学习市场交易技术，是为了能够更好地把握市场，结果却常常受制技术本身的概念，而忘记了市场本身的真实表现。**这是一个很奇怪的现象，但它却是常常发生的。

# 第二节

## 策略框架下的交易计划制订实例

从历史趋势中很容易确定行情所处的位置，但事实上在实际交易中，要确定行情所处的位置并不那么容易。

交易策略，是针对不确定的市场行情，对交易规则进行优化组合，资金进行合理分配，降低和控制风险，达到预期盈利目标的方法。

一个好的交易策略，必须具备连续性、完整性和适应性，在市场与预期相悖的情况下，能够全身而退，仍然保持与市场的节奏。

交易策略的连续性，是指一个计划失败后，即有第二套计划备用，以保证交易的连续性。而不是一个计划失败后，再也无所作为。

交易策略的完整性，是指交易过程中涉及到的所有细节都经过了预先的计划，而不是仓促决定。如开仓方向、价格区间、仓位分配、止损位、止盈位等。

交易策略的适应性，是指策略必须遵循交易规则，以交易规则为核心，而不是脱离市场的主观臆断或执著。

交易策略根据预测和有限预测的倾向，可分为两类：

第一种：以有限预测为理念，以交易规则为核心，保持一定节奏始终跟随市场。

第二种：以预测结果为交易目标，在控制风险的前提下，固守目标，直到达成。事实上，市场有很大部分交易者，占有天时地利，他们对现货的了解程度很高，具备很高的预测能力。

两种策略的不同之处，是前者保持了相当的弹性和节奏，通过应变跟随市场，对交易者的行为能力要求较高。后者则放弃了灵活，抱朴守拙，以耐心把握一切，对交易者的心理控制力要求较高。

两种策略的相同之处，在于都重视风险控制，入市都依据交易规则。

交易者入市的时机，无非是以下几种情况：

**一是行情底部形成的时候。**

**二是行情上涨趋势的中途。**

**三是行情顶部形成的时候。**

**四是行情下跌趋势的中途。**

**从历史趋势中很容易确定行情所处的位置，但事实上在实际交易中，要确定行情所处的位置并不那么容易。**比如，看起来是下跌中途，很可能只是上涨行情中的一个大级别的调整。因此对于不容易分辨当前行情所处环境的交易，采取有限预测，跟踪策略更符合市场实际。

现货企业对商品价格规律的把握，以及相关信息的把握，显然是普通交易者不具备的。因此它们本身具备了先天的优势，即其对基本面的把握程度、对行情未来的预测判断显然高于普通的交易者。再辅之以技术分析，可谓占尽优势。尤其是现货企业通过套保可以在期货上获得巨额利润的时候，常能决定行情最终的趋势。这种情况下，现货企业的进场并不是根据技术，而是依据其在期货上套保可获取的利润空间进场。2008 年金融危机之前，如棉花的期货行情，当时棉花一直在 15000－16000 价格区间震荡，而当时棉花现货成本仅在 12500 左右，且现货商手中握有大量棉花现货。也就是说如果在期货上套保，现货商可以有近 3000 点的利润。这对当时的棉花来说算是暴利了。于是现货商在此价格区间做空套保。但是期货行情却突然猛拉一把，价格突破区间，上涨至 17000 以上。如果当时仅从技术上来说，这种突破行情意味着上涨趋势。但最终价格重新跌回，并且一直震荡下跌，最终极端价位跌破了 10000。而 2010 年的棉花行情，同样突破了震荡区间，却暴发了极端上涨行情，价格最高至 34000。原因是当时现货商手中可供交割的棉花数量极少。因此，如果了解现货情况及现货规律，从某种程度来说有时是可以超越技术分析本身的。基本面的优势，不可否认。

那么这也给我们提供了一个思路，将现货商的优势和期货技术分析的优势互补结合起来形成的交易策略将具备极高的胜率。

我曾经在现货公司和期货公司都工作过，也曾亲身验证过这种策略模式。让现货企业拿出自己最真实的基本面资料和对现货行情的看法，然后和我通过技术分析得出的结论进行对比。如果现货商提供的观点和资料支持技术分析的结论，常常意味着较大的行情。这一点在 2010 年的行情中，豆粕、螺纹钢和棉花现货上都得到了验证。

不过大部分交易者很难具备这样的优势。因此，我们回归到纯粹的期货交易盘面确定策略。

假设某一合约的行情经过长时间的下跌后，进入一个相对低点区间震荡，同时有迹象表明其他相关合约也有见底形态，且目前的价格已近现货成本价，可以确定下跌的空间被限制。如图 4－1 所示。

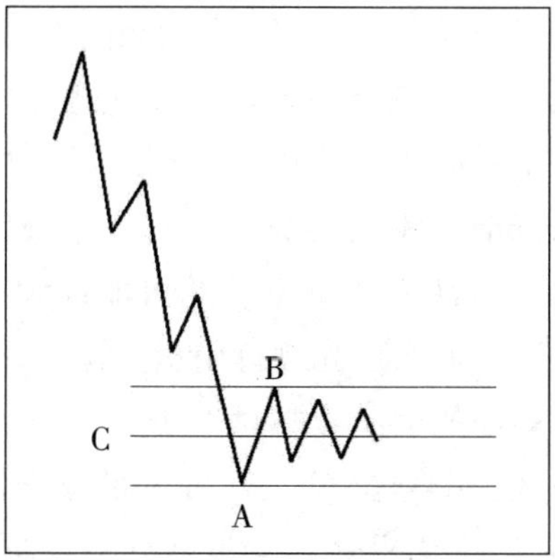


图 4－1　最佳做多入市策略图示

行情经过大幅度的持续下跌后，不再创新低。先是出现一个最低点 A，然后出现一个反弹高点 B。那么此时价格在 A－B 这个价格区间震荡。中分线 C 点。对这个行情而言，我们先从策略上分析它的可能性：

1. 延续 A—B 区间的震荡。

2. 向上突破 B 点，行情上涨。

3. 向下突破 A 点，行情继续下跌。

4. 假突破。

针对第一种情况的交易策略：近 A 点买进，近 B 点平仓或近 B 点做空，近 A 点平仓。

针对第二种情况的交易策略：近 A 和 C 点买进，以待突破或突破 B 点后买进。

针对第三种情况的交易策略：近 B 和 C 点做空，以待下破或下破 A 点后做空。

针对第四种情况的交易策略：一是向上假突破，近 A 和 C 点买进或突破 B 点后买进，一旦出现假突破，即价格重新跌回 B 点以下若干，即平仓出；二是向下假突破，近 B 和 C 点做空，或下破 A 点后做空，一旦价格重新返回 A 点之上若干，即平仓出。

综合以上四种策略，我们会发现一个共同点和交叉点，四种策略都有近 A 和 C 点做多，近 B 和 C 点做空。事实上，在 A—B 区间范围内，近 A 点做多和近 B 点做空，是止损最小的交易，也意味着风险最小的交易，即使判断出错，一是止损小，二是或许还可以在价格回抽确认时全身而退。

对于当下的行情，我们大约都会有一个最大概率的预期，即此时行情是上涨的可能性大还是下跌的可能性大。如果我们确定当前行情最大可能上涨，那么首先制订出多头操作计划。

那么在制订整体的交易策略时，便可以确定在近 A 和近 B 点作为主要进场价格区。中分位 C 点，可少量建仓，以防止价格不能达到 A 或 B 点而错失建仓机会，少量建仓后，再根据行情实际情况，分别在 A 或 B 点加仓。比如，若你打算在此区间建立 1/3 多头头寸，则可以在中分位 C 点买进 1/10 仓，待价格下行至近 A 点时再买进 1/5 仓。若价格没有下行，而是直接突破 B 点，你已持有 1/10 的盈利仓位，再跟进满剩下的仓位。这样保证多头持仓成本在相对低位，空头持仓成本在相对高位。

建仓时机确定后，然后确定止损策略，这是风险控制的重要环节。凡事预则立，不预则废。考虑到失败后的处理方案是交易策略的重要步骤，没有止损计划的交易，不要执行。也不要等进场之后才去考虑止损策略。孙子兵法说：昔之善战者，先为不可胜，以待敌之可胜。不可胜在己，可胜在敌。故善战者，能为不可胜，不能使敌之必可胜。故曰：胜可知，而不可为。交易策略遵循的也是这个道理，先建立自己不被市场消灭的条件，保存实力。赚多赚少，实在是市场行情本身决定的，而不是我们自己所能控制的。交易者能控制的是计划亏损多少出局。所以孙子又说：是故胜兵先胜而后求战，败兵先战而后求胜。善用兵者，修道而保法，故能为胜败之政。兵法的策略如此，交易的策略亦如此，你的资本就如同你可以调配的战争资源，它绝对是有限的资源。而期货市场是一个无处不是机会的市场，在一次可能的机会中丧失掉自己有限的资源，乃智者所不为也。

多头计划的止损策略针对下轨 A 点制订。即建仓完毕后，若价格跌破 C 点若干，即止损出。止损具体操作依据，用数字规律止损。比如最低点为 2800 附近，如果是中线交易，那么三分法为 2850—2800—2750，即跌破 2750 以下即止损。如果是短线交易，那么三分法为 2805—2800—2795，即下破 2795 以下止损。我要强调的是，你的止损价必须是明确的，可以是一个明确的价格，也可以是一个明确的价格区间，也可以分批止损。但止损价必须是明确的。

止损策略设定好后，即进行止盈的计划：价格若突破了 B 点，则意味着行情至少会上涨该区间的 1 倍或 3 倍。这时候，你的策略有三种，一是继续分节奏地跟踪行情；二是死守止损线；三是移动止损。

事实上根据很多技术，我们都可以大致推算出这种行情的预期目标位或压力位。当价格到达预期目标位或压力位后，按照计划分批平仓，或全部平仓。然后根据行情再寻找新的参照区间，重复以上的策略。

或者，如果你有足够的定力，仍然以 A 点为止损持有多单，一直到达你预期的目标位。

或者，你可以移动止损。移动止损目前已经可以在交易软件上实现，有兴趣的交易者可详细了解。

这样，一个完整的多头计划完成了，但这只是策略交易计划的一部分，我们必须制订后备计划——空头交易计划。

空头交易计划和多头交易计划的模式一样。

先是建仓策略，然后是止损策略，最后是止盈策略。具体的方式读者可以自行参照多头计划制作，这里就不赘述了。

这样，我们完成了多头和空头计划，看起来似乎比较完美了。可惜这并不能算完，还有一种非常重要的，也是最难处理的情况：假突破。

比如，你的多头计划，在下破 A 点止损后，而价格却并不如期下跌，而是迅速反弹至 A 点以上，并迅速拉涨，而此时你已失去头寸。此时此地，交易者的情绪将遭受重创，沮丧，愤怒，悔恨。而更为严重的是你会因此对止损产生抗拒心理，为未来的交易埋下祸根。

所以为了应对假突破可能带来的恶果，我们必须有针对性的策略来处理这种事情。在多头计划止损后，你必须马上着手准备执行以下两个方案：一是为假突破计划准备的；二是为真突破计划准备的。

为假突破准备的计划：以 A 点为平衡点，若价格重新回到 A 点以上若干，即再次买进，此时的仓位控制在 1/4 左右。假突破行情常常会在短期内迅速拉涨，这一点我在前面讲过来，假突破常常意味着最真实的上涨信号。一般出现假突破的情况下，会出现带长下引线的 K 线。为假突破准备的计划，仍然按照既定的策略做好止损和止盈的计划。

为真突破准备的计划：以 A 点为平衡点，当价格跌破，多单止损后，耐心等行情反弹确认 A 点压力时做空。同样的道理，仍然为此做好止损和止盈的计划。

针对做空，整套策略计划，和以上的做多策略计划类同。在此不赘述，请读者自己按照这种模式做一遍。

这样，我们针对当前的行情，一共做了三套计划：多头计划、空头计划和假突破应变计划。无论行情怎么走，都会在我们的计划框架之内。这样你才不会在计划失败后哀叹：计划没有变化快。

以上我所举的例子是针对底部行情预判的计划，希望读者能够明白这一点。因为也有另一种类似的行情：即行情经过一年甚至两年的长期上涨后，达到一个极端的高位，然后行情出现大幅度的下跌，宽幅震荡。如图 4—2 所示。

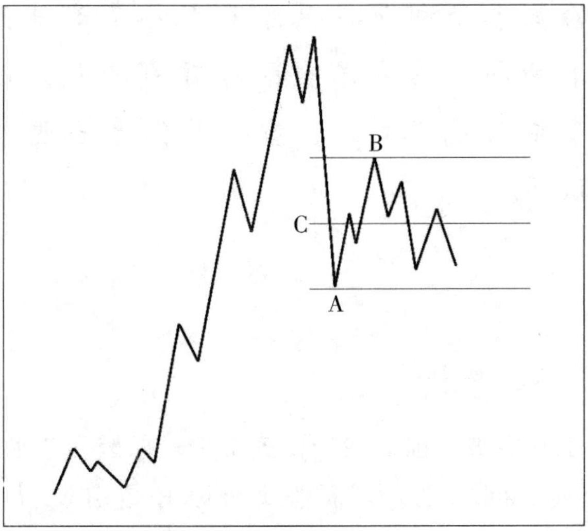


图 4—2　最佳做空入市策略图示

这种行情，是在上涨趋势中出现的大幅度回落，其回落的幅度和持续的时间都超出了正常调整的范围，因此很可能行情面临转势。而从以往的价格对比看，还有很多在下跌空间。可以针对性地以做空的计划策略为主。而之前的图形，则以做多的计划策略为主。这其中的取舍之道，还需要交易者在行情交易中慢慢领悟。

# 第三节
# 交易难点辨析

公开的基本面利多信息不会配合底部出现，公开的基本面利空信息不会配合顶部出现。现货成本价常常成为底部支撑，空头套保盘出现暴利常常显示顶部。

## 假突破问题辨析

关于假突破，前面我们提到不少，原因在于假突破是交易中最难处理的问题之一，而假突破刚好是引发行情转势的重要体现。

假突破常常出现在重要的转折点，其形成的原因，之所以成为反技术形成，一个重要的原因就是长线买单或长线卖单的入场。按照一般技术派的观点，向上突破之后，确实趋势或趋势持续。而此时敢于迎头做空的，只能是长线卖方，即空头套保交易者，或者有现货背景的交易者。同样的道理，底部行情出现的假突破，则是长线买方进场，也就是现货买家买入套保盘。这些长线买家或长线卖家，常常是市场趋势的决定力量，他们既有现货背景，也有雄厚的资金。他们之所以能在期货上逆势操作，其依据不是技术而是其现货内在的需求。因此在突破的时候，常常成交量和持仓量明显增加。

从资金的角度看，价格创新高后，不能维持新高，即没有新的买盘出来，反而出现大量的多头获利盘出场或新空入场。技术上的买进信号不再是刺激市场买盘的动因，即为该涨不涨，就是下跌。

假突破不仅在日内行情出现，相邻两个交易日或更大周期的都会出现。也就是说无论是短线级别，还是中长线级别都会遭受假突破的困扰。

假突破的表现形态如图 4—3 所示。

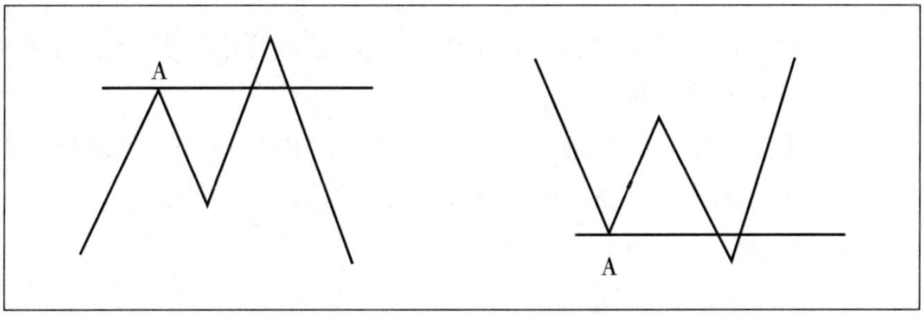


图 4—3　假突破的表现形态

这种形态是不是颇有双头或双底的意义呢？

事实上这种假突破形态还有变种，如图 4—4 所示。

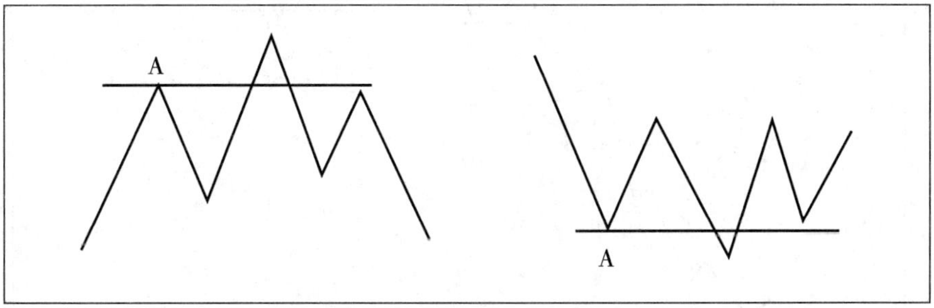


图 4—4　假突破形态的复杂型

这就很类同著名的 W 底和 M 顶的形态了。事实上也是如此，顶底的形成，常与假突破相关。敢于逆技术操作的资金，除了那些与现货相关的实力背景资金，纯粹的投机交易者是很少为之的。

假突破在日内常表现为快跌急拉或快冲急跌，辨别假突破的方法一般有以下几点：

1. 突破的幅度不大，即受滞回落。

2. 突破时迅猛，回落或反弹更猛。

3. 突破时常常没有明显的成交量配合，而在回落或反弹时成交量、持仓量明显放大。

## 调整行情和趋势行情的辨析

正常调整行情和转势行情的辨别，通常可以从其调整的幅度和持续的时间来把握。

通过调整，行情幅度较小，持续时间也较短。如果调整的幅度达到正常调整幅度的 3 倍左右，常预示行情性质将发生改变。如图 4—5 和图4—6 所示。

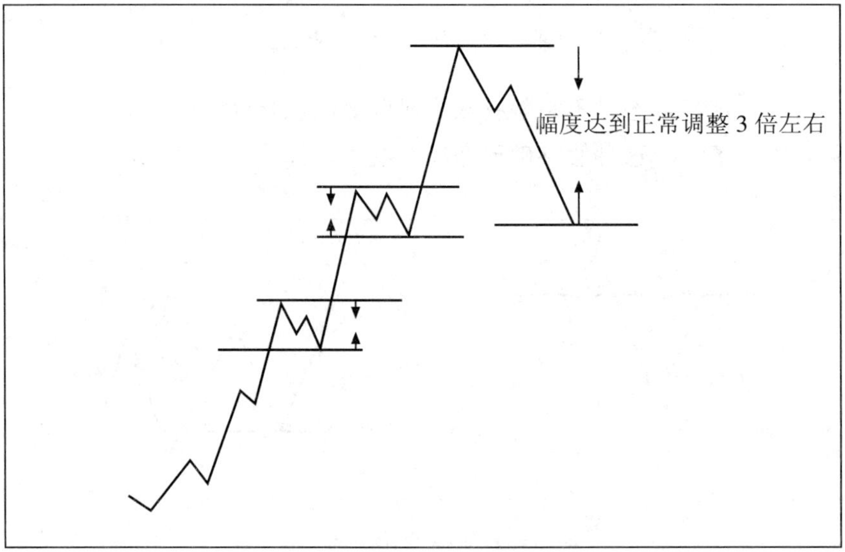


图 4—5　上升行情中调整幅度对比

同理，下跌行情的道理也是一样。如图 4—7 和图 4—8 所示。

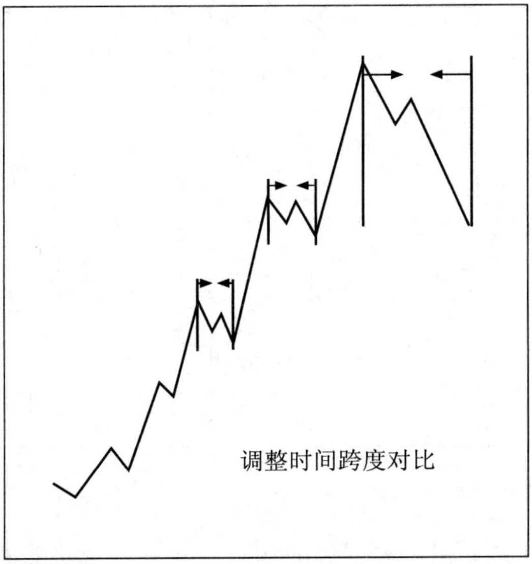


图 4—6　上升行情中调整的时间跨度对比

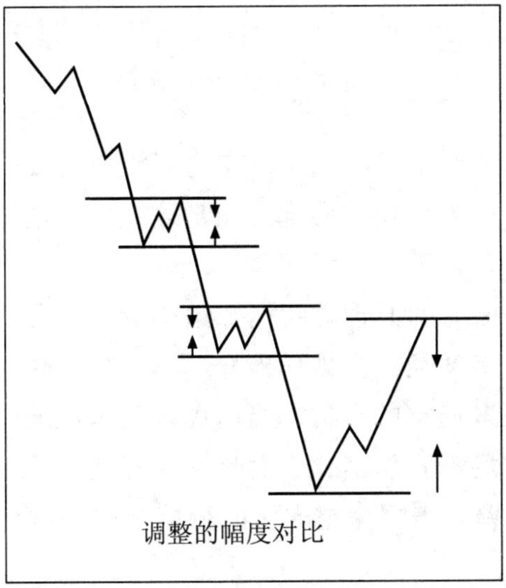


图 4—7　下跌行情中的反弹幅度对比

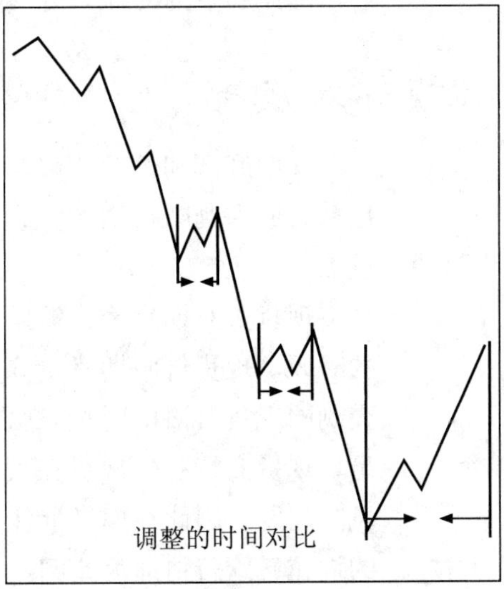


图 4—8　下跌行情中的反弹时间跨度对比

调整行情和趋势行情形态上的对比，如图 4—9 和图 4—10 所示。

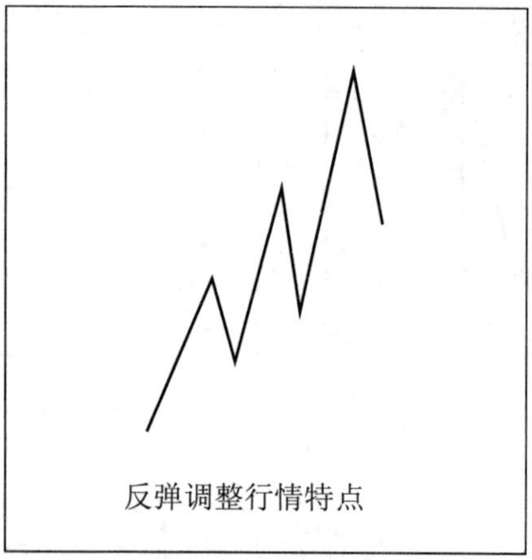


图 4—9　反弹调整行情特点

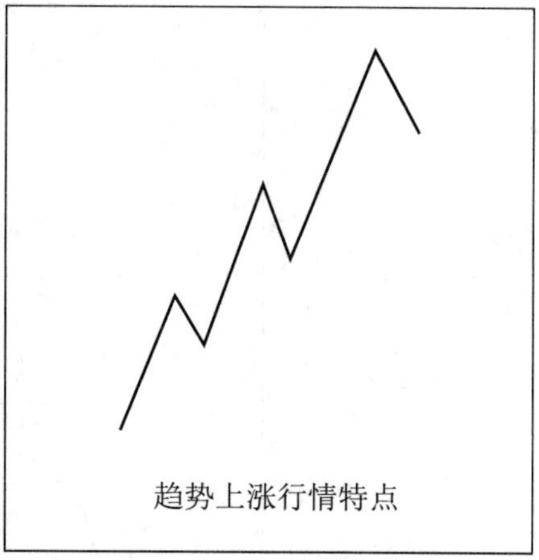


图 4—10　趋势上涨行情特点

从图 4—9 可以看到反弹调整行情突破之后的回抽确认会出现频繁的假突破情况，状如锯齿。而趋势上涨行情则明显表现出突破之后，前期高点的支撑力度（图 4—10）。

## 顶部对底部

长期底部和长期顶部，出现的概率很小。所以交易者没有必要把精力放在判断行情的大顶或大底上。短期底部或顶部才是关注的重点。

现货价对期货价：根据套期保值的原理，我们知道临近交割月的时候，现货价向期货价靠拢。市场经常会炒作逼仓题材，当可供交割的现货有限的时候，会出现多逼空的行情。当市场现货供应充足，现货商持有的现货在现货市场不容易消化，而且存在资金回收风险问题。因此在期货上注册仓单，表现为空逼多的行情。2008 年的棉花暴跌行情即为此例。

对现货价的关注，应以现货成本价和总体供求情况为重点。特别是当底部可能出现的时候，是可以根据现货成本大致推算出底部的价格和下跌的空间的。商品期货不同于股票，现货成本的支撑是非常重要的。当现货价跌破成本价，对农产品而言，通常会影响到种植面积，从而导致来年的产量下降。而对工业品而言，则会导致企业控制产量或供应量。期货价通常不会在现货成本价以下停留太长的时间。如果现货商在期货上能够买到比现货市场更便宜的商品，而且又有品质保证，是一定会在期货市场上进行买入套保的。但这些现货方面的信息，需要交易者能够真正下到现货企业去调研，而不能仅凭公开的资料。

## 基本面信息对实际盘面

1. 行情见底时，公开的基本面消息仍然极度利空，供应充足，需求疲弱，市场没有利多的消息，基本面分析师们对市场前景悲观。而实际盘面价格接近现货成本价，或者已经接近或达到前期牛市行情的起涨点，出现抄底盘，随后价格却突然暴跌再破新底。然后行情却并不持续下行，价格不再创新低，行情在一个小区间里反弹或震荡。此时通常会出现指标背离现象，此时基本面仍然没有利多的消息。

2. 行情明显出现底部形态，出现对底部小震荡区间的小突破，或者出现 V 形底的强势反弹。此时基本面开始出现零星的利多消息。

3. 行情上涨中途，出现明显上涨形态，利多和利空消息交叉出现。

4. 行情即将到顶时，利多消息充斥市场，市场极度乐观。此时期货价格与现货成本价相比，已现套保暴利。

5. 行情出现明显顶部，下跌形态形成，利空消息开始出现。

6. 行情下跌中途，利多和利空消息交叉出现。

总体来说，交易者必须记住两点：①**公开的基本面利多信息不会配合底部出现，公开的基本面利空信息不会配合顶部出现。**②**现货成本价常常成为底部支撑，空头套保盘出现暴利常常显示顶部。**

# 第五章
## 操盘手训练

**核心思想：**

训练即为破除内心的障碍，构建新的行为反应模式。我要反复强调的是训练是一种实际的行为，不要以为你有一个好的想法或观念就是一种能力，这绝对是两码事。而训练过程中的微妙体验，我也没法用文字以知识的形式准确地传达给你，文字本身也是有表达局限性的。

只有亲自证悟的东西，才是真正属于你的。

甘蝇是古代一个善于射箭的人，拉开弓，兽就倒下，鸟就落下。他的弟子名叫飞卫，向甘蝇学习射箭，其射箭的本领却超过了他的师傅。

纪昌又向飞卫学习射箭。飞卫说："你先学会看东西不眨眼睛，然后我们再谈射箭。"纪昌回到家里，仰面倒下躺在他妻子的织布机下，用眼睛由下向上注视着织布机的牵挺练习不眨眼睛。3年之后，即使用针刺向他的眼皮，他也不眨一下眼睛。

纪昌把自己练习的情况告诉了飞卫，飞卫说："这还不够，还要学会视物才行。要练到看小物体像看大东西一样清晰，看细微的东西像显著的物体一样容易，然后再来告诉我。"

纪昌用牛尾巴的毛系住一只虱子悬挂在窗口，朝南面远远的看着它，10天之后，看虱子渐渐大了；3年之后，虱子在他眼里有车轮那么大。转过头来看其他东西，都像山丘一样大。纪昌便用燕地的牛角装饰的弓，用北方出产的篷竹作为箭杆，射那只悬挂在窗口的虱子，穿透了虱子的心，但牛尾巴的毛没有断。

纪昌把自己练习的情况告诉了飞卫，飞卫跳起抚胸说道："你已经掌握了射箭的诀窍了。"

这个故事至少传达给我们三个信息：①精熟一门技术是需要大量时间训练的；②训练是需要循序渐进，专注，坚持；③熟练的境界只有亲历才能知道，并不是能以知识的形式传授的。

"重要的是教一个人去做他能做的事，只是做他自己……我反对将某一风格强加于某人。"这句话出自于李小龙之口。这位创立了截拳道理念的伟大武术家，在他有生之年，极力破除武术的形式与门户之见，事实上所有的形式，几乎都与某种程度的专制文化相关。我对我所提供的交易规则及训练理念和方法，同样持这位武术大师的态度，方法和形式最终都是用来被创新或摒弃的。

# 第一节
# 情绪的陷阱

市场本身存在非理性的冲动，存在人格上的情绪化特征，市场的价格波动是交易者情绪的集中体现。

## 交易者的情绪

事实上研究者们对情绪至今没有一个明确而统一的定义。目前流行的定义有三种：

一是把情绪定义为正在进行着的环境中好的或坏的信息的生理心理反应的组织，依赖于适时的或持续的评价。

二是把情绪定义为一种具有动机和知觉的积极力量，并组织，维持和指导行为。

三是把情绪定义为起源于心理状态的感情过程的激烈扰乱，并同时显示出平滑肌、腺体和总体行为的身体变化。如此等等。

事实上这些定义都不过是从不同的角度观察或阐述情绪，但有一点是共通的，即情绪是内心感受经由身体表现出来的状态，并对行为产生影响。事实上情绪也是我们经验记忆的一部分，也是潜意识的一部分。情绪对身体状态的影响也是显而易见的，当你紧张的时候，心跳加速，血压升高，甚至大汗淋漓。有的人在恐惧的时候，甚至会手脚瘫软，失去身体控制能力。交易者大都体验过这样的经历，手持大量多单，行情正好好地上涨时，账户上的盈利猛增，此时禁不住心花怒放。而午盘时突然毫无预兆地跳水大跌，盈利瞬间化为乌有，甚至不得不亏损出局。这个历程所有的情绪，先是高兴，禁不住自信暴棚，然后是惊讶、怀疑，再然后的恐慌、愤怒、后悔、沮丧等，而这些情绪，无不与账面的盈亏息息相关。

情绪本身的特点，是不可以量化和精确分析的，我们只能用模糊的语言来表达情绪的程度。“我很害怕，我很沮丧，或者我有一点儿愤怒，有一些害怕”等诸如此类的模糊语言。

当手中有持仓的时候，交易者常常盯着价格的剧烈波动，那波动曲线仿佛正是情绪波动的曲线。可以说交易者盘中的情绪是非常复杂的，常常是多种情绪掺杂在一起。但最主要的情绪只有两类：

一是愤怒和恐惧。

二是贪婪和后悔。

愤怒和恐惧归为一类情绪，是因为这两种情绪，常常如影相随，难辩彼此，甚至互为因果。人们常常因为恐惧而愤怒，恐惧则又源于自己无法控制的事物或自己陌生的事物。愤怒和恐惧情绪，在交易上常表现为报复性交易和频繁交易：重仓，频繁，丧失方向感或死磕一个方向。愤怒和恐惧情绪最终会导致交易者丧失自信和勇气，直接后果是资金损失殆尽。

而贪婪常与后悔相伴，贪婪常表现为自信暴棚，后悔常表现为贪婪的后果。交易者常因贪婪而重仓交易，追涨杀跌或者对行情赶尽杀绝，结果因为重仓而迅速丧失到手的利润，从而产生被剥夺感，行为变得拖延，而一旦遇到行情转势，则后果非常严重。

交易中产生的情绪，不仅使交易者的行为发生了变化，脱离了理性的轨道，而且使交易者的生理上也发生了变化。如血压升高，出汗，呼吸急促，甚至浑身颤抖。事实上我们常常能从交易者的表情看出他的盈亏状况。

看起来似乎情绪成了交易中最大的障碍。这是不是意味着我们必须把情绪消灭？

回答是否定的。情绪和我们的欲望一样，是与生俱来的。情绪既可以让我们丧失行动力，也能让我们暴发极大的能量。事实上情绪并没有好坏之分。如恐惧，它让我们知道害怕，知道躲避危险，本身是为了保护我们而产生的。就如疼痛一样，也是保护我们身体的感觉。倘若一个人不知疼痛为何物，他将随时处于非常危险的境地。如贪婪，若没有贪婪，就没有高度发达的物质文明，没有适度的贪婪，你如何在市场上赚取可观的利润呢?

所以，对于情绪的问题，正确的态度应该是控制在适度的范围之内。而不是消灭，事实上也不可能消灭。

也就是说，情绪和任何事物一样，有正反两面，无好坏之分。关键在于控制得当，运用正面情绪来为目的服务。对情绪的控制，首先是要分析情绪产生的根源，认识自己，知道自己真正害怕或担忧的是什么。然后才能对症下药。

## 市场的情绪

牛顿的经典力学是大家都熟知的，其因果关系的确定性，整个世界仿佛都在定律的控制下有条不紊的秩序中，成为一个巨大的确定论的保守系统。一旦确切知道了它的起始状态，就可以预测其未来或追溯过去的每一时刻的事件因果。这种机械论的观点，在期货市场上表现为预测上确定性的心理需求，而确定性的需求从交易者的角度来说，又是安全感的需求。但事实上市场并非线性，而是混沌的。原因很简单，因为市场过多地掺杂了交易者的情绪，我们无法探测出人的情绪对市场的影响因素，而人的情绪，又恰是形成交易行为的决定因素。也就是说参与者的情绪导致理性丧失，使得精确分析失去了基础。

法国心理学家勒庞在《乌合之众》阐述了群体的非理性特征，他生动地描述了群体是冲动的奴隶，以及群体在行事之前绝不可能做任何计划的特点，揭示了群体易受暗示和传染的特性。这一点在交易市场表现得尤其明显。交易者大都有过这样的经历，开盘前计划怎样交易，而在盘面看着行情波动，结果做出了完全背离计划的事情。直到行情结束后才惊觉盘前的计划才是最完美的。

也就是说，**市场本身存在非理性的冲动，存在人格上的情绪化特征，市场的价格波动是交易者情绪的集中体现。**

# 第二节
# 自我认知的困境

人们只是愿意听自己想听的话。他不愿意听到的，即使你放在他眼前，他也会视而不见。

我问你一个问题，你是想听真话，还是想听假话？几乎所有人都会回答：当然是想听真话。但其实并不是这样，**人们只是愿意听自己想听的话。他不愿意听到的，即使你放在他眼前，他也会视而不见。**鲁迅曾写过的一篇杂文，我现在不厌其烦地把这篇杂文搬过来，并不是因为现在关注鲁迅的人不多，而是这篇杂文确实反映了人们对待事实真相的态度。

我梦见自己正在小学的讲堂上预备作文，向老师请教立论的方法。

“难！”老师从眼镜外斜射出眼光来，看着我说，我告诉你一件事：一家人新生了一个男孩，合家高兴透顶了。满月的时候，抱出来给客人看——大概自然是想得一点儿好兆头。

一个说：“这孩子将来要发财的。”他于是得到一番感谢。

一个说：“这孩子将来要做官的。”他于是收回几句恭维。

一个说：“这孩子将来是要死的。”他于是得到一顿大家合力的痛打。

“说要死的必然，说富贵的许谎。但说谎的得好报，说必然的遭打。你……”

“我愿意既不谎人，也不遭打。那么，老师，我得怎么说呢？”

“那么，你得说：‘啊呀！这孩子啊！您瞧！多么……。啊唷！

哈哈……”

人类不能承受太多的真实，这是人们难以站在客观的立场认识自己和外在世界的原因。事实上很多时候人们对事情的真相并不在意，他们真正在意的是能否让自己快乐。人类总是有能力骗过自己，用一种愤世嫉俗的说法，人们一辈子往往只做了三件事：自欺、欺人、被人欺。也就是说，我们很难做到对自己诚实或对他人诚实。这种态度不可避免地会被延伸到交易上，让你无法真正认识或面对自己的错误。

我们总是乐于接受让自己情绪快乐的事情，而让我们感到沮丧和恐惧的事情，则是我们极力要逃避的。正是这样，在我们的思维里，不由自主地排斥自己不愿意接受的东西。我们常常无法在自己所期望的东西和真实客观的事物之间找到平衡契合点。

我们的情绪，往往成了罪魁祸首，情绪这种潜意识的东西，它无处不在、无所不能，不知不觉地把我们不愿意面对的真实隔离。

我们不了解自己，其实很大程度上是不了解自己的潜意识，不了解自己的情绪反应机制。交易者常说：我知道这样做不对，但就是控制不了自己。通常指的就是情绪问题。情绪是与生俱来的东西，并对人们的经历、经验不断形成积极或消极的反应模式。

即使刚入行的交易新手也会哀叹自己心态问题，很少有对自己的技术持悲观态度的。事实上他们所说的心态问题就是情绪问题，或者说是控制情绪能力的问题。而情绪是属于潜意识层面的东西，由于我们本身对自己认知上的不足或错误，控制情绪，解决心态问题便失去了依据。

交易者能够意识到心态问题可以说是一个认知上的进步。近几年，股票或期货交易市场似乎出现了学佛热，很多交易者试图通过佛法的智慧和修行道行让自己摆脱交易上的情绪困扰。佛法所说的戒、定、慧，与本书的交易训练理念也有相通之处。不过佛法博大精深，而期货却是一个逐利的市场，哪一个交易者来这个市场不是带着贪婪心理或目标呢？所以两者的巨大反差是很容易让修行者头脑混乱，误入魔道，甚至把自己期望的东西当做了真实的自己，事实上人们常常只是想享受成功的结果，而并不想承受其中的代价。

我曾经看过一个关于禅的故事：

有一个久经沙场的将军，因厌倦战争，专程到宗杲禅师处要求出家。他说："禅师，我现在已看破红尘，请禅师收留我出家，做你的弟子吧。"

宗杲说："你有家庭，有太重的习气，还不能出家，以后再说吧。"

将军说："禅师，我现在什么都放得下，妻子、儿女、家庭都不是问题，请您即刻为我剃度吧。"

宗杲仍然说："以后再说吧。"

将军无法，有一天起了个大早儿，到寺里礼佛，宗杲禅师一见到便说："将军为什么要这么早就来拜佛呢?"

将军用禅语诗偈回："为除心头火，起早礼师尊。"

禅师笑道："起得那么早，不怕妻偷人?"

将军一听大怒，骂道："你这老怪物，讲话太伤人!"

宗杲禅师呵呵一笑道："轻轻一拨扇，性火又燃烧，如此暴躁气，算得放得下?"

事实上有多少人真正是信仰佛教的呢？很多人其实只是功利地想以最低的成本，求佛祖保佑降好运让自己捡个宝，或者干脆就是某些人做多了丧良心的事，为求内心平安或恐惧报应而迷信佛教。

我不大赞成交易者去向佛求解脱，除非你打算离开交易市场。如果一定要学佛，佛法的修行道行倒是可以借鉴。如戒、定、慧。戒即是遵守规则，由戒而自然生定力，这个定力当然是大量重复才能形成的。比如僧人们时常念的阿弥陀佛，就是为了祛除内心的杂念，不让外道染污自己。遇到情绪波动时，赶紧念几声佛号，内心平静，自显定力。人有了定力，有所为有所不为，渐成习性后自然就显得智慧了。

以无为之法行有为之事，或许是很多人追求的境界，一些交易者对佛道的修行，显然是想有所为。但是当你没有真正站在客观的角度认识自己之前，或者说你在没有真诚地面对自己之前，是很难有所成就的。事实是佛法认识智慧的方法，通常是从认识自己开始的。在期货市场我们常因自己的错误当场遭受挫折，这是异于日常生活的。没处于那个特定的环境中，我们往往习惯用我们一知半解的理论或观念来粉饰自己，认为那就是真实的自己，直到发生特定的环境或事件，才能让我们真正开始认识自己。所以有哲学家说："死亡才是真理的时刻。"这句话的理解层面有很多，不同的人有同的理解和诠释。你可以认为，人面临死亡的时候，才能真正认清自己，高尚与卑微，勇敢或是懦弱。也可以认为死后脱离了肉体的障碍，才能知道是否真的有生死轮回。不管怎样，在期货市场，我们都不可避免地面临着认识自己的困境，或许，你可以把交易当做能让你顿悟或修行的法门。

对自己的认识程度，常常代表一个人的境界，认识了自己你才知道自己能做什么或不能做什么，你才能知道如何控制自己的情绪。前提是我们必须真诚，至少必须做到对自己和市场真诚。

真诚的境界有三重：一是知道并能做到对自己和市场真诚；二是知道却难以做到对自己和市场真诚；三是并不知道自己的不真诚却误以为自己是真诚的。

大部分人可以划归到第三类。事实上大部分人无法在这个市场生存，只不过他们贪图这个市场赚钱的轻松与迅速，结果让自己陷入困境。交易与其他很多生意不同，你完全无法使用通常在其他生意中行之有效的欺诈手段或人际关系取得成功。

有些人些许缺乏西方人的真诚，圣人的中庸之道最终被庸俗化为圆滑世故的处世之道。奥古斯丁的《忏悔录》中以人性为恶，卢梭的《忏悔录》则无情地揭示自己的真实。他们的反省精神常常让我们有些汗颜。而我们习惯的或看到的通常是为了达到某个目标而给它装上美好的外衣。

老子云：知人者智，自知者明。这位被奉为道家祖师的先人似乎想要表达：知人易，自知难。事实上，我们对市场和交易者的关系，莫不如此：知市场者智，自知者明，知市场易，自知难。刀子无法削到它自己的柄，特权为政无法反自身的腐败。

事实真相常常让我们近乎绝望，而这绝望本身却并不在于外在事物，而在于我们总是囿于自身的肉体。认识自己的困难程度，不亚于众叛亲离，孤臣孽子。

认识自己的最大障碍，在于你有一个自己执著的我。若你能跳开这个我，认识自己便不难了。你可以找熟悉你的朋友，麻烦他们写下你所有的优点或缺点。当然最了解你的还是你自己，你只是绕不开那个我字，才会避而不见那个最真实的自己。

曾经有一个交易者向我诉苦，该如何控制自己的情绪。因他年轻气盛，心浮气躁，我建议他去练气功体验揣摩一下是否能找到控制情绪的方法。一段时间后，我问他什么情况，他支吾其辞，我便猜到结果。我问他为什么没有去练，他说有些担心，但又说不出为什么。我便问他是不是担心控制力提高了会失去肉体的快乐，他有些不好意思，但还是承认了。这让我想起列子说的一段话：色盛者骄，力盛者奋，未可以语道也。故不斑白语道，失，而况于行乎？意思是说，气血旺盛的人容易骄傲，体力充沛的人容易逞强，都不可以同他们谈论道。因此头发没有花白的人谈论道，往往丧失了道的本意，更何况去施行它呢？列子这话说得很让人沮丧，似乎只有等年老色衰，欲望尽失时才有可能知行合一。而我们所熟知的一些投资大师，巴菲特、索罗斯等确实已垂垂老矣。

不知道你是否还能记得我在本书的序言中提到，本书的目的，不是为了让你成为投资大师，而是让你成为一名稳定盈利的交易者或操盘手。缺乏过程的精彩并不存在，我希望你能明白，正是因为你当前的局限，才需要成长。一切根据实际情况而确定你的成长模式。

情绪作为潜意识的反应，是不可被消灭的，只能被控制。你的问题是将把这个控制程度提高到什么地步。我需要你至少做到这一点：每天花半小时的时间，静心下来想一想今天的情绪发生了哪些变化，为什么会发生这样的变化。如果你的动机和意志力更强一些，那么你可以每天随时监视自己的情绪，一旦感觉到情绪波动的时候，便通过呼吸控制法，把情绪掐灭在萌芽状态。如果你能够每天这样训练，时间久了，你就能随时随地控制自己的情绪了。

# 第三节
## 交易训练理念

一名拳击教练对他的学生说：3000 次的出拳，你的肌肉会产生记忆，5000 次的出拳，你的肌肉便会产生自动反应。

有了正确的理念和交易规则，并不代表你就可以一劳永逸、稳操胜券了。如果把交易比做一项运动，那么交易绝对是对抗性最强的一类。只不过交易者对抗的是自己内心的情绪。事实上所有的较量，最终都会归结到内心的较量，而不是外在的形式。而内心的强大则需要经验和实际训练才能建立起来。

美国特种兵训练手册上有一段关于孙子兵法的研究结论：假若军官未经过训练，他们在战场上便会紧张，不知所措。假若将军没有经历资格培训，一旦他们面对敌人，他们便会遭受精神上的痛苦。

研究从训练的角度，讨论了人内在精神力量对身体行为的支配。认为应使战士的大脑适应于作战，在暴力和混乱的状态下，决心只能去面对战斗，不屈服于胆怯。只有大脑经过严格的纪律或规则的训练，才会使身体遵从命令投入战斗。

战场环境和交易环境，其可类比之处太多。其凶险诡异，瞬息而变，你永远难以预知陷阱挖在哪里。唯一不同的是，前者搏命运，后者搏财富。对于交易者而言，若没有经历严格的交易训练，而贸然入市交易，偶然或侥幸获得的财富，最终必然会灰飞烟灭。

交易者们总是崇拜大师们的淡定从容，超然物外。而我想说的是，这世上太多的是假象，没有人能够超然出尘，只有造神者的臆想。交易市场本来就是一个逐利的场所，冒险家的乐园。

重要的是你不大可能成为大师，但你完全可以成为一名合格的战士。大师的境界就像供奉在高处的牌位，因太过遥远而让人缺乏务实的计划和努力。也许有一天你能达到，但当下你要做的事，是先得让自己成为能够存活下来的战士。

在此之前，我们已经懂得了正确的交易理念、交易规则。但是要让这些理念和规则成为我们的习惯行为，则需要科学的训练手段。没有谁能够天生就像鱼儿游于水中一样在市场上自由自在。市场是反人性的，你想要在市场上生存，成为最终的胜者，必须付出大量的努力。这需要你有强烈的动机。

已故武术大师李小龙先生曾说过一段话：如果有一个人决定冒死也要咬掉你的鼻子，有很大可能他会成功，他可能会被痛殴，但那不会阻止他继续原来的目标，那才是个真正的战士。李小龙试图说明一个人的强烈的决心和意志力的力量。这使得他对精神力量充满敬畏。所以他又说：精神是伟大的，肉体是卑微的。而众生的困境则总是受制于肉体的欲望。

## 脑力与体力训练均要克服极点

我想说明的是，如果你想要成为一名真正的交易员或操盘手，你必须有强烈的动机，在这个前提下，你具备的精神能量将战胜肉体的怠惰。不可否认，肉体贪图安逸的本性几乎根深蒂固。但你必须克服，因为下一步，你将面临的是大量重复而枯燥的训练。

经历过长跑训练的人，都会有这样的体验，你不会感觉太累，逐渐地你觉得呼吸困难，心跳加快，血压上升，肌肉疼痛，动作迟缓，情绪低落。这时你简直不想再继续跑下去了，你觉得自己根本不可能再坚持，完全到了身体的极限。确实，大多数人在这个时候选择了放弃，但是有部分人坚持下来了。这就是中长跑运动中的极点现象。极点现象本身是由于人体植物神经的惰性，内脏器官的活动机能跟不上运动器官活动的需要，导致肌肉不得不在缺氧状态下工作。造成供氧不足，产生大量酸性代谢物，导致循环和呼吸系统失调的结果。极点现象出现后，应该继续坚持，运动强度略降低，通过植物神经中枢的不断调节，内脏器官的惰性会被逐渐克服，肌肉的供氧得到改善。身体的环境得到恢复和稳定，协调重新建立，运动能力又逐渐增强。这就是跑步中的第二次呼吸现象。第二次呼吸现象的出现标志着极点已经被克服，生理达到了新的平衡，而最为重要的是，此后你的呼吸循环功能将维持在较高的水平上。很多人在极点现象出现后，就放弃了，这将对他的未来产生极坏的影响。以后无论在工作或是生活中，他遇到困难都会习惯性地选择退缩或放弃。我曾经有过中长跑的经历，在初中运动会的比赛中，身体出现了极点现象，我觉得我不行了，我在心里也对自己说：我不行了。于是我真的不行了，我中途放弃了比赛。这件事让我很长时间耿耿于怀，羞于面对。后来我又经历了一次中长跑比赛。那天我同样出现了极点现象，感觉自己支撑不住了，但是刚好那天我一直暗恋的女同学在跑道边看着我跑。于是我对自己说，这次绝不能丢脸，我一定要坚持到底。然后我意想不到的事情发生了。不知不觉，我的呼吸开始变得有节奏起来，腿也不那么酸痛了。我觉得自己在一种惯性的支配下跑着，甚至觉得自己可以一直这么跑下去。那天我跑了小组第一名。

我相信读者大都能够明白我想表达的意思，克服极点现象是需要意志力，需要积极的心理暗示的。克服极点现象，其实也就是克服我们过去旧有的惰性、习惯、行为模式，在一个更高的境界重建新的习惯和行为模式。

所有的训练，无论是体力的还是脑力的，基本过程莫不如此。

假如你能够熟练弹奏某一样乐器，你应该能够有所体验，最初按照固定的指法训练，僵硬而生涩，实在无趣，经年累月之后，终于可以在琴弦上随心所欲。如果你确无此才艺，也可想象一下自己初次骑自行车时，多次摔下来，但最终能掌控自如。但是如果有人问为何能骑上自行车行走，却又很难有清楚的答案。身体成为这样的一种姿势，自发而微妙地调整与车身保持平衡，并作为自我形成的姿态而固定下来。这种现象在哲学上称为自创生理论的一种现象。也就是说，我们的身体本身具备这样一种功能，在经过大量的训练之后，会形成习惯性的，自发的反应。

记得一部电影中，**一名拳击教练对他的学生说：3000 次的出拳，你的肌肉会产生记忆，5000 次的出拳，你的肌肉便会产生自动反应。**你不必怀疑这个说法，我本人有过亲身体验，我年轻时曾气盛好勇，每天击打沙袋。你不要以为出拳是很容易的事情，没有经过训练的出拳会在力度、速度和持久度上失去平衡。而大量的训练之后，终于能够感受到松弛与紧张之间自如转换的节奏。

我们身体具有神奇的潜能尚未开发，如果你不是这样大量的训练，你也许永远都不会体验到，而只是惊叹他人的成就。北宋欧阳修曾写了一则寓言《卖油翁》，很好地说明了这点。

陈康肃公善射，当世无双，公亦以此自矜。尝射于家圃，有卖油翁释担而立，睨之，久而不去。见其发矢十中八九，但微颔之。

康肃问曰："汝亦知射乎？吾射不亦精乎？"翁曰："无他，但手熟尔。"康肃忿然曰："尔安敢轻吾射！"翁曰："以我酌油知之。"乃取一葫芦置于地，以钱覆其口，徐以杓酌油沥之，自钱孔入，而钱不湿。因曰："我亦无他，唯手熟尔。"康肃笑而遣之。

熟能生巧，甚至臻于随心所欲而不逾矩之化境，都是大量训练的结果。我相信这一点应该不会有太多的人反对。

这样，我们在动机和大量的行为训练中，建立了一个逻辑程序。但是，并非一定训练就是痛苦的。如果训练只是让你苦不堪言，那效果肯定不妙。

我们做某一件事情，是因为认为这件事情能让我们快乐或得到满足，才会乐此不疲，甚至处心积虑地去做。比如性事，我常常惊叹造物的神奇和不可思议。造物在感官快乐和繁衍建立了逻辑，从而使得生命得以生生不息地繁衍。设想一下若性事是痛苦的，我很怀疑生命存在与繁衍的可能性。圣人也说：吾未尝见好德如好色者也。

人类天生有贪图安逸，追求感官舒适的特性，这是导致训练行为变得异常困难的原因。但这并不意味着不可改变。

不可与夏虫语冰。事实真相是受制于肉体快乐的人，无法体验或想象更高层次的精神快乐。训练是快乐或是痛苦，在于交易者的态度，而这个态度的确立，则在于把快乐与训练行为通过某种方式联结起来。如果训练变为单纯的痛苦，则容易让交易者对训练行为产生潜在的抵触，这将使训练效果大打折扣。

因此在训练行为中，我们将运用潜意识的研究成果，在行为与快乐之间建立起关联。

## 潜意识具备的特征

现代心理学对人大脑的研究，把大脑功能分为意识和潜意识。意识作为人脑的机能，是指客观存在的主观印象。即思考并觉知我们自己的存在。当你运用感官看、听、说和思想，并知道你在看、听、说和思想时，便是运用意识了。显然意识维持着我们与外界的联系。人是活在感觉中的生命，或者说人是透过感觉活着。而人的意识则对感觉进行处理和响应。

对潜意识的认识则始于催眠术，由弗洛伊德提出，也称为右脑意识。有日本学者称之为祖先脑。研究认为潜意识中隐藏着人类数百万以来的遗传基因信息，它包括人类生存最重要的本能与自主神经系统功能与宇宙法则。即人类的潜意识里聚集了人类数百万年来积累的大量知识。我们所能切身体会到的潜意识，除了我们身体机能的奇妙运作（所有的身体机能，例如心脏的跳动，消化系统的运作，血液的循环、呼吸等，都是潜意识的作用），还有自我们出生至今的经验记忆，以及我们学过的所有知识和技能。

潜意识无时不在工作，只不过我们并不能时时清楚地意识到它的存在。即使在我们睡眠的时候，潜意识仍然一刻不停地工作，维系着我们生存着的功能。如果我们能够认真思考一下当下的困扰，是能够发现潜意识如何支配了我们的生活。

你是否有过这样的经验，很想去做一些事情，同时身体里面却好像又有另一个部分觉得不适当。你是否经常听到有人抱怨：我知道这样做不好，但就是无法控制自己。他说的这个“自己”在哪里？其实就是他自己身体里面他无法控制的潜意识。我相信交易者对这类的体验应该尤其深刻。你是否有制订出完美的交易计划，而结果你却公然违背了，而事后悔恨不已，或者你告诉自己把顺势当做自己的理念和行为准则，可是看到价格越涨越高了，你却反而去做了空单。你是否提醒自己一定要止损，可是当出现亏损后，你却不愿意做出任何动作，心存侥幸，直到亏损扩大到令自己心碎的地步而恼恨。这种种行为无一例外的有一共同特点：无法控制自己的行为。

我们意识层面接受了正确的理念、知识、规则，但是却并不能顺利转化为行动，这是一个多么令人沮丧的事实。这就涉及到我们的意识与潜意识之间的关系。即我们接受的知识、理念、技术、消息等都是意识层面的东西，

前面我们讲过了，意识其实是我们大脑能力的一部分，这个部分的作用是维持我们与外界的联系，简单地说就是从外界获得信息，思考如何更有效地处理，做出响应。但是具体的响应过程却远非意识能够处理。即使简单地伸手拿一件东西，身体有数以百计的肌肉，各自进行不同的收缩和放松活动使你能够准确地拿到所要的东西。每条肌肉与脑的联络速度是每秒 500～1000 万次。这是意识根本无法处理的。你可以告诉你的手伸过去握住某东西，有意识地做出这个决定后，这个简单的指令由意识传给潜意识控制的活动机制部分，指挥你多处不同的肌肉去收缩、配合，使你能够达到自己的目标。这个看似简单的动作需要数以百万计的信息处理，然而你的意识只要知道你已经拿到东西就足够了。而拿到东西的时候，你的脑子已经开始想其他的事情了。

从这个角度看，我们的意识是可以给潜意识下达指令支配潜意识的，而潜意识也具有服从意识的功能。也就是说，意识可以成为潜意识的设计师，通过给潜意识下达能完成我们想要达成的目标的指令，潜意识则运用自己强大的功能完成意识所要达成的目标。但这并不是全部，意识和潜意识并不总是这样和谐，它们之间会发生冲突。

比如有的时候，你会做一些你并不想做的事。就像之前我说的一些交易上的例子，你在你的意识层面，你明白严格按照交易规则去交易，是完全可以稳定盈利的，可是你还是忍不住要去违背，甚至无论你多少次的痛下决心。你忍不住要悲叹：我知道那样做不对，

可是控制不了自己。从这个角度看，也能发现一个事实：潜意识没有分辨是非对错的能力。某个时候，我们不慎通过意识把错误的思想传达给潜意识，由于潜意识没有分辨是非对错的能力，因此潜意识接受下来，并隐藏起来，在你毫不注意的时候浮现出来支配你的行为。

这是一个让人痛苦的事实，人们的痛苦也大都源于意识层面和潜意识的冲突。在过去的经历中，我们的潜意识接受了错误的指令，而我们并不能真正意识到，但它却一直在支配着我们的行为和情绪。但这并不意味着我们对它无能为力。总体说来，潜意识具备以下几个特征：

1. 潜意识的能量巨大，并且自动运作。研究者认为潜意识能量比意识能量大 30000 倍以上。不管这个数据来源是否科学，我们能确信潜意识确实具备不可思议的能量就足够了。

2. 潜意识没有分辨是非对错的能力，当然也不具备逻辑思维能力。

3. 潜意识容易接受的图像，即形象化的刺激。你可以想象一下，你吃过的最酸的水果，柠檬、葡萄，或者杨梅，我要求你的脑子里清晰地出现这种水果的图像，越清晰越好。这时候，你的口腔里是否充满口水？你明白了吗？你的身体能够分泌出唾液，并不是受你的意识支配的，你不可能给自己的唾液腺下指令说：分泌一点儿唾液。除非你开始在脑子里清晰地想象柠檬等能够直接刺激你唾液的食物。

4. 人处于放松状态时，最容易进入潜意识。这与催眠相关。催眠的原理就是通过让人充分放松，使意识模糊，失去警戒作用，从而直接进入潜意识状态。

5. 大量重复的动作能够改变潜意识。这一点我相信人们都会有所体验。你学会打字，学会开车，学会骑自行车……很多技能性的东西都是经过大量的重复动作，从而成为潜意识，成为身体的自然反应。从这个角度来说，习惯就是潜意识的一种反应。我们日常生活中最常见的是每天重复播放的商业广告，这会导致我们去购物时，不由自主地去选择广告反复推介的产品。正所谓谎言重复一千遍便成为了真理。

6. 潜意识最易受强烈情绪色彩信息的刺激。我最终在跑步时克服极点现象的例子，正好说明这一点。人的情绪中蕴藏着巨大的能量，你随时要提醒自己，不要让负面的情绪影响自己，而要用积极的、正面的情绪刺激自己的行为。

潜意识的能量如此强大，设想一下，如果我们把正确的交易理念、交易规则输入给潜意识接受。注意，潜意识没有分辨是非的能力，当你输入给它的时候，它会毫不保留地接受。

输入的方式，则需要强烈的动机配合，建立强烈的动机，需要建立信念系统。

潜意识接受的状态，则需要交易者完全放松，进入到所谓催眠状态。催眠状态其实就是放松状态，每个人都可以通过训练和心理暗示，或者外在的引导进入这种状态。辅助大量重复的语言和行为训练，通过感情色彩和形象化的语言，直接的图像，直达潜意识。

通过这种模式的训练，可以洗去交易者潜意识中过去错误的经验形成的行为和情绪反应模式，从而始终按照正确的理念和交易规则去做。

当这种训练达到一定的程度，我相信你一定能克服自己的极点现象，你会自然产生良好的市场直觉，交易规则内化为你的行为习惯，不需要你总是提醒自己约束自己，而处于紧张状态。也就是说，这个境界，你将达到完全的自由和轻松，你将感觉不到交易规则对你的束缚，所有的行为自发而坦然，你完全用不着殚精竭虑，时时忧惧而惶然不知所措。

# 第四节 交易者信念系统的建立

符合规则的一定去做，不符合规则一定不做。

## 交易者的信念系统直接与动机相关

一个人面对外面世界各种事物的态度，所依据的正是他的信念系统。所谓信念，即人们认为世界万物运行的法则或规律，是解释这个世界种种关系的逻辑。从某种程度来说，信念对于人们等同于真理，在人们的脑子里，信念是“事情应该是这样，而不是那样”。因此，信念也是支持人们行为变化或者不变化的理由。

每个人脑子里拥有的信念都可说不计其数，无法完全清楚。它们每天在潜意识里隐藏而运作着，我们的存在无时不刻不依赖于信念。

对于交易者而言，交易者的信念就是顺应趋势，或者说顺应市场规律。就信念本身而言，要成为支配人行为的实践，需要细分其结构。

信念系统可以分为三个部分：信念、价值观与行为规则。

对于交易者的交易系统而言，同样如此。

一般来说，信念的形成来自于两个方面：

一是本人亲身经历和体验获得的认识形成的信念。

二是来源于他人的经验或其他途径的接受和灌输，以及由此自我思考做出的结论。

相比较而言，来源于自身亲历经验形成的信念更具备影响深度。而源于他人或思考所得的信念，即使你逻辑上完全认同，但其影响力和个人亲历相比，多显粗浅。

需注意的是，没有任何信念能在所有的情况下都绝对有效，虽然大部分的信念都能够帮助我们成长或处理状况，但是也有一部分因为我们接收时，因自身的局限性并不能完全理解消化，而我们常常只是认为自己理解了，因此在某些特殊情况出现时会发生冲突。这就使得在逻辑上出现信念的危机，因此必须建立价值观来支持信念的坚定。

价值观：简单的体现为我能得到些什么。弗洛伊德认为一个人做一件事，只有两个原因：一是可以得到快乐，二是可以避免痛苦。或者说，追求快乐是人的行为的根本理由。从这个角度来说，价值观是做或者不做某件事的理由。因此改变或促进一个人的行为变化的方法，必须在价值观上获得正确的认识。

我们常常会有这样的经历或体验，知道应该怎样去做才对，但是总是下不了决心去做。或者知道不应该去做，却总是偷偷地去做。原因就在于我们潜意识里的价值排列和意识层面的价值排列是不一样的。

对交易者而言，坚持信念需要建立一个逻辑上合理的价值观。这个价值观最初在意识层面，潜意识并不能真正接受，它需要训练手段和方法来获得潜意识的认可。

以前错误的经验或认识在潜意识中会形成人们的思维或行为习惯，习惯常常代表我们的安全感，而放弃习惯则意味着放弃安全感。在你的意识没有说服潜意识之前，两者之间的冲突，是交易者痛苦的根源。

## 行为方式和规则

行为方式即做事情的方式。规则即约束人们行为的规范。规则的存在是为了取得价值，实现信念。

规则是很具体而又繁难的，这常常会导致行为和规则上的冲突，实现价值和信念的困难。当一个做法无效时，我们常常要在做法或规则与信念和价值之间进行选择。很明显，我们之所以不能取得效果，常常是因为做法或规则出了问题。可惜人们常常坚持自己的行为或规则，而对本该坚持的信念和价值怀疑并舍弃。虽然明显他们的行为做法离信念和价值越来越远，但是仍然控制不了自己。这样交易者便容易深陷重复无效的行为困境中。

行为方式和规则与信念和价值从某种程度来说，是过程与结果的关系。人们常常希望用自己习惯的方式来达到自己想要的结果。而他们的习惯方式指向的目标却并不是该信念和价值。南辕北辙的故事并不可笑，在交易者身上，在很多人的身上都在上演，而他们却并不知晓。因为人们往往在追求目标的过程中无法摆脱习惯模式，反而忘记了自己想要的目标。

一个很简单的例子，我们做某件事总是因为能得到快乐才去做。比如追求财富，追求财富的目的无非是为了让自己活得快乐。而结果却在追求的过程中失去了快乐。这荒谬吗？如果是这样，我们多少人都活在荒谬中。

我经常遇到一些客户，他们告诉我他们的想法和观点，希望我能用他们的思维方式或观点实现他们赚钱的目标。这让我很为难。他们希望在不改变他们的信念系统的前提下，达到自己想要的目标。这让我很困扰。我后来明白他们的安全感是建立在他们的想法和观点之上，他们不愿意以放弃安全为代价来达到盈利目的。

也就是说，他们在“我的行为和想法是对的”和“我追求的是有效果”这二者中选择了前者。只是他们并不知道而已。因此我常常会反问他们：你的目的是要坚持自己的做法，还是想要追求有效果？

以上的分析阐述了信念、价值观、行为方式和规则它们之间的关系。下面我们可以建立简单的交易信念系统：

**信念：顺应市场规律。**

**价值观：获得财富的自由。**

**行为方式和规则：符合规则的一定去做，不符合规则的一定不做。**

当我们建立了顺势而为的交易信念，从而可以从逻辑上得出，只要坚持这个信念，必然能够获取财富，从而获得物质上的自由。这是人们梦寐以求的东西。而行为方式和规则，则是为了实现信念和价值。或者说，行为方式和规则，也是为了实现信念与价值的方法。

# 第五节 对价格运行规律熟悉程度的训练

交易的过程，如果总是需要你用左脑去搜集资料来判断得出结论，这将严重影响你的行为能力。熟练才可称为技术，不熟练最多只能算是意识层面的知道而已。

对价格运行规律的熟悉程度，将直接决定你的市场直觉和反应能力。**交易的过程，如果总是需要你用左脑去搜集资料来判断得出结论，这将严重影响你的行为能力。我一再强调的是，熟练才可称为技术，不熟练最多只能算是意识层面的知道而已。**你也许会有疑问：既然对价格运行规律的熟悉程度和在市场磨炼的时间长短有关，是不是我就只能可以被动地经历呢？显然不是这样，要不然我不会花那么大的篇幅来介绍潜意识的超能力。

## 潜意识具备的一些功能

1. 潜意识是一个巨大的记忆储藏库，不仅储藏着数百万年的人类进化过程的信息，同时也储藏着我们自出生以来的所有经历和经验。也就是说潜意识具有无限储藏记忆的功能。美国麻省理工学院的科学家在一份报告中认为，人脑潜意识储藏量相当于美国国会图书馆的50倍。其藏书有1000万册以上。我们对自身的潜能开发显然远远不够。而作为一名交易者，对于历史交易行情的走势的熟悉，如果作为记忆储藏在潜意识中，则会给交易带来经验和直觉。因此我们首先要训练的就是对历史行情走势的熟悉。至少让你交易的品种的所有历史走势成为你脑子里能信手拈来的印象。

2. 潜意识易于接受形象化的语言和图像刺激，因此我们在训练的过程中，必须把所有的知识转化为图形。

3. 必须通过大量的重复，知识或技能才能转化为潜意识积淀下来，成为自动化的思维方式或行为习惯。因此我们必须持之以恒，不厌其烦地坚持下去。

我通过举例来说明训练流程和方法：首先选择一个你专注于交易的品种。对于交易之初，我建议你只选择一个品种来交易，这个品种的波动风险，在你的心理和资金承受范围之内为宜。比如我选择目前国内比较成熟的品种铜，或者豆粕合约。先以豆粕合约为例。

首先训练熟悉日内交易走势，如图 5－1 所示。

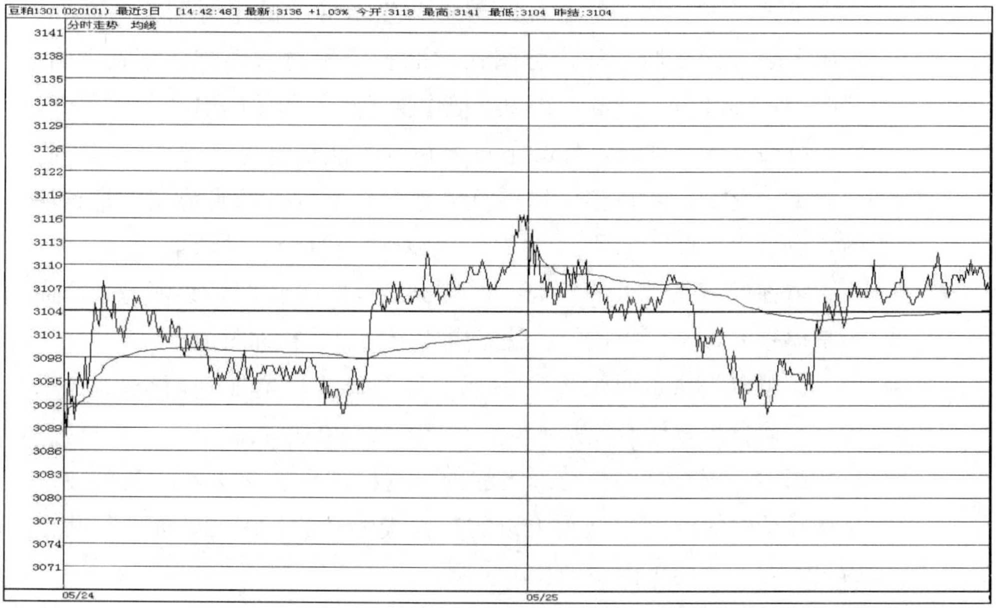


图 5－1 豆粕 1301 合约连续两日走势

图 5－1 为豆粕 1301 合约连续两日的走势图：2012 年 5 月 24 日和 25 日。你需要准备的工具：坐标纸、铅笔和彩色铅笔各一支，直尺一把。在最开始准备画图的时候，我要求你必须用坐标纸。原因

很简单，我希望你能够训练一下自己认真的精神，而不是以为差不多就可以了。在坐标纸上按照电脑图示的价格标示出价格刻度。

## 画图要求

1. 你必须要标示出的四个价格：开盘价、收盘价、最高价和最低价。

2. 你必须画出的线条：价格曲线和日均线大致形态，关键的转折处一定要准确地画出来。

3. 必须在同一坐标系下画图，可以观察到彼此之间的关联。

4. 每天的日分时图必须配上当日的 K 线图。

画完图之后，我要求你闭上眼睛，默想一下当天交易的走势图，在你的脑子里是否清晰。如果不够清晰，说明今天的走势图你还没有背下来。因此你必须专注盯着电脑显示屏上的走势图看一会儿，再闭上眼，深呼吸。让走势图在你的脑子里再次浮现，直到清晰。这时候，你准备一张纸，在图上把你脑子里的印象画出来。

我要提醒你的是，你必须每天在收盘前重复这个工作。到了晚上睡觉之前，你要在脑子里再重复想象一下今天的走势图，直到清晰。也可以在此时想象自己按照交易规则进行交易的情景。

请你记住我要求的标准：你脑子出现的走势图，必须清晰。而不是模糊的，不可捉摸的。就好像那走势图就在你眼前。

你可以先只是回忆想象一个走势图，然后增加到两个，三个，更多。而且这些图必须是在同一个坐标系内的模式。

当然，仅有这些是远远不够的。这样的训练量太小，我的要求是你必须在短时间内获得大量的行情走势经验。因此，你还得找出历史走势图，尽可能多地找出来画。

然后是连续 K 线图的走势图。这个工作量很大，同样也是要在坐标纸上完成。据说早期的交易员都受过这样的训练，但是电脑产生后，技术日新月异，这个方法便很少有人使用。因为我们太容易获得整体的 K 线图了。这个训练方法，表面上看起来很笨，但是我想告诉你的是，最笨的方法往往最有效果。就好像练武术的基本功是扎马步一样。这些基本功，你必须要做到。

方法也是一样：在坐标纸上标出合适的价格刻度，找出一段历史行情走势图，必须是包含了长期震荡、大牛市、大熊市的历史走势图。如图 5—2 所示。

图 5—2　豆粕日 K 线走势图

## 训练的方法

这是铜和豆粕的历史图形。这样的图形，当然很难全部画出来。工作量实在太大，可以折中一下。可以选取一段明显震荡行情、明显上涨行情、明显下跌行情和明显调整行情来画。

对于整幅历史图形来说，虽然不必要全部画下来，但是你必须能够在脑子里清晰地回忆出来。

1. 先建立整体印象。深呼吸，待身体平静下来，把电脑上的历史走势图打开，让整体的图形展现出来。然后你盯着它，看一会儿，然后闭上眼，看能否清晰的再现，如果哪个细节不能清晰，你再重

图 5—3　沪铜日 K 线走势图

新打开看，如此重复，直到这个大致的历史走势图完整地出现在你的印象里。注意，这个整体走势图，只是一个大致轮廓，因为电脑显示的原因，只能看到整体类同于价格曲线的走势。我们要先建立这个整体轮廓，然后再逐步建立具体的内容。

2. 建立部分印象。选择最远的一段，区间放大，看它们放大后的走势，会更加清晰。同样重复以上的动作，深呼吸，直到在你面前的图形清晰地展现出来。然后依次逐段放大，深呼吸，闭目冥想，直到行情清楚地出现在脑海里。一直到行情结束。这样，你的脑子里将不再是以前模糊的大致印象，而会出现收分段清晰的 K 线组成的整体的清晰图像。

3. 在进行以上两个过程的时候，要分两个阶段完成。第一个阶段，是带均线系统的 K 线整体行情。当然你在冥记的时候，也要附带记忆均线系统和 K 线的位置关系。直到你能够清晰地回想起整体的 K 线。然后，再把均线系统去掉，只留下单根的 K 线行情图，再重复一遍以上的过程。

当这个过程完成后，我要求你把你记忆中的 K 线图画下来，当然这次不必用坐标纸，你只需要画得八九不离十就可以了。不求精确，但求神似，包括均线系统在内。

我希望通过这个过程，你能够把你交易的品种的整体图形牢牢地记在脑子里。在以后的交易中，它将发挥神奇的作用。

同样，我也要求你在晚上睡觉前，一定要回忆你白天冥想过的 K 线图，直到它清晰地出现。

# 第六节
# 交易规则的训练

人们总是乐于用习惯去行为或思考，乐于无所拘束，随心所欲。规则是自由的本质，你只有在规则的框架下形成了习惯，才能最终消除束缚感，随心所欲而不逾矩。

交易规则与你的行为方式直接相关。或者说交易规则是约束你的行为的纪律。交易规则确定后，然后是针对你个人行为的规则。请你读到以下两句的时候，拿笔写下来，贴在你的电脑前，贴在你随时可以看到的地方：

1. **符合交易规则的，一定去做。**

2. **不符合交易规则的，一定不做。**

这两条规则是完整约束交易者的律条，交易者常常犯的错误是，符合交易规则的做了，不符合交易规则的，也去做了。我不能容许在交易上出现任何有机可乘的漏洞。即使偶然明显的便宜也不要去占。交易者在交易的过程中，常常因为违反交易规则，或者错误交易也赚了钱，从而在潜意识中形成了经验，即违反一下也未尝不可，说不定又能够捞一笔。结果在这样的侥幸中，终于有机会铸成大错。

事实上，错误交易的盈利给交易者会带来极大危害性或不可预料的损失。当你因为一笔错误交易盈利而庆幸或沾沾自喜的时候，灾难的种子已经埋下了。

这也源于交易者的评价体系的误区。对于交易规则和交易行为，不能以是否盈利作为评价是非对错的标准，而应以是否遵守执行了规则作为评价标准。以单次是否盈利作为评价标准，如同成王败寇的历史观，总是掩盖了事实真相。

首先是交易规则的建立，虽然我已经介绍了一些交易规则，但是未必一定适合你。每个人都有自己独特个性，找到最适合自己的比找到最好的更重要。削足适履的事情大可不必。当然能够找到适合自己的交易规则，答案也只能你在自己身上找到。但是不管你用什么技术，评价的标准只有两点：一是简单，二是有效。简单则利于行动，有效则说明可行。否则无论你是如何枝叶繁茂，逻辑完美，只能视为垃圾。永远都别忘记了你来市场的目的，仅仅是为了赚钱而已。不是为了展示自己的聪明才华。所以你得了解自己内心真实的想法，至少做到对自己诚实。

## 日内交易规则训练

前面我们讲过了，交易规则本身来源于技术或价格运行规律。下面我将把日内交易规则的训练理出来，并进行针对性的训练。

1. 日内交易规则。
2. 突破行情。
3. 买进规则：向上突破参照区间的行情，只做买单，不做卖单。
4. 卖出规则：向下突破参照区间的行情，只做卖单，不做买单。
5. 震荡行情。
6. 买进规则：只在参照区间最低价区间买进。
7. 卖出规则：只在参照区间最高价区间卖出。
8. 参照区间：指你选择的已发生的交易区间，并以此确定方向和进出场位置。即可以是前一交易日的交易区间，也可以是当日交易某时段的交易区间。

为了更直观地把握行情的走势特点，并形成图形印象。我们把这些规则做成图示，如图 5—4 至图 5—14。前面讲过了，图形语言才是潜意识最容易接受的，任何语言的说明，都不及图形展示来得明了。

这些图形展示的是日内交易的几种情况，所有的日内交易，无

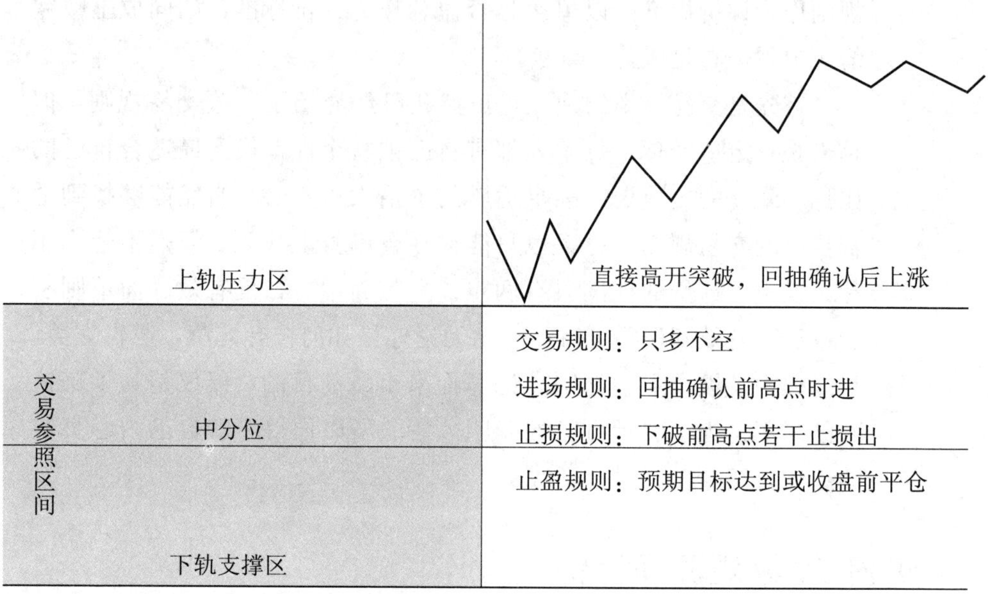


图 5－4　交易规则图示 1

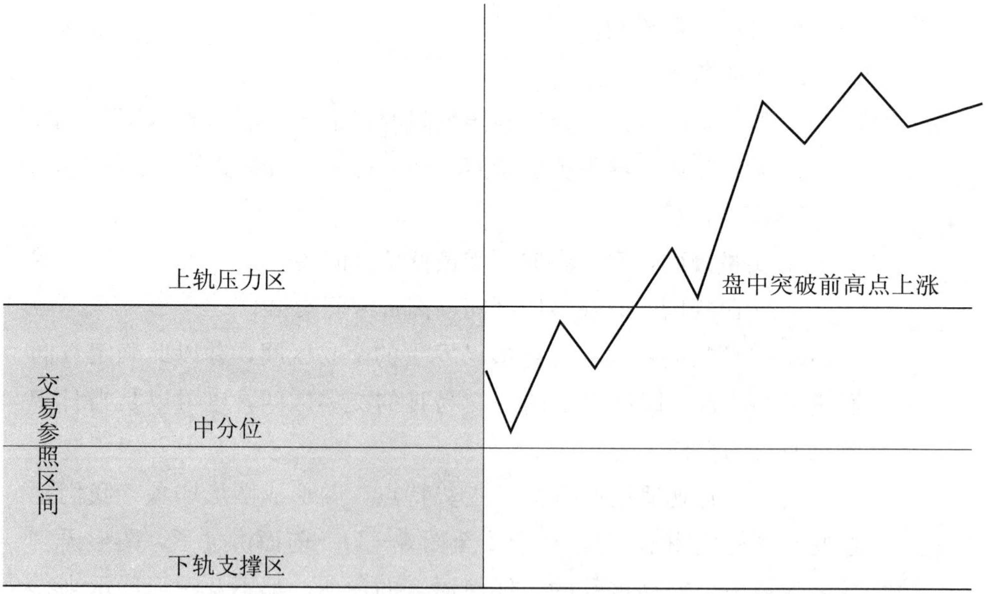


图 5－5　交易规则图示 2

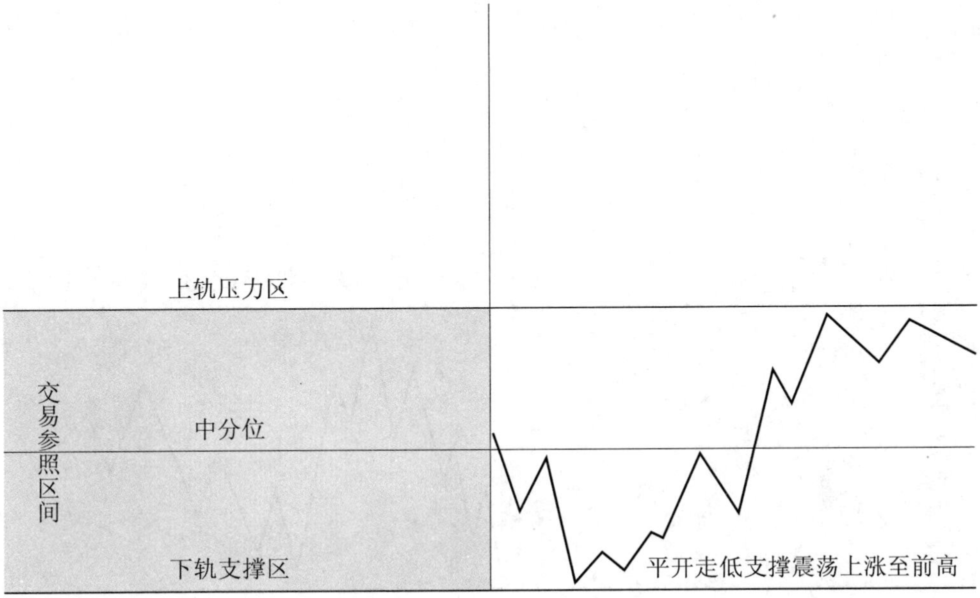


图 5-6　交易规则图示 3

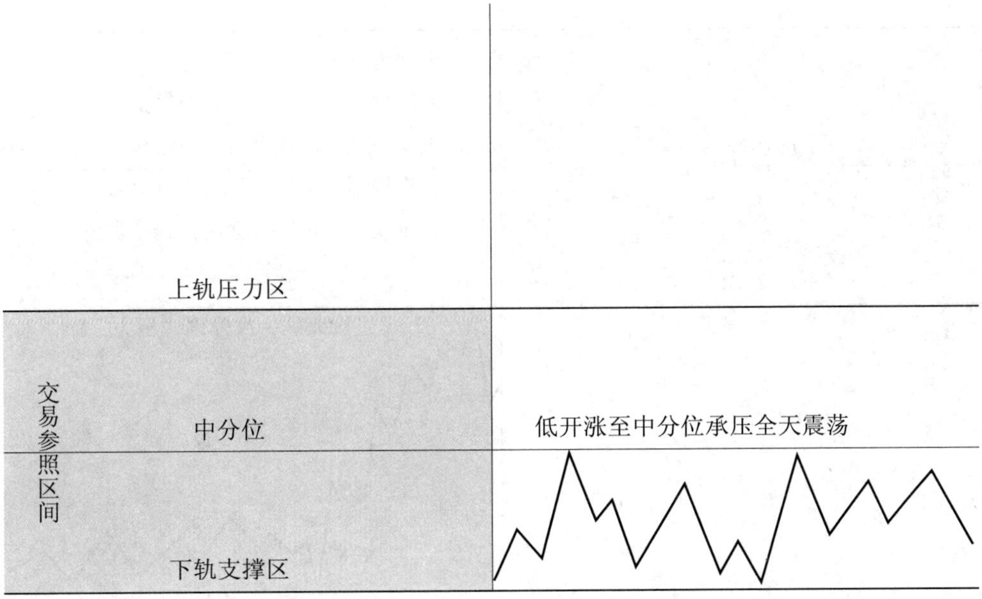


图 5-7　交易规则图示 4

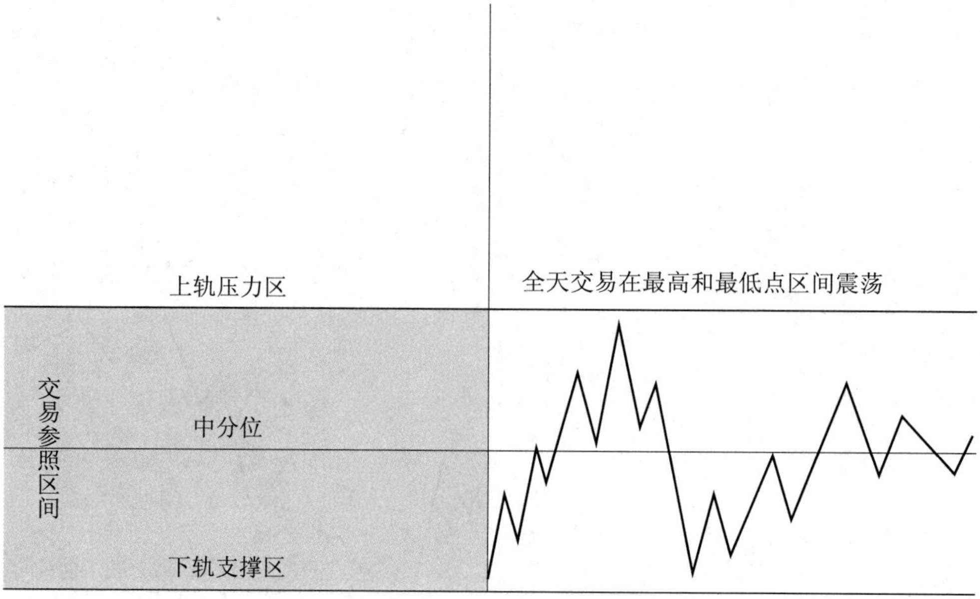


图 5—8　交易规则图示 5

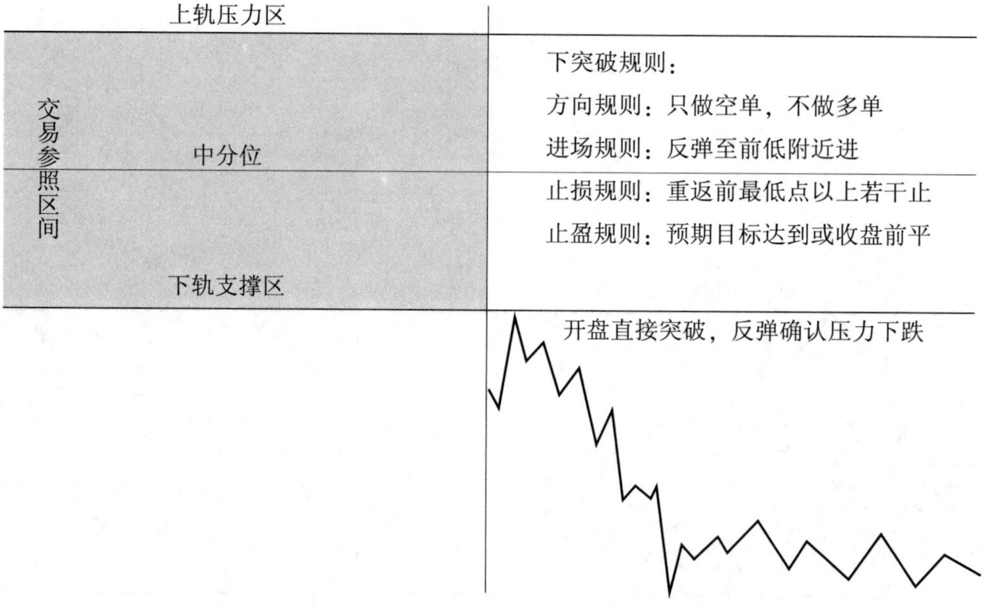


图 5—9　交易规则图示 6

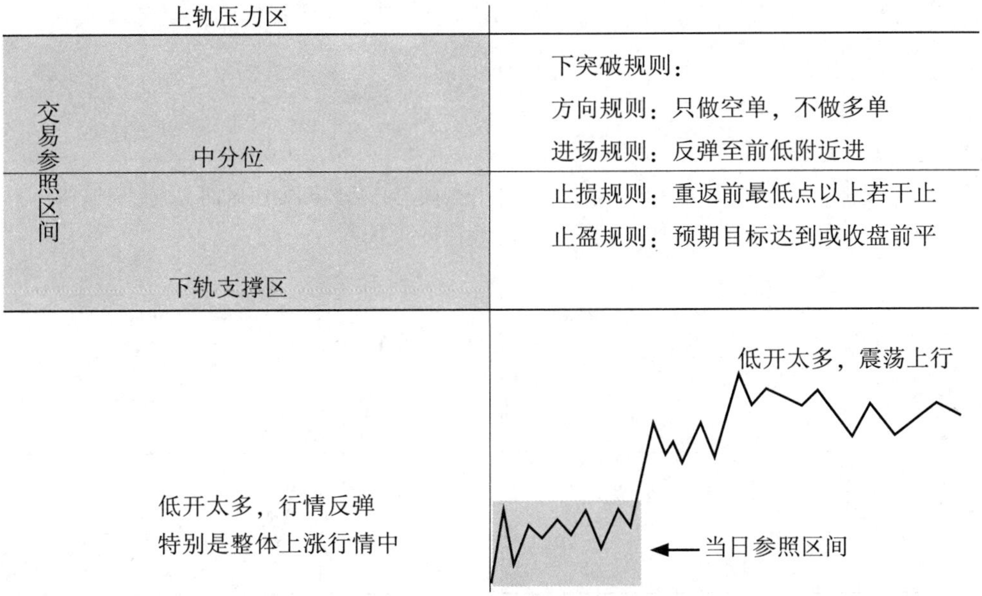


图 5—10　交易规则图示 7

非这么多。当你把这些图形烂熟于心，只要一开盘，你便大致知道行情会如何动作。市场总会给你风险最小而回报最丰的进场机会。这需要耐心。我要求你把这些图形自己画下来，贴在你能够随处可以看到的地方，对照规则，把这些图形背下来。

也就是说，你必须自己能够把这些图形画下来，并能够解释规则。

事实上，还有两种极端行情，在实际交易中出现的次数并不在少数，即假突破行情。如图 5—11 至图 5—14 所示。

我在之前讲过了，假突破往往预示着真实的信号，往往会发生强烈的上涨或下跌行情。这种情况一般发生的行情背景有两种：

1. 在整体上涨行情中，因外盘或消息利空影响，行情低开后会迅速走高。同样，在整天下跌行情中，因外盘或消息利多，行情高开后会迅速走低。

2. 在短期或中长期行情变盘转势时，会出现这样的行情。

这类行情一般都会非常剧烈，要随时警惕。若严格按照交易规

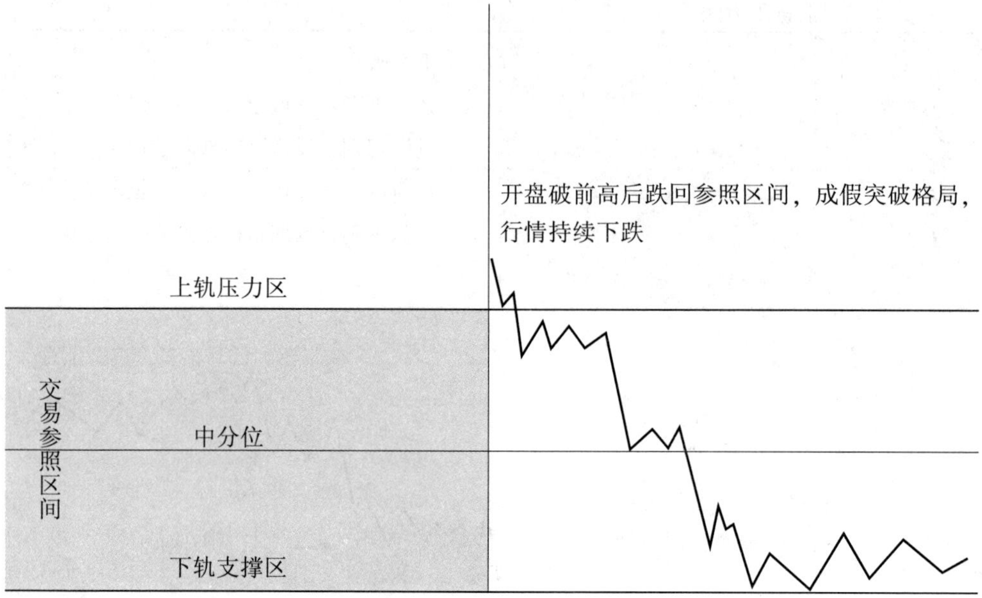


图 5—11　假突破走势类型 1

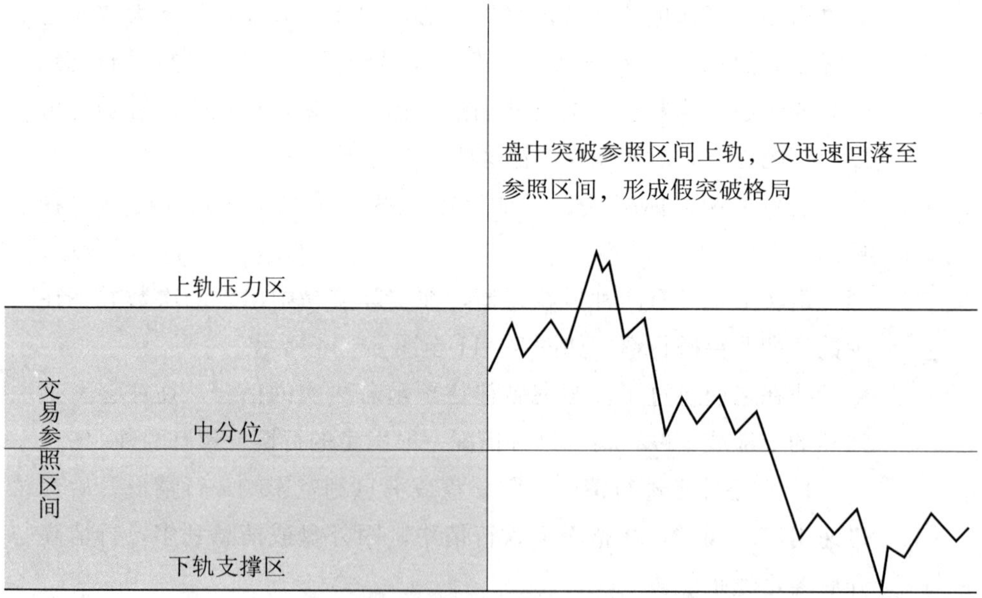


图 5—12　假突破类型 2

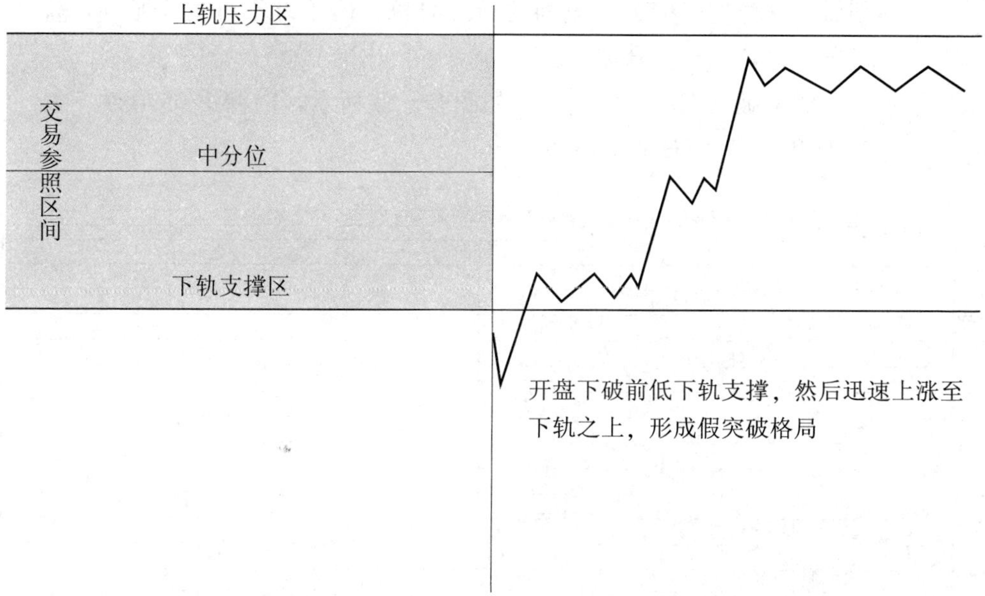


图 5—13　假突破类型 3

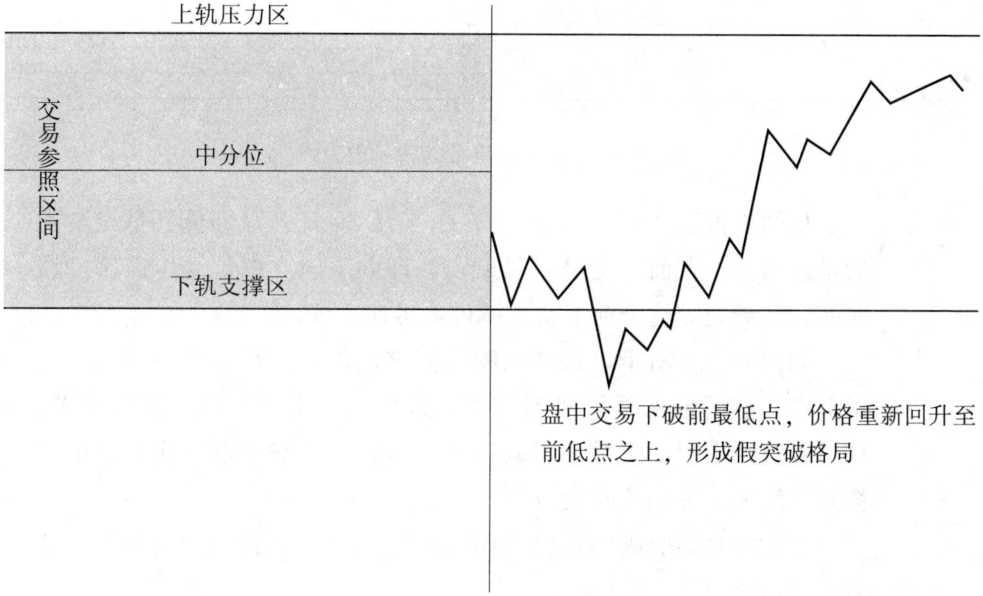


图 5—14　假突破类型 4

则做，这样的行情会是盈利的最好时机。但千万不可主观臆断，侥幸不止损，甚至重仓加仓。

假突破真上涨实际走势，如图 5—15 所示，白糖 1209 合约 5 月 28 日和 29 日两日的走势图。

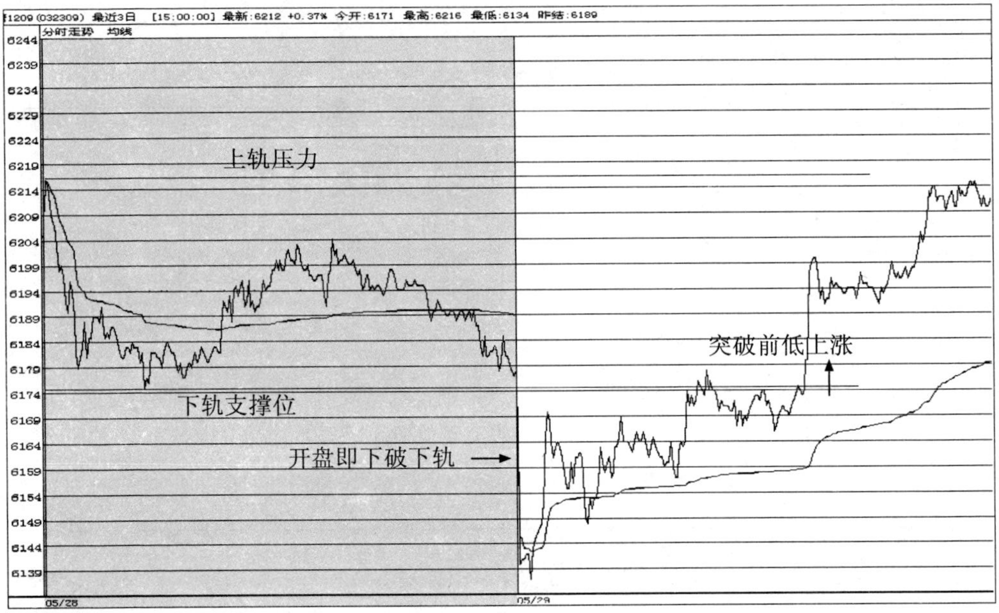


图 5—15 白糖 1209 合约两日走势图

从图中可以看到，白糖 1209 在 5 月 29 日开盘即低开低走，然后迅速反弹，在前一交易日最低点，即前下轨支撑位受压震荡一段时间，然后突破这个前下轨支撑位，迅速上涨。

如图 5—16 所示，这是天胶的假突破图，开盘低开下破前一天最低点，然后价格重新回到前一天最低点之上，形成小区间震荡。午盘临近结束时，突破该震荡区间上涨，并突破了前一交易日的最高点，迅速上涨强势收盘。

由此可见假突破的行情所引发的剧烈波动行情的交易机会，或者说交易陷阱。

这样的行情在实际交易中并不少见，一定要警惕。因为，这样的行情，在交易规则中，如果没有进行严格的行情过滤和定性，进

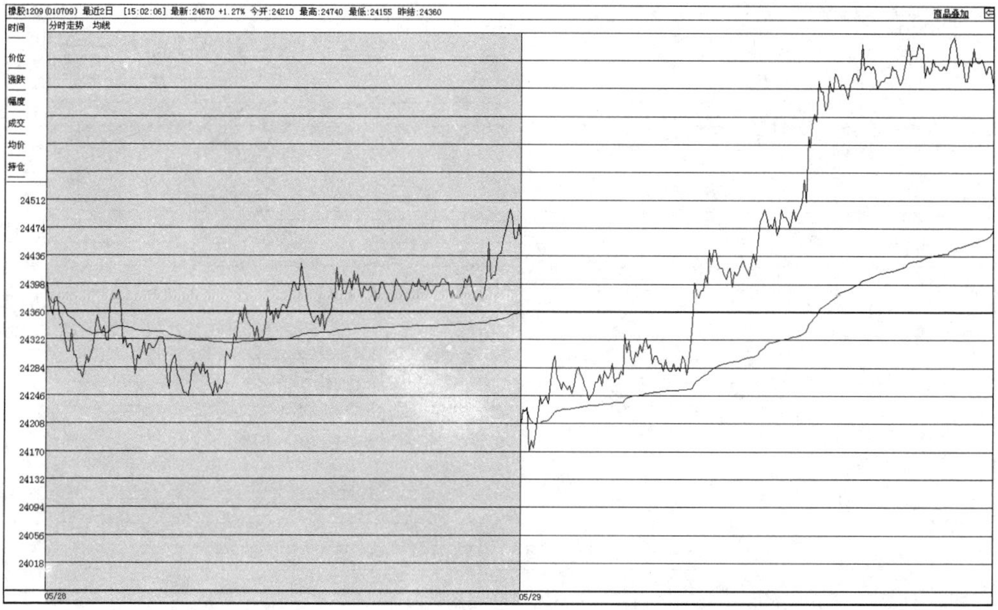


图 5—16 橡胶 1209 合约两日走势图

场之后，如果不及时止损而心存侥幸，会有很严重的后果。或者说，这样的行情对交易者的个人行为能力要求是很高的。所以单独列出来，供交易者做专门的强化训练。

以上的交易规则图示，除了多看，多背熟记外，同样也要进行睡前的冥想回忆。

接着的训练，即用实际盘面来印证交易规则，并进行详细的解盘。在上一章节，我们有对日内走势进行每天画图的训练。除了历史走势外，你必须对目前正在交易的行情，除了画图外，还要进行详细的规则解盘。为了让大家有一个明确的模板，我选择一个品种豆粕 1301 合约走势进行图示。

训练要求：你必须每天把两天的日分时图画在同坐标系下，然后用交易规则进行解盘。

必须标示的价格：最高价、最低价、中分位。

必须注明涨跌的逻辑：以交易规则预测方向、涨跌幅度，并界定出进出场价格。

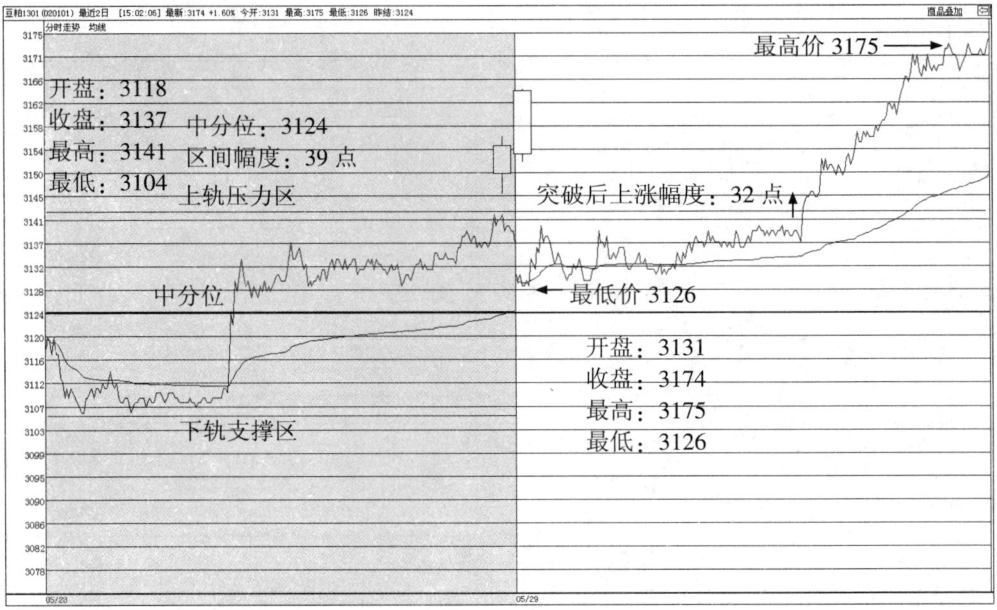


图 5—17　豆粕 1301 合约两日走势图

在图上标示出依据交易规则和参照区间应该进行的交易，并注明理由。

如图 5—17 所示的交易解盘：前一交易日 5 月 28 日，整体行情震荡走高，行情偏强。最高价 3143 压力位区间，最低价 3104 支撑位区间，中分位 3124。本交易日 5 月 29 日开盘在前一交易日上轨区间 3131 开盘，最低至 3126，即中分位附近。然后上涨 3140 回落。整体来说是在中分位与上轨压力区间震荡。从交易的角度来说，可以在近 3124 附近买进，或在 3143 附近卖出。下午开盘后，价格直接突破了最高价 3143，迅速上涨。从交易角度来说，突破行情只能做多，可以跟进买入开仓。如果之前有空单未平仓，必须先止损出来。

依据交易规则，今天可以交易的机会有三个：

1. 在中分位 3124 附近买进，下破 3120 止损。若行情上涨，则在前高点 3143 附近平，或在收盘前平仓。

2. 在近 3143 附近做空，上突破 3143 即止损，若行情下跌，则可以在 3124 附近，3104 附近分别平仓，或者收盘前平仓。

3. 价格突破 3143 后，买进开仓，若价格跌回到 3143 以下若干点，则止损平仓。若行情上涨，则在预期目标一突破后一般上涨前一交易日一倍左右。即 3143＋39＝3182 附近平仓，或收盘前平仓。

以上这是你每天必须做的工作，即收盘后必须按照这个模式画图，用交易规则解释盘面，预测盘面，确定交易行为。

在以上的工作完成之后，你需要进行一项非常重要的训练：交易心理暗示训练。我将在后面章节详细介绍训练方法。

总之，我要求你用交易规则来思考盘面，交易规则是直接从价格运行的规律中总结出来的，剔除了外在的干扰。也就是说，你用交易规则思考盘面，解释盘面，就是在用价格运行规律解释和思考盘面。你必须接受的是，人的思维是需要训练的。

**人们总是乐于用习惯去行为或思考，乐于无所拘束，随心所欲。我要告诫你的是：规则是自由的本质，你只有在规则的框架下形成了习惯，才能最终消除束缚感，随心所欲而不逾矩。**

# 第七节
## 波段交易的训练

熟记自己所交易品种的整体K线的运行，直到清晰地出现在自己的脑海里。

前面我们主要在讲日内交易规则和训练，对一个交易员来说，日内交易是一切交易的基础。期货交易的保证金制度和T+0制度，使得交易者可以在当日频繁进出，博取可观的价差利润。但并不是每个人都乐于奔波于日内交易，对于当天开平仓而言，对有的交易者来说简直就是灾难。每个人因其所处的交易环境及性格特点或偏好，对行情都有其特定的视角。比如日内交易者，专注的是当日的趋势。而波段交易者，则专注的是未来几天、几周，甚至数月的趋势。也有相当部分交易者完全是混乱的，看长做短或看短做长，处于一种被动状态。

前面我们讲过了，日内交易的规则和波段交易的规则的核心部分是完全一样的。唯一不同的是其参照的交易区间的时间跨度有所差别。一般来说，参照交易区间我们可以用三个因素来确定其对未来行情的影响力：

一是该参照区间波动幅度大小。波动幅度直接决定该区间被突破后趋势发展的空间。

二是该参照区间时间宽度或交易量大小。若时间宽度固定，则交易量成为参考因素。

三是该参照区间发生的时间离当前时间的远近程度。离当前越近的参照区间则影响力度越大。反之亦然。

也就是说，波段交易和日内交易，只是选取的参照区间时间宽度的差别问题。其他的法则完全一样。

比如我们做日内交易，通常以前一天的交易区间作为参照，或以当日某一时段区间作为参照。而波段交易，则往往选取某一明显的震荡区间，该震荡区间常常持续数日、数周，甚至数月。或者直接以周K线或月K线作为参照依据。参照区间的时间宽度增加，对未来行情影响时间也会相应增加。

波段交易的训练，来源于我们对整体K线运行状态的熟悉程度。前面我曾要求**熟记自己所交易品种的整体K线的运行，直到清晰地出现在自己的脑海里。**

## 波段交易训练方法

1. 选取某合约最近两年的整体交易行情比较合适，如橡胶1209合约走势。如图5—18所示。

图5—18 橡胶1209合约日K线图

图 5—18 是橡胶 1209 合约带均线系统的两年交易走势图。不过对于交易者来说，简洁最易于行，盘面的干净会让交易者更专注。也可以直接使用干净的 K 线图，如图 5—19 所示。

图 5—19 橡胶 1209 合约 2010 年 5 月至 2012 年 5 月走势图

如果你交易的是天胶这个品种，那么首先按照在上一章给你提供的训练方法，先整体后局部，分段记忆，逐步关联起来，熟记此图。要求如下：

1. 你必须能够清晰地记住每次行情的起始点和转折节奏。

2. 你必须清楚地知道行情在不同的转折处的最高价和最低价。

3. 你必须能够大致完整地把整体的 K 线形态图示画出来，如果你对均线情有独钟，也可以把均线和价格的位置关系也标示出来。

## 用交易规则分析整体盘面的涨跌规律

下面将以天胶为例，用交易规则分析逐段解释盘面，并确定交易行为。

图 5—20 橡胶 1209 合约走势分析

如图 5—20 所示，此图为 2010 年 5 月初至 2010 年 8 月末的行情交易。我们可以看到，该震荡区间的时间宽度为该年度 5 月 5 日至 7 月 28 日，时间跨度达两个半月之久。振幅为 2500 点。这个交易的时间宽度比较长，如果突破后，对未来行情的影响时间也会很长，幅度也不会小。至于时间宽度和上涨幅度之间的关系，通常的观点是横有多长，竖有多高。不过从交易的角度来说，步步为营，分段跟踪行情可以保持足够的弹性。永远都要考虑到最坏的事情发生后自己能否承受。

那么目前选择 23000—20500 为参照区间。当行情在该区间运行的时候，按照交易规则：上轨做空，下轨做多。中分位作为缓冲分段平仓，或者分段建仓的机会。

交易行为：

1. 在近 23000 附近做空，上突破 23000 若干止损。止盈位中分位平一次，最低 20500 附近平一次。

2. 价格从 23000 回落至中分位 21750 附近时可买一次，下破

21750 若干止损。止盈则在 23000 附近。

3. 价格跌至 20500 附近时买进，若跌破 20500 以下若干止损。止盈则在中分位 21750 附近一次，23000 附近一次。

若行情突破了 23000，依据交易规则，只能做多不能做空。买进的位置在靠近 23000 附近，或者依据日内交易规则买进持有。这时候你会发现日内交易的把握对波段行情交易的帮助。

通常我们倾向于突破之后等回抽确认支撑时进场，但有时行情发展快，不回抽或者延期回抽。但是从交易角度来说，有人激进，会在第一时间进场。有人谨慎保守，待回抽确认时进场。如果不回抽，那么就只能通过日内交易获得比较有利的进场时机，作为一种补充。

剩下的行情，读者可以把历史图形找出来，我要求你能够自己独立做出来。依照交易规则，把整段行情的发展延续和终结进行全面归纳解释，同时据此做出相应的交易行为计划。

整个过程完成之后，将进入交易心理暗示训练。

# 第八节 交易心理暗示训练

人是活在感觉中的生命，或者说人类依赖感觉或感觉的延伸活着，而感觉很大程度上却是一种主观的东西。我们的感觉并不能客观地反映事物的本质。

一个病人摔折了胳膊，去医院拍片。但医生拿反了X片，皱了皱眉说："你这个腿可全断了。"于是这个本来只是胳膊断了的病人一下子就站不起来了。

显然，这个病人潜意识接受了医生的判断，从而直接导致身体机能的丧失。而另一个故事则是一位英国作家写的：威尔逊喜欢新鲜空气的程度，无人能及。一年冬天，他到芬兰一家高级旅馆住宿。那年冬天奇冷，窗子都关的严严实实。尽管房间舒服无比，但威尔逊一想到新鲜空气一丝都不能透进来，非常苦恼，辗转难眠。最后他实在忍无可忍，便捡起一只皮鞋朝一块玻璃样的东西砸去，随后他听到了玻璃破裂的声音，才安然进入梦乡。第二天醒来，展现在他眼前的却是完好如初的窗子和墙上破碎的镜框。

**人是活在感觉中的生命，或者说人类依赖感觉或感觉的延伸活着，而感觉很大程度上却是一种主观的东西。我们的感觉并不能客观地反映事物的本质。**就如同我们看到树叶的绿色，只是因为它反射了太阳光谱中的绿色光谱。或者说，我们的感觉常常欺骗我们。通过意识层面制造的感觉，若能顺利进入潜意识，潜意识则能完整地接受，心理暗示即源于此。

事实上，所谓冥想、气功、催眠都是一种心理暗示技术。都是运用了潜意识的特性。我们现在需要做的是，运用心理暗示技术，获得正确的交易经验，形成正确的交易习惯。

交易心理暗示需要运用的手段：呼吸控制、放松、想象、重复。

## 呼吸训练

控制呼吸是为了训练交易者的专注力，而市场直觉则正是来源于专注。

呼吸对于生命的重要性比任何东西都重要。不吃饭，可以活一个月以上，不喝水，活一周，不呼吸，几分钟生命就终结了。只是因为我们太习以为常而忽略了呼吸的重要。事实上，我们的生命是维系在一呼一吸之间。对呼吸的控制，意味着对生命的有意识地控制。事实上所有的关于灵性修炼的方法无不与控制呼吸相关，只不过由于其带上了深厚的宗教目的，常导致人们身心迷惑。

简单地说，控制呼吸的方法，就是数呼吸。因为呼吸是一个人只要活着就存在的，有规律出现的东西。如果将意念集中在呼吸上时，就容易让人持续地集中注意力，产生专注。就这么简单。相信你应该不会怀疑专注所产生的力量吧。事实上一个人的聪明程度与专注能力相关。

数呼吸，实际上也就是意数呼吸。一呼一吸为一息，就在心中计算一次。从一数到十，再从十数到一。如此循环，在数的过程中，一旦走神，即从头开始数起。通过数息，心意就容易集中了，专注力就产生了。同时也因为呼吸是当下正在发生的事情，专注于呼吸，交易者便不会因已发生的事情悔恨，也不会被未发生的困扰。

同时，由于呼吸我们用的是腹式呼吸（腹式呼吸是人的原始呼吸方法，婴儿刚出生时，你可以看到他呼吸时，小肚皮一起一伏，其实就是腹式呼吸，也叫丹田呼吸。所以，婴儿哭闹几个小时，声音都还是那么响亮）。你应该有所经历体验，当你紧张愤怒的时候，心跳增加，血压升高，脸色发白，呼吸也会不由自主地短促，这种浅层的呼吸，同时也导致血液中供氧不足。而当你深呼吸的时候，血液中含氧量增加，心跳也减缓，血压也下降了。从这个过程，我们可以明显看到呼吸方法对身体和情绪的影响力。

数呼吸是一种比较简单容易的修行方法，主要用于妄想杂念极多的人。更进一步则要进入佛家所说的观呼吸、三调、禅定。这里我不细说。

## 放松训练

放松状态是催眠最重要的手段。只有放松，才可以进入催眠状态。人在放松状态时，意识淡去，而潜意识显露，这时候接受心理暗示效果最好。但我们很多人常常并不知道放松是什么状态。我们更熟知的是紧张状态，我们可以通过这两种对比来识别和记住放松状态。

首先将你的双手握成拳头，逐步用力，将拳头攥紧，再紧一些。这时候你用心感觉一下双手和前臂的肌肉紧张状态，并让这种感觉进入到手指、手掌和前臂。然后再放松你的手，注意紧张和放松之间的差异。当放松你的手和前臂时，请注意用心体验紧张感流走时的舒服感。这就是放松。

如果你体验了这个放松的练习，你就会注意到手和前臂不能在同一时刻既放松又紧张。也就是说放松与紧张是不相容的。你会注意到，你指示手紧张起来，然后又引导它放松。总之，就是要你学会放松身体的每一块肌肉。这并不是一下子就能完全把握，也是需要按照一定的训练才可以学会的。

我现在来教你放松的基本动作：

现在请你坐在一把带扶手的椅子上。

1. 拳头：首先握起右拳，攥紧一些，感觉右手和右前臂紧张起来，再用心体验这种感受。保持紧张状态，暂停一下。然后松开拳头，放松右手到扶手上休息。暂停一下，注意紧张和放松之间的差异。记住这种感觉和感觉上的差异。然后用左拳同样做一遍。

2. 手臂：现在将双手握拳，前臂向臂膀位置弯曲。这时你的二头肌会紧张起来。感觉肌肉的紧张。保持状态，暂停一下，然后放松，让你的手臂落下，回到身边。注意紧张和放松之间的差异，记住这种感觉。暂停10秒。

3. 臂膀：耸起你的肩膀，向耳部靠拢，感觉肩部的紧张。暂停，然后让肩部放松，注意比较紧张和放松的感觉，记住这种感觉。暂停10秒。

4. 前额：皱起你的前额和眉头，感觉到眼角儿的皱纹。暂停，放松，前额皱纹松弛下来。记住这种感觉。暂停10秒。

5. 眼睛：现在紧闭双眼，你能感受到眼睛周围的紧张。暂停5秒，现在放松，记住紧张和放松的差异。暂停10秒。

6. 舌头和咀嚼肌：现在通过咬紧牙关使你的咀嚼肌紧张起来，并将嘴角儿向后移动，感觉咀嚼肌的紧张，暂停5秒，现在放松，你能区别出咀嚼肌紧张和放松的差异吗？记住这种感觉，暂停10秒。

7. 嘴唇：现在紧闭嘴唇，感觉嘴部周围的紧张，暂停，然后放松那些肌肉，感觉嘴和整个脸部肌肉的放松。暂停10秒。你的脸像你的拳头放松了吗？

8. 头部：现在将头紧靠在椅背儿上，你能感觉到头部和后背的紧张吗？暂停，然后让头部休息，注意体验紧张与放松的差异，保持放松10秒。

9. 下巴：现在注意颈部，头向前伸，看看能否将下巴接触到前胸。感觉颈前部肌肉的紧张。然后放松，保持放松状态10秒。

10. 背部：现在注意你的后背，将背向后弯曲，挺出胸腹部，你能感受到背部的紧张，感觉这种紧张，保持紧张状态10秒，然后放松，注意紧张和放松的差别。保持放松状态10秒。

11. 胸部肌肉：现在深呼吸，充满你的胸腔，憋一会儿感觉整个胸部和腹部的紧张，保持紧张，然后放松，自然地呼气，感受放松的感觉。保持放松10秒。

12. 腹部肌肉：现在将注意力放在腹部，绷紧腹部肌肉，一会儿放松，体验放松感觉。保持10秒。

13. 臀部：现在收紧臀部肌肉，向地板或椅子上压，感觉它的紧张，然后放松，体验放松10秒。

14. 腿部：伸直双腿，感觉大腿的紧张，保持 5 秒，然后放松，体验紧张与放松的差异。保持放松 10 秒。

15. 脚部：注意小腿和脚，将脚尖儿尽量向上，使你的小腿肌肉绷紧，感觉到牵拉的紧张，保持 5 秒，放松，感觉紧张和放松的差异。

通过一段时间的训练后，你就会掌握主动控制身体各部位肌肉进行放松的技能了。

然后是要将各部位连接起来进行放松。可以将身体分为四个部分：

1. 左右手、前臂、二头肌；

2. 脸部、颈部肌肉；

3. 胸、肩、背部、腹部肌肉；

4. 左右大腿、小腿、左右脚。

熟练后，就是说再也不用去体验紧张和放松的感觉了。你只要用一个由上到下的放松意念，从头部、双肩、双手、胸部、腹部、腰部、臀部、双腿一直到脚尖儿，一气呵成地放松全身就可以了。

再进一步，就是放松于无形，部位概念早已消失，一念放松通体就彻底放松了。在完全放松的状态下，你只要不断加强和重复放松意念，自然会越来越深入到放松的状态。

这种放松的状态，就是催眠状态。我们完全可以通过这样的训练，进入一种浅层的催眠状态，当然如果你对此有兴趣，可以更深入地去学习进入深层次的催眠状态。

## 想象训练

在这种放松状态下，可以开始发挥你的想象力了。如果是做日内交易训练的交易者：请你先在脑子里想象前一交易日的走势图，必须达到清晰，你能够清晰地看到脑子里的走势结构图，上轨、下轨、中分位，以及相关的最高价、最低价、中分位价格。然后你开始想象当天开盘时的情景，开盘价在什么地方，高开还是低开，是否突破，然后根据交易规则，该如何交易。你想象自己是一个非常坚定果断的操盘手，一旦价格运行到符合交易规则的时候，立刻进场交易，一旦持仓理由消失，立即止损反手。整个过程，你想象中的交易，必须是完美的，符合交易规则的都做，不符合交易规则的坚决不做。你必须在脑子里想象自己的坚定、耐心，把自己的所有交易行为都置于交易规则之下。

在头脑里模拟实盘交易的过程，应该做到尽可能逼真，你尤其需要注意的是，必须把自己想象成为一个行为果断的交易者，严格按照交易规则执行着交易。在此之前，为了让想象有一个更确定清晰的形象，你可以预先对自己作为一个理想中的操盘手，是一个什么样的形象，具备什么样的素质，有一个清晰的定位和描述。你的描述要尽可能具体，而不是抽象。你可以想象自己交易时候的表情，是如何淡定，心理是如何轻松自如。没有恐惧，没有担忧，没有贪婪，一切都是在规则的框架下运行。

也就是说你想象重点有两个：

一是想象你按照交易规则严格执行了交易。

二是想象你在执行过程中的坚定与淡定。

## 重复训练

以上的训练，你必须每天重复。记住，重复既是记忆之母，也是进入潜意识，形成习惯，形成自动反应的必由之路。只有大量的重复之后，你才能够达到足够的熟练，直到你的脑子再没有规则的概念，你的直觉与规则有机的结合为一体。

交易者在进行自我暗示的训练时，必须注意语言的选择。暗示与语言相当，如何选择语言直接决定你的愿望是否能够达成。由于潜意识没有分辨是非的能力，不懂得处理否定语言，因此，在选择暗示语言时，你必须选择正面的、积极的、肯定的语言。

比如，我要求你不要想象一只白色的猫。这时，在你的脑子里出现了什么？对，你脑子里首先出现的是一只白猫，而这并不是你想要的。因此你必须学会选择肯定式的语言，而潜意识只能准确地处理肯定式的语言，如果你用否定的语言文字，这会导致潜意识的混乱。

比如：你想要让自己做到放松，在心理暗示时应该说：我现在全身放松，放松；而不能说：我一点儿也不紧张。如果你要暗示自己成为一个严格自律的人，只能暗示说：我是一个非常果断坚决的执行者，每一步行动都执行了交易规则；而不能说：我一定不违反交易规则，不心存侥幸。

你可以先找一张空白纸，把你想要达成的目标，用正确积极肯定的语言写下来，我通常会这样设计心理暗示语言：

我是个行动力超强的交易者……

我严格遵守交易规则……

我用交易规则思考……

我用交易规则预测……

我用交易规则行动……

我非常坚定……

我非常果断……

我的行动完全符合交易规则……

符合交易规则的，我一定去做……

不符合交易规则的，我一定不做……

我是一名成功的操盘手……

我严格执行了交易规则……

我严格执行了交易计划……

我果断，坚定……

我充满勇气和力量……

我严格止损……

我果断进场……

我意志力坚定……

我有强大的耐心……

我轻松，淡定……

我严格执行了交易规则……

我严格执行了交易计划……

我充满自信……

我精力充沛……

我有超强的记忆力……

我熟悉所有的行情模式……

你还可以根据你自己的要求，设计更多的语言。当你处于放松状态的时候，你在心里默念。或者最好的办法是你找人录下来，注意录音的时候，要语言舒缓，有时间间隔，再配以轻柔的音乐。当这些暗示进入你的潜意识之后，便不会再受意识的控制，而成为一种自动思维反应。这正是我们想要达到的目的。

# 第九节 数字解盘训练

数字变化的规律，虽然知道，但是若能熟练地运用到交易上，并非朝夕之事。

建立对数字变化的敏感和直觉，需要实际的盘中训练。前面我们详细讲解过价格数字变化的一般规律。这些规律形成的原因，并不是我们要深究的。因为我们是交易者，不是研究者。运用已知规律的能力才是一个交易者应该具备的素质。发现规律或发现规律的成因，这是研究者们做的事。前者需要行为能力，后者需要思维能力。

思维太多、分析太多常常导致行为能力的障碍，这是很多交易者亲身体验过的事实。**数字变化的规律，虽然知道，但是若能熟练地运用到交易上，并非朝夕之事。**

## 训练的方法

1. 运用数字规律看盘，即在交易时间内，通过观看价格的变化，对行情的变化做预测性，因为这种分析预测非常简洁，不需要你的大脑转弯，因此在交易中不会对行为有阻碍。反而能够弥补其他技术或交易规则的不足。

比如，2012 年 6 月 1 日的交易，开盘价 3100，那么这个开盘价一出来，你首先应该想到的就是，3120 和 3080 价格。因为如果 3100 不破，那么价格一般会上涨到 3120，如果破了就会先到 3080。

3100 开盘后没有破，从交易的角度来说，就可以在此价格附近买进，在3120附近平仓。行情的发展恰如数字预测的规律，没破3100，很快就上涨到3120。当价格到了3120之后，那么要想到的价格就是3150和3100。同时也要想到一个中分3120—3150之间的中分位3135。那么，然后价格上涨到3128处受阻回落。价格若回落到3125以下，3120三分后（3125—3120—3115），首先可以界定3115为3120的最后一个支撑。如果3115破，则要下见3100。也就是说，在整个交易过程中，你都可以通过0、2、5、8数字变化的规律，推断价格上涨或下跌的可能性或具体的目标位。

2. 运用数字规律解盘。收盘后，画出当日交易的日分时走势图，在图上标示出所有的高点和次高点、低点和次低点、开盘价、收盘价、中分位。用数字规律来分析价格涨跌变化。

3. 把数字规律同交易规则中的支撑和压力位结合起来，确定出相对精确的压力位或支撑位区间，以利于实际交易。如图5—21所示。

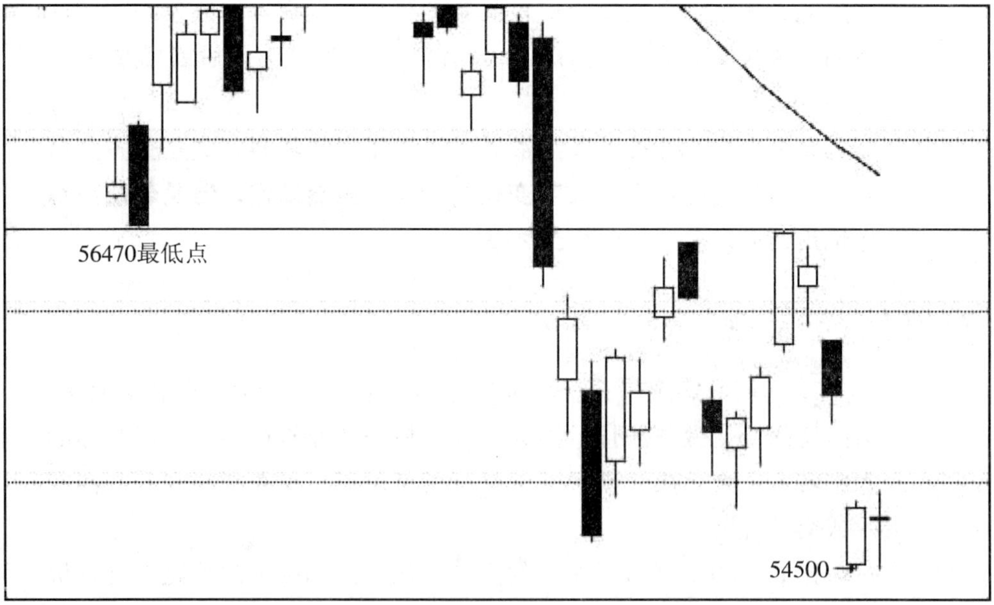


图5—21　用数字规律与交易规则来确定交易策略

前期最低点 56470 被跌破后，成为压力位。那么因为 56470 最接近 56500，则可以 56500 为中心压力进行三分法（56550—56500—56450）即这三个价格都为压力位，可以分别建仓，即在 56450 附近建一次仓，近 56500 建一次仓，56550 建一次仓。如果价格涨破 56550 若干点，则止损出来再寻机交易。如图 5—22 所示。

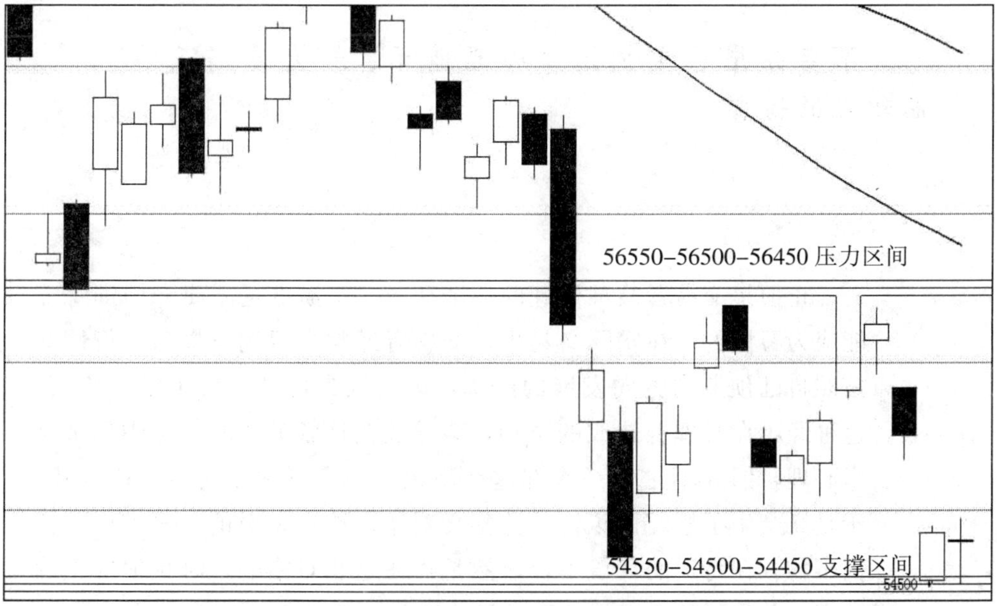


图 5—22　支撑位变压力位后三分法做空策略

支撑位 54500 的三分法确定，你可以按照我的模式自己做。

这样的训练，你需要在很多行情中用图示法表现出来，用文字表述出来，以更大的训练量来加速你习惯的养成。

用数字规律判断行情，确定具体的支撑或压力位，经过大量训练后，一样可以成为自动反应模式。也就是说，当你习惯以后，再看行情时，不需要你在脑子里判断、决策，你会习惯性地反应出来。

# 第十节 止损的针对性训练

不要使用否定词用于心理暗示，一定要用正面积极的语言。

止损是交易者最难处理的一个环节。止损也是需要专门训练才能成为习惯的。在实际交易中，交易者经常会遇到止损后，行情又按照自己预期的方向发展的经历，因而认为自己出现了错误止损。这种经历在心理上造成的影响，会导致在日后类似的情况中出现侥幸心理，但并不是每一次都这么幸运。一次不幸，便会铸成大错。于是又产生了极端的说法：止损无对错，错也是对的。事实上，任何事物，在特定的环境下，显然是存在是非对错的。对止损的正确认识，首先要从止损的性质说起。

## 截断损失——绝对资金止损与技术性止损

止损直接的定义为截断亏损。那么就存在以下两个问题：

1. 止损的依据。

2. 止损的额度。

止损的依据即止损的理由。当你持有某一部位头寸时，如果发生了账面浮动亏损，此时是否需要止损，有两种选择，一种是基于资金管理方面的，即只要资金亏损达到了某一固定值，不论原因无条件止损；一种是持仓理由消失即止损。这样我们可以给止损进行分类定义：

1. 资金管理止损。

2. 技术性或规则止损。

资金管理止损又可以分为两种，一种是绝对资金止损，二是持仓资金止损。绝对资金止损，指以全部资金为参照，亏损达到全部资金的某一百分比即无条件止损。比如 100 万元资金，对日内交易而言，亏损达到总资金的 2%即止损。持仓资金止损，是指以占有的资金量为参照，亏损达到占有资金量某一百分比时无条件止损。比如 100 万元资金，持仓占用 50 万元，当亏损达到占用资金的 2%时即无条件止损。

资金管理止损，无技术含量，会经常出现止损出错的问题。特别是当进场位置不当时，其获利潜力则依赖于对行情把握的正确率取胜或持仓正确时的耐性。好处是，简单易行。

技术性止损或规则止损，依据交易信号的改变止损。即止损后可以反手操作。比如，你以均线作为技术或交易规则确定方向进行交易，若以豆粕为例，日分时图均线向上，均线价格为 3110，当价格回落到 3110 附近时，买进；如果跌破 3110，则止损。跌破多少止损呢？6 个点即必须止损。这个止损是根据二八法则来的。3110×2‰=6.22。如果是铜，若均线价格为 56500，则为 56500×2‰=113，即价格跌破均线 113 点即止损出。如果是依据数字规则进场，以豆粕为例，以 3100 为支撑位买进，3100 三分法后为 3095—3100—3105，如果价格跌破 3094，则止损出。如果依据震荡区间交易的，假如依据 3100—3150 为交易区间，如果在价格突破了 3150，买进后，当价格重新回到 3150 以下 3150×2‰=6.3 个点，即可止损出。

也就是说，技术性止损都是针对支撑位或压力位的 2‰的突破幅度作为止损。数字止损的幅度与此相差不多。

行情的突破往往出现多次反复或者假突破，常常导致交易者陷于止损的两难困境。因此也有人加入了时间过滤因素。一般来说，突破之后，3 天时间能够站稳，则确认突破，止损出。特别是在一些可上可下的不确定的位置。通过时间过滤原则，可以解决一些问题，但同时也会带来负面影响，在行情变化剧烈的时候，会出现难以承受的损失。我个人建议，宁可止损出局，再次进场，反复进场，也没有必要等时间来确定。

行情的关键阶段出现假突破之类的行情本是寻常之事，对于止损之后，再次进场的问题，是很多交易者的障碍。毕竟交易不是游戏，是真金白银的较量，往往止损后，交易者便失去了再次入场的勇气。但是必须明白，勇气不是天生的，行动能力必须经过训练才能获得。针对性的在止损上进行大量的训练，这个环节的重要性怎么强调都不过分。勇气是交易者最重要的素质，这一点怎么强调都不过分。但勇气并非匹夫之勇，必须是建立在智慧和自己能力范围之内。很多人勇气的丧失，并不是因为能力问题，而是因为缺乏对自己的了解，导致缺乏自信。前面我讲过交易最大的情绪障碍是恐惧和担忧，而交易又是内心对抗性极强的一项活动，如果没有内心坚定的信念和大量的训练强化出来的心理素质，很难抵御交易带来的压力。

事实上，没有人天生勇敢。或者说，我们之所有缺乏勇气，也是在经验中学来的。那么同样的道理，我们也一样可以通过经验来获得勇气。

勇气的丧失直接源于害怕或恐惧，而害怕或恐惧作为一种情绪，很容易被放大或夸大。

而我们之所有害怕或恐惧，常常是因为有所执著、有所贪恋而生得失之心。有一则说禅的故事《将军的古玩》：有一位将军，在家中把玩他珍藏的古玩，一不小心失手差点儿将古玩摔碎。将军惊出一身冷汗。他想，我带领千军万马，出生入死都未曾害怕过，为何今天为了一只杯子吓成这样子呢？后来他终于明白，有了爱憎之心才使他惊骇。于是他随手把杯子打破。钱财人人所爱，我们之所有留恋于这个交易市场，承受巨大的心理压力，无非是因为钱财。难道还有别的原因吗？

交易上的恐惧，则源于过去的经验，交易者大都有过这样的经历，看到一个似乎很好的机会，或听到一个消息，或仅仅是看到价格涨高了，或者跌低了，就进场交易。结果短期内就蒙受巨大的损失。这种经历在心理上千万次的挫伤，将会在潜意识里沉淀下来，当再次出现交易机会的时候，恐惧情绪便会适时出现。结果导致丧失了行动的勇气。

也就是说，我们在交易上的害怕或恐惧，有的是过去的经验造成的。

一个显而易见的现象是，我们在自己擅长的领域，会因自信而显得勇气十足。而我们所擅长的，也正是我们重复过多次的事情。从这个角度说，如果你想要训练自己的勇气，就必须做自己感到害怕的事情，才能最终超越。

交易者在止损中的障碍有以下几方面原因：

一是源于自身固有的情绪反应及习惯行为模式。交易者交易中的行为，事实上也是他们个人性格习惯在交易中的延伸。

二是由于交易者不愿意让亏损变为现实，对失败或成功的害怕，导致他们行为上的拖延。

三是由于行情本身的复杂性，常出现止损后价格反复的现象。这样导致交易在止损时出现患得患失或侥幸心理，从而导致行为能力的丧失或下降。

前面我提到过，交易行为是对抗性极强的项目。止损既是你在交易中必须付出的成本，也是获得行为能力的前提。但很多初入市的交易者并不这么认为，他们满脑子想的是赚多少钱的事，而不是亏多少钱的事。或者说他们从来没有考虑过失败后的处理，或者考虑失败后自己是否愿意承受。对于这种心理的交易者，不在我们讨论的范围，只能说他不适合交易，应该寻找另外的门路。

有过打架或者搏击经验的交易者应该会有这样的体验。如何你总是担心对手打痛你，打伤你，那么你已经输定了。因为你首先就胆怯了，担心和恐惧将直接让你固有的技术或行为能力下降，甚至丧失。

交易也是同样的道理，你总是害怕损失，担心损失，那么你的行为能力必将下降。

庄子曾讲了这样一个故事，原文是这样：列御寇为伯昏无人射，引之盈贯，措杯水其肘上，发之，镝矢复沓，方矢复寓。当是时也，犹像人也。伯昏无人曰："是射之射，非不射之射也。当与汝登高山，履危石，临百仞之渊，若能射乎？"于是无人遂登高山，履危石，临百仞之渊，背逡巡，足二分垂在外，揖御寇而进之。御寇伏地，汗流至踵。伯昏无人曰：“夫至人者，上窥青天，下潜黄泉，挥斥八极，神气不变。今汝怵然有恂目之志，尔于中也殆矣夫。”

为了照顾古文基础不好的朋友，我还是把译文给大家，虽然我个人更偏爱古文原本的简洁。

译文：列御寇射箭给伯昏无人看，只见他拉到满弓，放一杯水在手肘上，放箭，连续射箭，前面的箭刚射出后面的箭又搭上了弓。在这个时候，他就像木偶似地平稳。

伯昏无人说：“这么只是射靶子的射法，不是没有固定靶子的射箭。我要和你一起登上高山，站到那危险的石头上，面临万丈深渊，你还可以射箭吗?”在这时伯昏无人便爬上高山，站在危险的石头上，面临万丈深渊，背还向后靠一靠，他脚有两分悬空在外，请御寇过去。御寇趴在地上，汗流到脚根了。伯昏无人说：“凡是高手，上看青天，下到黄泉，在任何地方都挥洒自如，神色不变。现在你紧张害怕有惶恐的眼神的样子，你心中害怕得很啊。”

我相信读过这个故事的人应该不在少数，但是仁者见仁，智者见智，每个人愿意接受的东西或需要接受的东西都不一样。我在这个故事中看到的是一个真正箭术高超的射手，因为恐惧而完全丧失了行为能力。

交易者即使接受了止损为交易之必须的观念，但在实际交易时仍然难免心存侥幸或犹豫。根本原因在于交易者内心并没有真正接受损失。道理上明白，逻辑上理解并不能导致实际行为的发生，仍然需要大量的心理暗示或交易行为的训练才能实现。

事实上我们在交易中的恐惧、犹豫、侥幸、拖延等行为或情绪，正是因为我们并没有真正接受自己在交易中必须承受的代价或错误，比如止损，甚至几次止损。

现代人执著于外在的东西，执著于“我”，从而产生诸多顾忌，期货交易本如履薄冰，而如此重负的状态下，显然是将自己置于更危险的境地。

麦克阿瑟说过一句话：“只有不怕死的士兵才配活着。”这句话同样传达出，一个战士只有在内心真正接受了最坏的结果，才可能发挥自身的能量，甚至超出自身的能量。

交易者在交易中，内心若没有真正接受止损，或者说接受会亏损的结果，必然会导致心理或行为上的障碍。在交易中要么表现为拖延、侥幸，要么表现为频繁小额止损、慢性自杀。

交易的止损额度与进场位置是相关的。最好的交易进场时机，应选择在平衡线附近，即支撑区或压力区。有明确的参照，离止损最近。也就是在技术性止损前提下，以离止损位最近为原则。有一些交易者追涨杀跌被套之后，常常不知所措，承受不当的浮动亏损或承受不住砍仓出局，而行情趋势并没有改变，并由此在以后的交易中形成止损上的侥幸心理。这是交易者必须深思的问题

对于解决这个问题的方法，最好是通过资金管理解决。把进场位置通过三分后定性，分批建仓，不同的价格根据其重要程度，分配不同仓位。也就是说，通过选择不同的时机，获取平均持仓成本，而不是把自己的持仓赌在同一价位上。

在训练止损之前，我要求你想清楚，你内心真正能够接受的止损额是多少。也就是说，你必须在自己心理能够承受的范围内止损。道理很简单，我们能够做好的事情，都是在自己承受能力范围内的事。一旦超出了这个承受范围，则情绪会产生并放大，失去应有的理性，从而失去行为能力。

## 止损训练大法

对于止损的训练来说，从两个方面来做：

一是心理暗示，让自己内心真正接受止损及止损额度。

二是实盘交易渐进训练。

1. 心理暗示法。参照之前的方法，深呼吸，让自己处于放松状态后，想象自己是一个充满信心，勇气十足的交易者，心理暗示语言如下：

我是坚定的交易者……

我拥有完全的信心……

我完全掌控着自己的行为……

我只选择离止损位最近的时机进场……

达到止损位时，我果断离场……

我完全接受止损带来的结果……

止损是交易必须付出的成本……

止损让我获得了安全的保证……

行情反复会经常出现，止损后，如果时机再现，我将再次果断进场……

因为我是一名坚定的交易者……

我完全掌握着自己的行为……

我充满自信……

这样的训练，你必须每天至少做两次，如果你不是太疲累，选择坐在舒服的椅子上进行。如果你太疲累，选择躺着，这样你很容易睡着。人的身体一旦放松，极容易进入睡眠。当然这样也不是不可以，醒来后你会觉得神清气爽，精力充沛。人在放松状态下的睡眠质量很高，你会最短的时间内得到充分的休息，也可以作为你想要休息时的辅助。

2. 实盘交易的渐进训练，从你可以接受的最小止损开始。通过对仓位的控制和对进场时机的精确选择，计算出你能够承受的止损额度。严格执行既定的止损计划，经历一段时间后，你的内心将适应这一层次的止损，心理承受强度也将增加。然后再通过扩大仓位，止损额度相应增加，重复以上的训练。依此类推，渐进强化自己的心理承受能力及行为能力。

对于止损后行情反复，需要重复进场的，也必须进行针对性的训练。也就是说，当你止损后，在内心就要预备做好再次进场的准备。

在实盘交易训练之前，同样要进行心理暗示训练，也可以称为心理预演。在你准备交易之前，深呼吸，让内心平静下来，全身放松。在你的脑子里开始想象行情到达你准备进场的位置，想象你果断开仓，然后等待行情的进一步发展。想象行情发展达到止损值，你果断执行止损。再想象行情出现假突破，再次出现你进场的机会时，你重新开仓，再次进入等待止损状态……

你需要牢记的是，**不要使用否定词用于心理暗示，一定要用正面积极的语言。**

据说NBA的球员也把心理暗示用于训练。曾经做过一次这样的实验，把球员分成两组，一组用实际的投篮训练，一组用心理暗示法，让球员在冥想放松状态，想象自己如何动作，准确地把球投进。结果显示，用心理暗示法训练的球员效果要好于实际投篮训练的球员。曾有资料记载有人用心理暗示方法，想象自己如何运用器械锻炼胸肌，一段时间后，他的胸肌竟然真的强壮了起来。

此类训练的效果，依赖于你的想象能力。也就是说，你必须训练自己的想象力，让想象的场景、细节越逼真、越清晰，则效果越好。这需要训练，也需要耐心。如果你有志于成为一名真正合格的操盘手，按照这种方法去训练自己，一定会获得意想不到的成绩，并最终改变你的人生。

# 第十一节
## 交易是一种生活方式

保持与市场的距离，给自己一个活动的空间，也是给自己一份自由。为了交易而失去生活的快乐，本身已经违反了生活的原则。

很多年轻的交易者喜欢日内交易，当场兑现盈利，享受自己在市场的胜利成果显然是一件很惬意的事情。日内交易者的困境在于很难永远保持良好的交易状态和交易直觉。一旦某一天头脑发昏，出现严重的错误，心理上遭受挫折后，即容易遭受报复性交易的灾难。而人固有的局限性，则避免不了会出现这样的问题。因此在实盘交易中，特别是日内交易者，必须以一种生活方式的模式来适应市场的残酷。

一是盘前的心理预演。

二是盘后的心理调整。

盘前的心理预演：找一个安静而舒服的房间坐下，通过缓慢地呼吸、控制，使思想集中起来，整个身体放松，大脑处于默想状态，从脚趾一直到头顶放松，这样便可以进入自我催眠状态。然后在脑子里想象今天盘面可能会出现的各种可能走势，特别是自己所担心的情景。然后集中心力想象并看到自己十分勇敢，自信地完成交易的每一个动作，这个过程必须尽可能做到栩栩如生。

心理预演会让你在实际交易中利用这一场面作为自己行动的样板。当然一开始你并不会这么顺利。你需要坚持这样做下去，你的心理预演能力得到不断成长，效果也将不断地提升。

心理预演过程中的沉思冥想会使交易者的心率变慢、血压下降，焦虑状态会明显改善。同时它还可促使大脑恢复平衡。比如你对假突破惧怕，便可想象出现假突破时自己如何镇静、勇敢和自信，这样便可以提高交易者应对交易压力的能力。也就是说，通过在精神上演习交易行为，当交易者在进行实盘交易时，能够清楚地知道该如何采取行动，虽然这种方法不能完全取代身临其境的感受，但是可以在一定程度上帮助交易者预防和控制情绪的影响，不至于毫无思想准备，一开始便处于被动境地。

我们在市场上遭受偶然的挫折或打击是很正常的事情，无论怎么交易都会带来某种压力，会给交易者带来某种程度的心理创伤。有一则股市传闻的笑话：大盘暴跌之后，股民甲问股民乙：最近大盘暴跌，睡眠怎样？股民乙回答：像婴儿一样睡眠。股民甲非常羡慕说：真是高手啊。股民乙沉默半晌道：半夜经常醒来哭一会儿再睡。这则故事相信很多交易者在会心一笑之余而心有所感。但交易者很少会想象到自己在市场所遭受的心理创伤，事实这种创伤就像一次失败的恋爱一样，或多或少会给交易者的自信和勇气带来影响。

交易结束后的心理调整：当一天交易结束后，抵御交易中产生的不良影响最有效的方法，就是回忆一天的交易经历，通过回忆交易经历，可以发现自己的情绪反应问题及所犯的错误，以及你做对了的地方。当回忆结束时，交易者便能从交易的不良反应阴影中走出，达到精神的彼岸。

交易可以击垮一名交易员，也可以造就一名交易员。如果交易者能够始终用坚定的信念去应对交易中出现的种种困境，这种信心便会延续到下一次交易。

实盘交易中除了盘前和盘后的心理控制技巧外，在盘中也需要掌握一定的方法来保持清醒的头脑。

豪猪的哲学：豪猪是那种身上长满硬刺儿的动物，寒冷的冬天，它们会挤在一起取暖。太挨近了，会扎痛彼此，太远了又达不到取暖的效果。于是只好调整到适当的距离，既不扎痛对方又能达到取暖效果。

可见保持适度距离的重要性。离市场太近了，则容易受盘面波动的困扰，所谓旁观者清。除了交易炒手，需要随时盯着盘面，日内波段或其他中长短线需要保持和盘面的适度距离。

原因很简单，因为人容易被盘面波动所困扰，只要你开始持仓，盘面价格的波动就会影响到你的账面盈亏，就会牵扯你的情绪。这样容易导致你会以自己的账面盈亏决定自己的行为，而不是以规则来决定你的行为，这时候你极容易处于一种患得患失的状态，而这种矛盾的心理，则会导致你开始怀疑自己的最初计划，内心变得脆弱起来，而稍微一点儿情绪上的波动，则极容易导致行为发生。交易中随意性的行为一旦发生，特别是这种随意行为并没有造成严重后果，甚至带来了一些好处，这将埋下隐患。

我通常的做法是事先根据外盘的情况以及开盘价的情况，按照计划预先设定好的开仓价，分别挂单买进，带上止损。然后就不再理它，成交后，我会来看一眼。再分别挂上预期价位的平仓单，离开盘面做其他的事情。如果价格没有到我预期的位置，日内交易持仓我会在收盘前半小时内平掉。

若是波段或中长线交易，则根据计划每天挂单等成交，直到建仓完毕，设定最后的止损位后，便不再看。

也就是说，我的建仓，大部分并不根据盘中的波动建仓，而是事先就计划好的价格。我常常能够买到极低的价格，卖在极高的价格。并不是我技术有多好，运气有多好，而是这一切都是计划中的。市场大多数情况下都会给极好的机会让你建仓，千万不要因为害怕失去机会而匆忙进场。

事实上，价格总是在有一个基本确定的有限区间波动或反复波动，我们可以根据涨跌停板和经验推断出价格波动极限区间和大致波动区间，并确定多头和空头的生地。而总是盯着价格的波动细节，实在是自寻烦恼。

期货市场从其交易机制来说，本身就是一个任何时间、任何价位都可能是盈利或亏损机会的市场，而另一面也同样意味着可能是无数次陷阱的市场。事实上机会越多，越容易乱人心智。机会越多，也意味着最关键的不是寻找机会，而是选择或坚持。因此根据交易规则或计划选择和等待最适合的有限的机会，才是明智之举。

交易并不是力图抓住很多机会，而是守住几次有限机会。很多交易者的关注点放在尽可能多地捕捉交易机会，而不是耐心等待机会或持有已经把握的机会，这样导致他们的精力总是被市场牵制，忙忙碌碌不停地捕捉机会，最终失去了自由，也失去了生活的乐趣。

试想一下，行情总是在某个区间波动，在没有破你的止损价，也没有达到预期的目标之前，有必要那样近距离地盯着市场吗？

所以，交易者要学会用一种生活方式去改变交易状态，**保持与市场的距离，给自己一个活动的空间，也是给自己一份自由。为了交易而失去生活的快乐，本身已经违反了生活的原则。**交易者要深思这个问题。

# 第十二节 交易团队的构想及存在的问题

对于期货交易来说，做空头的计划和多头的计划，应尽量由不同的人来完成。

交易者在交易过程中很少会置疑技术和规则系统的有效性，他们的困境常常在于不能有效地执行技术或规则系统。即使偶尔能够执行，但也不能保持长时间的稳定性。在意识到个体的局限性后，于是有人提出组建成交易团队，把计划和执行分开，由不同的人完成，解决交易中的执行力的问题。这是一个逻辑上很完美的设想，但在实际操作中，成功者寡，失败者众。

我不大相信一个自己在交易中缺乏控制力的人，会在团队中能够控制自己，并尊重团队。

要理解团队的协作支持，我们可以通过明代抗倭英雄戚继光创造的鸳鸯阵法来认识。此阵法是专门针对刀法凶悍犀利灵活的倭寇创立。

一个鸳鸯阵由 11 名士兵组成，在这 11 个人中，有一名是队长，他站在队伍的前列中央，其余 10 人分成两列纵队，站在他的背后。虽说只有 10 人，他们却持有四种不同的武器，并组成了五道互相配合的攻击线，在队长身后是两名持有标枪的盾牌兵，他们用盾牌掩护自己和后面的战友，并首先投掷标枪发动进攻。掩护盾牌兵的，是站在他们后面的狼筅兵，所谓狼筅，是一种特制的兵器，形状十分怪异，以长铁棍为主干，上面扎满铁枝和倒刺儿，往前一挺，跟铁丝网一样，任谁也过不来。狼筅兵的后面是四名长矛兵，他们是队伍的攻击主力，看见敌人就使用长矛前刺，队列的最后是两名短刀手，防止对手迂回，从侧翼保护长枪手。这个阵型毫无弱点，11人互相配合，互相掩护，构成一个完美的杀阵。

此阵型还可以变换为两种模式，一种是五行阵：即队长身后的两列纵队各自分开，以5人为单位进行布阵，狼筅兵迈步向前，与盾牌并列，形成第一道防线，两名长枪手跟随其后，短刀手殿后。此阵型多用于狭窄地区的巷战。

另一种是三才阵：即狼筅兵迅速上前，超越所有同伴，站在队伍的最前面，两名长枪手紧跟在他的身后，盾牌手和短刀手分别站在长枪手的侧方，保护他们的侧翼。阵型在狼筅兵的带领下，开始发动进攻。

由此我们可以看到，戚继光组建的鸳鸯阵团队，成员彼此之间是一种相互协作支持。同时戚继光还对鸳鸯阵进行了残酷的训练，即双方对打，你打赢了，升一级，并赏银。打输了，降一级，打五军棍。这样就导致要么被对手打，要么被戚继光军法惩罚，横竖都得挨打，不如拼一把，还有可能得赏升级。如此残酷的训练，造就了历史上令倭寇闻风丧胆的戚家军。

除此之外，戚继光还建立了严酷的军法：如果作战不力而战败，主将战死，所有偏将斩首；偏将战死，手下所有千总斩首，千总战死，手下所有百总斩首；百总战死，手下所有旗总斩首；旗总战死，手下队长斩首；队长战死，而手下士兵没有斩获，10名士兵全部斩首。这意味着，每一个成员都负有保护自己身边战友安全的责任。保护战友也就是保护自己。

可以说戚继光的鸳鸯阵是典型的优秀团队模式，通过制度建立起来的合作与团结精神无与伦比。这就是我要说的团队精神。正是这种精神，才能使得一个团队力量远大于一伙受过良好训练的个人。论单兵技能，可以说绝对不敌刀法犀利的倭寇。但是一旦组成这种团队，则形势完全大变。如台州一战，斩首倭寇三百余，而戚家军仅阵亡三人。这种战斗团队的成员间绝对彼此依赖，若有一个士兵缺乏团队精神，则会导致彼此之间或对集体的不信任，这将导致灾难。据说美国特种部队流行一种说法，在战斗团队中从来没有

“我”字。

事实上人们往往只是羡慕团队的凝聚力形成的巨大能量，但并不想因此放弃或牺牲自己的利益或特性作为代价。

我曾经研究过一些实践中或设想的团队构建模式，对成功感悟很少，对失败经验总结很多。成功多因为团队成员构成结构合理，分工明确，责权清晰。失败者多因为成员本身并不尊重团队，只是想借用团队之力解决自身的劣根性，从而凌驾于团队之上，导致沟通障碍，丧失效率和执行力。事实上，一个自己本身在交易中容易失去控制力的人，在团队中也极容易推动控制力而失去对团队的尊重。

## 团队的构成模式

团队的构成模式一般有以下几种：

第一种模式：基本面分析师和技术分析师形成计划主体，再由下单员和监督形成执行主体。

第二种模式：直接由某资深交易员形成计划主体，再由下单员形成执行主体。

第三种模式：交易员本身即是计划主体，又是执行主体。只是把风控独立出来，由他人执行风控。

但所有的模式都回避不了一个问题：出资方和团队的关系。

中国目前有资本的人不少，真正懂交易的人却不多。他们和团队的关系，无非两种情况：一是在风控范围内，不干涉团队任何行动；二是自己直接参与团队。不过事实上还有另外一种普遍情况，出资方承诺不参与不干涉团队，但事实上做不到，仍然忍不住要指手划脚。

团队的失败，常常有占绝对地位的成员足够影响其他人，从而导致团队事实上成了个人的意志。或者是团队不能保持独立性，彼此缺乏足够的信任，导致效率丧失。或者本身团队的组织者或领导者，对团队存在错误的认知，仅仅是想借用团队力量解决自身的一些交易问题。这样就直接导致了交易效率低下，以至于还不如交易员独立交易的效果。这种现象存在于中国，也可说是顺理成章。就如同民主社会未必就比专制社会的效率高，很多专制社会，比如中国历史上最强盛的帝国时代，都是高度集权时代。在成员本身思想意识和观念没有建立起来的时候，民主反而是一种灾难。就如同交易团队在领导或组织者本身缺乏正确团队观念的情况下，就会变得混乱而导致瘫痪。

交易团队的建立，要解决的问题，其实并不只是执行力的问题，还有一个重要的问题：交易的稳定性。剔除团队与出资方的关系问题，单说团队本身的问题，我们可以参考生物学意义的细胞或肌体之间的关系问题。

从进化论中我们知道，生命是从低级向高级、从简单向复杂发展的。生命且是有目的地发展的，即生命体为适应环境变化而不得不以更具生存优势的方式存在。而那些无法适应的生命体都被自然选择给淘汰了。我们都知道，生命是从单细胞向多细胞发展进化的。那么这就意味着多细胞生命体比单细胞对环境更具适应性。

而细胞是生命个体的最小单位，多细胞生命体的生存优势就是在其内部各细胞的相互协作上实现的。这在一定程度上反映了合作的优势，就是使原本相对独立的个体形成一个稳定的集体，从而具备个体所没有的功能，所以细胞集体才比那些细胞个体更具生存优势。

细胞的合作可不意味着只是简单的细胞聚合，分工才是细胞合作的价值所在。分工的本质是指不同形式的存在个体，组合成某一存在形式的系统的现象。或者说是存在于同一系统内的同类个体具有不同功能的现象。这如同我们在交易团队中，对不同岗位和成员的功能的定性一样。

那么对于团队来说，怎样的分工才更有作用呢？我们用军队来做个例子，军队是最典型的团队组织。要使得军队的战斗力更高，通常会有两种方式：一是增加兵员数量；二是配备一个好的将领。

现在假设士兵的战斗力等量且固定，若任他们自行发挥，那么他们各自都无法完全发挥自身的战斗力，也就是说他们的战斗力被束缚了。在这种制度下的兵员们组成的一个团，或许不比一个有好的指挥员带领的一个营更有战斗力，这在历史上的诸多战役中已得到充分的证明。

指挥员与普通兵员的集合比纯粹兵员的集合更具战斗力，这在一定程度上反映了分工的优势，但我们现在更关注的是这种分工方式。指挥员的作用就是组织战斗，即调配兵力的作用、方向，以达到充分发挥各兵员战斗力，即解放被束缚的战斗力的效果。这表明一个好的团队必须有一个核心，该核心的作用就是调配集体的各项资源以提高力量的使用效率。

在高级生命体内部的各器官中，哪一个对行为的支配更具显著作用，哪一个就是该细胞集体的核心。就如同我们人类，大脑就是身体各器官中对行为最具支配作用的器官。

## 交易团队的组成

通常是在资方的意愿下，这样出现两种情况：

一是交易团队本身和资方一体。

二是交易团队和资方是不同的个体。

前者的问题比较容易解决，很明显，计划的制订者是团队的核心。核心的功能是调配信息和资源分配。

孙武在他著述的孙子兵法《计篇》说：将听吾计，用之必胜，留之；将不听吾计，用之必败，去之。简洁地说明了团队核心与执行者之间的关系处理原则。

相比较而言，团队与资本的一体化，具有先天的高效。而后者则面临着处理资方和团队核心的关心问题。在实际运作中，资方极容易成为团队的掣肘。也就是说，即使团队本身没有问题，当面临资方的干扰或压力时，则导致运作上的低效。古人论兵时常说：将在外君命有所不受。原则很容易明白，但是并不容易做到。也就是说，资方和团队的异体，本身存在先天不足。这是资方应该深思的问题。

**优秀的团队需要组合，更离不开磨合训练。**

最关键的还是选择人的问题。用其本性，是效率最高、成本最低的方法。对于交易计划的制订者，则需要其有敏锐的市场直觉，丰富的市场经验，客观的思维，完整的策略拟订能力。对于执行者，则需要其坚定的执行力，除此无他。

而界定所有团队成员行为职责的依据，则需要清晰明确的制度。制度的确立是为了保证团队在运行中的畅通无碍，这是需要团队组织们深思的问题。若制度表面完美无懈可击，而实际操作中却无效果，必是不符合团队成员的性格倾向。

制度除了必须建立责权利的约束和激励机制，还必须建立团队的核心价值理念。军队以一切行动听指挥，即以服从命令，作为评价成员的标准。对于交易团队而言，则应以是否遵守和执行了既定的交易规则或交易计划作为评价标准。而不能简单地以盈亏作为评价标准。

团队的磨合训练，需要时间来完成。逻辑虽是完美的东西，但在实践中常常会出现诸多意想不到的细节问题，并可能导致事情无法坚持下去。这既有事情本身的问题，也有沟通上的问题，需要团队成员彼此平等坦诚，尽可能建立良好的信息循环反馈机制。

## 团队的领导人往往成为团队成功的关键因素

需要说明的是，我所说的领导人是指那些具有人格魅力的人，他们可以使人追随其后。一个优秀的领导人通常是性格和经历以及训练共同造就的结果。其中个人性格是为可贵的特质。

忠诚与勇气：领导人必须对团队成员、团队及团队的目标表现出极大的忠诚，否则他所领导的团队就不会回敬以忠诚。同时在精神上的勇气则表现为沉着镇静，能迅速做出决定，纪律性强。这些特性经过长久的磨合之后，会形成团队的性格。也就是说，领导人的性格最终会潜移默化为团队的性格。

团队成员的构成：一个团队必须有明确的分工。**对于期货交易来说，做空头的计划和多头的计划，应尽量由不同的人来完成。**如果一个人同时考虑多头或空头，则很容易陷入混乱。道理很简单，一个人头脑里能同时容纳相反的观点，而不影响其行为，这是需要极高的境界修为。现实中，有的人对做多头很擅长，有的人则对做空头很擅长，这既是人的局限性，也能成为他们的优势。如果在一个团队中，把多空的交易决策和计划，选择各自擅长的人来参与，其效率应得到提高。至于交易计划的执行者，选择能够熟练操作交易软件的人即可。

团队交易计划必须具备的要素：

1. 明确的方向。

2. 明确的进场区间。

3. 明确的持仓分配。

4. 明确的风险管理原则及止损额。

5. 明确的出场时机。

6. 计划的连续性和节奏：即一个计划失败后的后续计划或对策。

从某种程度来说，交易团队组建的困难，比个人交易者的训练更困难，不过一旦成功，其稳定性、延续性及效率将高于个人交易者。有志于此的业内人士，应深思其中的奥秘。

# 第十三节
# 期货市场的成功之辩

所有的正确，都来源于坚持了交易规则。我们所做的只是遵循了交易规则而已。

成功在当今社会是一个狭隘而浮躁的定义，社会上充斥着成功学家们的演说和蛊惑，他们逢迎人们对外在事物的追求，把成功庸俗化和狭隘化。事实上每个人的成功，都应仅仅是针对他自己的。承认个体的特性，尊重个体的特性，接受社会的多样性，这是自然规律的要求。

在交易市场，每个人的成功方式不同，因为每个人的思维模式和行为倾向不一样。不过在交易市场，交易者的失败方式几乎一样。

这是2004年发生的事情。如图5—23所示。

我是在一家投资公司认识那位投资经理的，他是位老期货。据说以做长线交易为主。他是中国最早参与期货交易的那一批人，还在中国证券报上发表过分析文章。我拜访他的时候，他曾指着挂在墙上发表在报纸上的分析文章给我看。

当时他来公司的时候，大豆已经从2500价格区上涨至3300价格区。然后行情开始震荡数月。价格至此，他感觉涨得太高了，因此看空大豆，并预测行情将打回原形。他给公司一20万元资金客户做空大豆。该客户本为农民兼做黄豆生意，根据他的现货经验并不看空，反而看涨。当时美国突发疯牛病，宰杀大批可疑病牛，并禁止饲用某种骨粉饲料，畜牧业大受打击。但他成功说服了客户做空，计划做空豆。

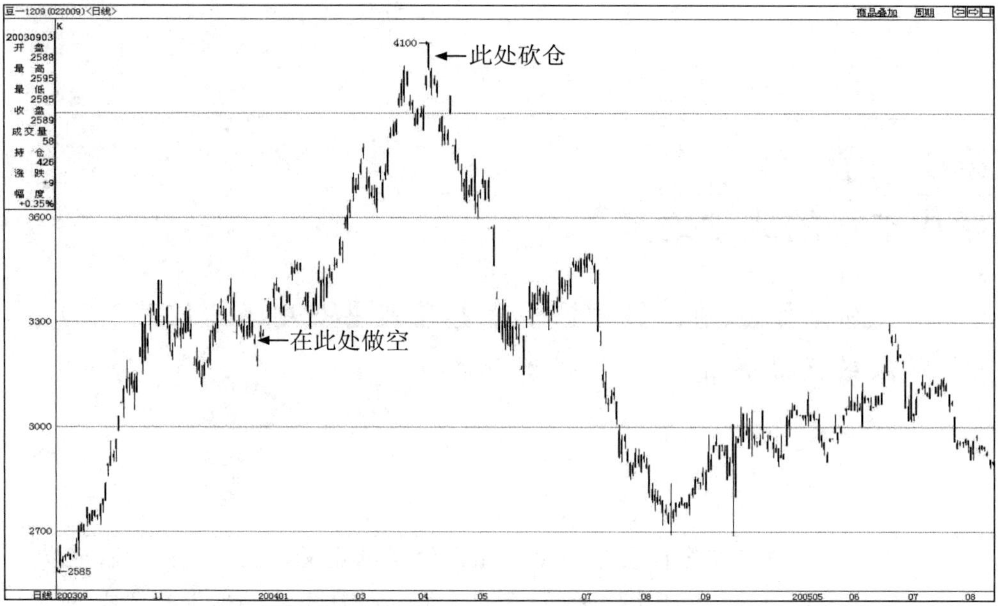


图 5－23　2004 年大豆行情操作之一

市场诸多交易者也视疯牛病为利空消息。当日开盘确如所料，跳空低开，他在那天建仓，第二天又大幅度跳空低开。不料好景不长，行情急转而上，猝不及防，形如 V 形反转，价格重新回到他建仓的部位。随后有传言，疯牛病只是使美国出台政策禁止饲用骨粉，这样反而导致豆粉用量增加。利空变利多。事实上他本来有全身而退的机会，但是他由盈到亏的经历，让他内心产生极度的不平衡，愤怒，不甘。他仍然坚持自己的观点。

很多交易者应该体验过类似的经历，一笔交易盈利后不出，结果反而亏损出来。这时候内心的沮丧甚至比一开始就亏损更甚。得而复失的痛苦，是因为你在最初得到时候有过的欣喜，和突然失去的失望对比形成的情绪落差，大于一开始就亏损形成的情绪落差。

他本可以在此区间全身而退或承受正常的亏损退出，重新审视市场。但是他在沮丧和愤怒中，仍然坚持了自己的观点，认为不过是继续震荡，最终还得下跌。于是他继续加仓。而随后的行情突破前期震荡近两个月的平台，迅速拉涨。一下子让他不知所措。

此时他意识到自己完全错了。因为从技术形态来说，价格完全突破了前期的高震荡平台。而此时亏损已经非常严重，1/3 仓位，亏损已超过 30%。那位客户又借了些钱来补仓。期间客户曾提出能不能砍了反手买。但此时这位期货老手，在这剧烈的行情中，自己先已经怵了，完全没有勇气再做任何可行的决断，只是每天在办公室里发呆，垂头丧气。此时市场的暴涨，已经引发了交易者的疯狂情绪，普遍认为市场必将上涨至 4000 以上。

正如默菲定律所言，事情若可能向坏的方向发展，就一定会朝坏的方向发展。

至此客户因亏损太大也不愿意认亏，只好死扛。随后近两个月的持续上涨，对他来说犹如炼狱一般。

他每天在办公室里或长吁短叹，或发呆怔。2005 年 4 月 4 日的那个夜晚，美盘暴涨，彻底击溃了他的意志。他留下一张对不起的纸条，不告而别，不知所踪。第二天价格创出新高 4100，随后被期货公司强行平仓。而此后的数月，价格一直持续暴跌，急转直下，至 8 月中旬见 2693，随后又持续阴跌，至 2006 年 8 月中旬见 2300。

正如他所料，价格打回了原形，甚至更低。而此时他已不知流落何方。只留下客户一个人面对这巨大的亏损。

我之所以对这个事情这么清楚，是因为那位客户后来找过我数次诉苦，那位客户本是农村一位头脑稍灵活一些的农民，早年在郑州做生意，刚好在未来大厦附近，见识过交易所，也见识过在期货上暴富的人。他在半年的时间里，亏掉了自己全部的积蓄。他来找我诉苦的时候，说不敢回家，老婆见到他就责骂埋怨，不让他安生。

而我的另一位朋友，同样操作了大豆这波行情，只不过他进场的时机和那位老期货完全不一样。如图 5—24 所示。

他曾是一名优秀的外科医生，职业让他具备了相当的理性。当时他持近千万资金，在暴跌之后于 2005 年 6 月中旬才开始在 3450 左右建立大豆空单，中途价格最高曾反弹至 3498。他建仓后，即离开盘面携妻儿到杭州游玩。我中途曾经对他的持仓表示过担忧。他说已经通知期货公司，如果亏到 100 个点就让他们砍仓，不必通知他。后来他在 2800 附近平掉全部的空头仓位，获利数百万元。我亲

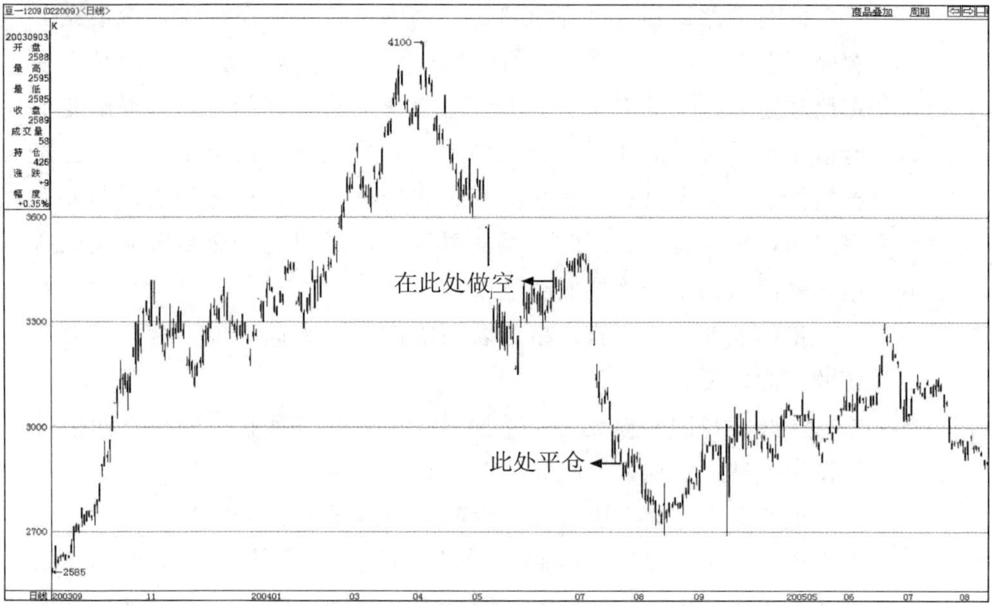


图 5—24　2004 年大豆行情操作之二

历的这两件事，给我很多思考，甚至震撼。

前一位朋友，不可否认他对期货有着很深的研究，我曾看到过他在中国证券报上的文章，分析得有条有理，令人信服。但最终他仅仅根据一条信息对整个行情得出长期的判断。这显然是很不明智的。

信息只是市场的一个碎片，而价格本身的运行，才是充分反映市场当下全貌。更何况信息常常同时兼具利多和利空的因素。在特定的环境下，到底哪个因素起决定作用，并不是我们轻易就能判断的。与其判断，不如看市场的表现更有实际意义。就如那条疯牛病的信息，在利空情绪出尽，行情快速反弹之后，然后有新信息出来，因为美国禁止骨粉添加，结果导致了豆粕用量的增加，利空因素最终转化成了利多因素。这一点对于一般的交易大众来说，完全是始料不及的。

特别是对于我们普通交易者来说，我们所处的位置和有限的知识，注定了我们对信息的获得和判断，都有着先天的缺陷，而强行想要占据先机，对信息做出预判的心理，则把我们置于高风险的困境中。

而我的第二位朋友，他显然也并不具备对大豆的现货知识。他是在行情明显出现持续下跌，并且整体上涨形态被破坏之后的反弹高点才介入市场。在进入市场后，他并没有盯着盘面过多的关注自己的头寸，而是远离了市场。

他们两人建立空头仓位的价格并没有太大的差异，只是因为他们入场的时机不一样，结果完全不一样，令人扼腕叹息。

他们两人眼中的市场，完全是不一样的。前者依据市场之外的资料或信息判断，后者依据盘面实际的表现判断。前者整天盯着盘面看，后者建仓后即离开了盘面的影响。前者明显没有明确的止损计划，而后者建仓之后便下达了止损令。

事实上第一个朋友还犯了一个严重的错误，他初到公司，被奉为权威给客户指导交易。这个权威意识，不管是别人给的，还是自以为是，都不可避免地留下了障碍。他出于虚妄之心，不仅不愿意面对或承认自己的错误，而且缺乏勇气去改正错误。所以，我一直强调，永远不要自以为或者被认为是权威。**所有的正确，都来源于坚持了交易规则。我们所做的只是遵循了交易规则而已。**

## 行为正确永远高于判断正确

曾经有人问我眼中成功的交易员应该是怎样，我当时没法回答，并不是我心目中没有成功交易员的模式，而是我向来不在心目中设定一个终极偶像，我觉得每个人都有自己特定的成功模式。我想尽可能客观点儿回答这个问题。大致来说，我心目中成功的交易员有三类：

一类是炒手型。这类交易员年轻，头脑灵活，手脚快，诚实，敢于表达自己。性格中显著的特点：就是专注，刻板，不善交际。事实上他们的专注，往往来源于性格中的某些缺陷，甚至是身体上的缺陷。他们的交易手法比较固定，在价格频繁的波动中捕捉机会，从不恋战，并且满足于这种模式，以此为乐。我曾经遇到这样的炒手型交易员，当时他刚大学毕业不久，但已经做过几年股票，并小有收获。我是他的期货启蒙老师，他当时来公司上班的时候，对期货一无所知，但是对期货 T+0 的交易模式非常有兴趣。我对他说，期货日内交易规则很简单，均线之上做多，均线之下做空，破了均线止损反手。让我大吃一惊的是他竟然真的严格按照这个模式交易，一直保持着稳定盈利。自 2005 年起至今，他基本保持着平均每年把操作资金翻一倍的盈利水平。他的性格特点就是专注，认真。并且不善交际，但也有些小聪明。他年少时曾因一次事故，听力受损，这或许也成为他不太受外界干扰的原因。

二是猎手型。这类交易员不会轻易出手，他们总是等最好的时机出现。就像孙子兵法中所说的：胜可胜之敌。他们从不想抓住顶底，而是耐心等趋势形成才择机进场，耐心持有。他们的交易节奏感很强，有的做三五天的波段行情，有的做一周至一个月的行情，达到目标即时退出，再等待第二次机会。在没有交易的时候，他们则习惯于读书或旅行，寻找生活乐趣或感悟。这类交易员的性格特点是比较平淡，温和，表现为成熟稳重，爱思考，不激进，耐性很强，做事情讲究程序和规则，有某方面的刻板和不知变通。但正是这种不知变通，使得他们能够以不变应万变，在这个市场获得立足之地。这类交易员大都以 40 岁左右年纪为主。四十而不惑，可见其确实知道自己的局限性，知道如何扬长避短。

三是大师型。这类交易员可能是大家最推崇的。他们有着极强的宏观思维能力和耐性，擅长布局。当然他们掌控的社会资源也远远多于其他交易者。他们的交易依据大都来源于基本面或某种理论。他们的性格特点是爱思考，耐性强，领悟力强，为人谦和。一般而言，交易大师们都是花甲垂老之年，可见大师也不是一朝一夕练成的。少年得志，常常不能善终，这是中国自古就有的一种说法。年轻而气盛，控制欲望则过于困难，必容易导致泛滥，这是很顺理成章的逻辑。

所以年轻的交易者们，要脚踏实地，从点滴做起，逐渐积累，不要企图一下子获得暴利，驾驭财富并不是件容易的事。所谓厚德载物，正是这个道理。

在本书结束之际，我想重申一个观点：很多人并不适合成为操盘手，虽然他们非常急于摆脱困境，但是人生有限，业障太深，努力常常只是浪费了时间，通常带来并非成功，而是近乎绝望的灾难。

## 适合成为操盘手的特质

适合成为操盘手的一般有以下素质：

1. 不需要外界压力即乐于参与对抗性强的活动。

2. 在其所处的环境中，常常具有较强的主动性，而且本能地追求领导作用。

3. 在遇到紧急或突发状况时能保持镇静，思维清晰，而不是惊惶失措。能做出迅速反应，并能承担其行为责任。

4. 智商通常都较高，幽默感强，显示出较强的抗沮丧的独立人格，有主动精神。

5. 家庭在经济和感情生活方面稳定，父母有自己经营的事业。

6. 身体健康，擅长并喜爱体育活动。

## 不适合成为操盘手的特质

不适合成为操盘手的人具备的特点：

1. 逃避对抗性强的活动，通过只有在较大外在动力或压力时，才能采取行动。

2. 看待事物凭主观想象，而不是面对现实，通常容易过分夸张地想象面临的困境。

3. 智商一般，注意力游移不定，专注力较差，行为懒散拖沓。

4. 常为单亲家庭或未成年即丧失父母养护，易屈服于精神恐怖，易失望，易抑郁。

5. 家庭经济状况比较困难，并不得不为家庭做贡献。

6. 较早对异性感兴趣。

以上所举，是通过统计和分析得出来的结论，交易者可对号入座，知道自己具备哪方面的成功因素，哪方面的被动因素。总之，认识自己，才能最终掌控自己的命运，望交易者能面对现实，三思而后行。

迷途知返，亦不失为智者，不失为勇士。